本书系中共山东省委党校（山东行政学院）重大项目攻关创新科研支撑项目成果

马克思主义大众话语体系转化性建构研究

Research on Transformative Construction of
Popular Discourse System of Marxism

吴荣生　著

人民出版社

前　言

　　马克思主义是我们立党立国、兴党兴国的根本指导思想。拥有马克思主义科学理论指导是我们党坚定信仰信念、把握历史主动的根本所在。马克思主义话语权的提升建立在话语及话语体系优化的基础上。马克思主义大众话语体系的转化性建构是在原有话语体系的基础上，强化大众话语特色，通过系统性转化，构建贴合大众、贴合时代、具有马克思主义性质的话语体系，以此克服话语弱化甚至失语问题，从而保证马克思主义通过话语体系实现在社会生活中的主导地位和鲜活生命力，切实推进马克思主义中国化时代化大众化。

　　当前关于这一问题的研究成果，更多关注马克思主义话语权及中国对外话语权问题，重视发挥政治话语体系和学术话语体系的作用。真正将马克思主义融入大众生活，使其成为人们的生活方式和精神力量，马克思主义话语权便会不言自明。相比一味追求抽象的马克思主义话语权，14亿中国人民对马克思主义的认可和信奉更具实际意义，而大众的这种认可和信奉必须依靠大众话语体系的基础支撑。因此，研究的注意力需要下沉到基础维度的大众话语及其体系。目前的问题是大众话语正在崛起，但不成体系，功能不全，亟须规范、转换和创新。因此，马克思主义大众话语体系的转化性建构是基于已有成果的提升和现实的需要，也是本书研究的主要观点和任务。

　　马克思主义话语体系建设是决定意识形态话语权掌握在谁手里的关键，

是关乎党的执政地位、马克思主义健康发展以及社会主义事业兴衰成败的重大理论和现实问题。在经济新常态、社会思潮激荡、价值观多元发展、社会网络虚拟化、人工智能突飞猛进等新的时代背景下，马克思主义话语体系需要关注大众才能实现飞跃和发展。马克思主义大众话语体系更能突出话语的人民性这一根本属性，是理想和现实的双重选择。对马克思主义大众话语体系的转化性建构，是满足大众精神文明和马克思主义理论发展的双重需求性建构，在建构中将马克思主义及其话语转换和变化为大众的话语武器和信仰寄托，是解决马克思主义掌握群众和群众掌握马克思主义的有力之举。通过转化建构起真正属于人民大众的马克思主义性质的话语体系，将其落实到宣传教育系统，应用于思想、政治、教育、网络等不同领域和党政干部、青年、农民、知识分子等不同群体的马克思主义宣传、教育和培训及人们的日常生活中，力争引导大众形成自觉运用马克思主义及其话语的良好风气，在社会主义核心价值观的培育、马克思主义的社会认同及我国意识形态建设等方面发挥有效作用。

我们从话语（体系）的视角研究马克思主义掌握群众和群众掌握马克思主义问题，借助日益崛起的大众话语，在继承原有话语体系的基础上，重点突出"转化"思维，在理论和实践层面建构一套讲得明、听得懂、学得会的马克思主义大众话语体系，克服马克思主义在社会生活中的话语"弱化"问题，最终提升马克思主义话语权。本书分为六个部分展开，主要涵盖以下内容：

第一部分，我国马克思主义话语体系的形成与发展。在把握话语体系与马克思主义中国化之间关系的基础上，梳理了我国马克思主义话语体系建设的历史形成过程及其阶段性特征。从毛泽东首创以"新民主主义革命"为核心的革命话语体系到邓小平以"和平发展""改革开放"为主题的建设话语体系，再到江泽民以"'三个代表'重要思想"和胡锦涛以"科学发展"为主线的发展话语体系，直到"习近平新时代中国特色社会主义思想"开启新时代话语体系。这一话语体系的历史发展，契合了民族独立、人民解放和国家繁荣富强、人民共同富裕的时代主题，集中代表了马克思主义中国化时代化大众化的创新成果，为夺取和巩固党的领导地位、指导国家和社会生活的主题等发挥了积极作用。简言之，马克思主义话语体系建设发挥了四个方面的基本作用：一是为人民发声，维护人民群众的根本利益；二是为党发声，夺取政权并巩固党的执政地位；三是为马克思主义发声，持续实现理论创新和理论创造；四是为时代发声，回答时代之问、世界之问。当然，在新冠疫情全球蔓延、经济新常态、社会思潮激荡、价值观多元发展、社会网络虚拟化、人工智能突飞猛进等新的时代背景下，世界百年未有之大变局加速演进，马克思主义话语体系需要立足大众、关注大众、属于大众才能实现新的飞跃。

第二部分，特定场域中的马克思主义话语弱化。马克思主义作为中国共产党的指导思想，牢牢掌握着意识形态话语权，这是主流，必须充分肯定。然而，马克思主义话语弱化现象，值得警惕。马克思主义话语弱化是马克思主义话语在大众生活中逐步淡化、僵化、边缘化及大众对马克思主义话语逐渐疏远、漠视、拒斥的双向过程。它具体表现在诸多领域：一是思想领域的话语弱化，新自由主义、历史虚无主义、"宪政改制"等思潮泛滥，"淡马""化马"甚至"反马"倾向依然存在；二是政治领域的话语弱化，官话、套话、空话、假话盛行，领导干部"雷语""乱语""失语"时有发生；三是学术领域的话语弱化，否认马克思主义及其理论研究的科学性，出现"概念漂浮"和"话语空转"现象；四是日常生活领域的话语弱化，部分群体对马克思主义漠视、嘲笑甚至抛弃；五是主体领域的话语弱化，马克思主义信仰者和研究者出现思想迷茫、内心动摇及表现出的不自信言行。马克思主义话语弱化的实质是社会主义意识形态话语权的边缘化甚至局部失守。马克思主义的话语弱化不利于马克思主义的健康发展，不利于大众对马克思主义的价值认同，不利于社会思潮的正确引领，不利于对西方和平演变的抵制，导致人们思想混乱，危及党的执政地位。究其原因，马克思主义话语弱化的根本原因包括多种所有制经济带来的价值观多元化、东西方文化差异及马克思主义信仰的动摇；直接原因有话语层面缺乏群众基础和现实观照，表现为话语内容抽象、主导者话语转化能力不足、话语表达过于程序化和说教化、话语习惯未能贴近大众生活、话语思维受西方思想渗透干扰，言必称希腊等等。

第三部分，用马克思主义大众话语体系克服马克思主义失语。话语由人民创造，理应回归大众。人民大众是马克思主义中国化时代化的主体，也是话语及其体系的主体，更是大众话语体系建构的主导力量。马克思主义大众话语体系坚持了马克思主义的方向、人民群众的底色、时代的最强音的有机统一，具有整体性、层次性、时代性、动态稳定性等基本特征，同时兼具信息传达、诉求承载、理论转化、价值引导、文化传承等主要功能。基于这些基本特征和主要功能，马克思主义大众话语体系是一套讲得明、听得懂、学得会的话语体系。马克思主义大众话语体系一头连着马克思主义这一科学理论，另一头连着广大的人民群众，自然成为马克思主义与大众间的最佳桥梁，能够实现马克思主义掌握大众及大众掌握马克思主义的双重功效。

第四部分，马克思主义大众话语体系的初步探索。马克思主义大众话语体系植根于马克思主义话语体系乃至中国话语体系之中，是马克思主义话语体系的具体化和时代化。基于马克思主义与人民大众的天然紧密关系，马克思主义从一诞生就是被大众话语所承载、所表达、所传播。传入中国之前，用大众话语体系承载马克思主义主要体现在马克思恩格斯面向"全世界无产者"的马克思主义大众话语体系和列宁组织"千百万劳动群众"的马克思主义大众话语体系两个重要阶段。随即，马克思主义大众话语体系的中国化经历了推翻"三座大山"解放"劳苦大众"的马克思主义大众话语体系、"满足人民群众日益增长的物质文化需求"的马克思主义大众话语体系、"代表最广大人民根本利益"的马克思主义大众话语体系、"以人为本"的马克思主义大众话语体系、"以人民为中心"的新时代马克思主义大众话语体系等五个发展阶段。从总结经验的角度讲，马克思主义大众话语体系的建设紧紧围绕时代主题和实践发展的中心，从五个方面着力，即为马克思主义代言，承载理论创新；为党代言，宣示领导地位；为人民代言，回应人民关切；为时代代言，发出时代强音；为中国代言，讲好中国故事。以此构成了我国马克思主义大众话语体系的话语主题和话语特色，积累了丰富的大众话语体系建设的基本经验，是下一步我国马克思主义大众话语体系转化性构建的新的逻辑起点。

第五部分，我国马克思主义大众话语体系转化性建构的学理追问。从话语体系建设的角度而言，从马克思主义传入中国开始，转化性思维伴随着马克思主义中国化时代化大众化的整个过程。将马克思主义大众化的主体性价值诉求付诸话语体系，使其具备明确的马克思主义属性和大众化使命。只有这样，话语体系在达到马克思主义大众化这一预期结果上实现了结构与功能、工具与价值的统一。系统论的基本观点、主要原理为马克思主义大众话语体系内涵的把握理解、外延的准确界定及转化性建构，提供了哲学基础和基本的理论支撑。在建构原则上，坚持党性与人民性相统一、继承性与创新性相统一、层次性与系统性相统一、科学性与开放性相统一。在要素分析上，注重将大众话语的崛起、政治话语的方向、学术话语的理性、传统话语的底蕴、生活话语的纯真、网络话语的新颖、国际话语的启示有机统一。在逻辑转化上，既有政治话语、学术话语、传统话语、生活话语、网络话语、国际话语向大众话语的微观转化，又有原有马克思主义话语体系向马克思主义大众话语体系的中观转化，还有实践发展向马克思主义大众话语体系的宏观转化。

第六部分，我国马克思主义大众话语体系转化性建构的实践探寻。我国马克思主义大众话语体系的转化性建构就是通过话语体系的系统性转化创新，坚持马克思主义在话语系统中的指导地位，突出话语体系的时代特色、实践特色和民族特色，保证马克思主义理论通过大众话语体系保持在社会生活中的鲜活生命力，从而"飞入寻常百姓家"。在面临人民群众主体地位的忽视、单向线性习惯思维的禁锢、社会现实观照的不足、目标话语指标体系和把握标准的缺失等诸多现实困境的形势下，积极探索马克思主义大众话语体系转化性建构的实践路径。第一，话语内容的分类转化：依据大众关切的程度和现实发展状况，将话语内容划分等级，对高、中、低关注度的话语内容等加以区别认识和转化，贯穿时代要求、实践要求和群众要求；第二，话语主体的统一转化：回归话语人民性的本质，实现人民群众主客体话语地位的统一，由党政机关主导话语的一家独大转化为大众参与培育固定、多元、复合的话语主体;第三,话语对象的分众转化:根据党员领导干部、知识分子、青年学生、普通民众等不同话语对象的自身定位和接受能力,施以不同层次的马克思主义话语;第四,话语方式的多样转化:由抽象、僵化、统一的文件式、讲话式、教科书式转向通俗、具体、生动的时代承载形式,在多样、生动、创新中实现口头话语、书面话语和行为话语的良性互动;第五,话语场域的开放转化:打破僵化单一的话语场域,打造生活化、碎片化、海量化的话语环境;第六,话语交往的多元转化:加强不同话语系统的交流,积极吸收传统话语、对外话语、西方话语的精华,保持马克思主义话语的强劲生命力;第七,话语习惯的换位转化:将从"理论出发"的话语习惯转换为从"群众出发"的话语习惯,实现话语的马克思主义基调与群众底色的内在统一;第八,话语逻辑的互动转化:重温话语"从群众中来,到群众中去"的逻辑准则,将"自上而下"的话语逻辑改变为"上下互动"的新型话语逻辑,兼顾不同群体、不同阶段、不同领域的利益诉求。

绪　论

话语权的不断提升建立在话语及其体系持续优化的基础上。马克思主义大众话语体系的转化性建构是在原有话语体系的基础上，强化话语的大众特色，通过系统性转化，构建贴合时代、贴合实践、贴合大众的马克思主义话语体系，以此克服马克思主义在话语方面的"弱化"问题，从而保证通过构建恰当的话语表达体系实现马克思主义的主导地位和鲜活生命力，切实推进马克思主义中国化时代化大众化。

马克思主义话语体系建设是决定意识形态话语权掌握在谁手里的关键因素，是关乎党的执政地位、马克思主义科学发展以及社会主义事业兴衰成败的重大理论和现实问题。

从哲学意义上讲，马克思主义话语体系的创新发展需要更多关注人的主体性维度。马克思主义大众话语体系更能突出话语的人民性这一根本属性，是理想和现实的双重选择。对马克思主义大众话语体系的转化性建构，是满足马克思主义理论发展和人民群众发展双重性建构，在话语体系的转化性建构中，将马克思主义转化为大众的话语武器和理论武器，从而在理论层面实现了马克思主义批判的武器和武器的批判的有机统一，解决了马克思主义掌握群众和群众掌握马克思主义的内在诉求。

世界正经历百年未有之大变局，在经济新常态、社会思潮激荡、价值观多元发展、社会网络虚拟化、全球治理问题凸显等新的时代背景下，在人民群众的社会实践中，转化并建构起真正属于人民大众自己的马克思主义话语体系，将其应用于思想、政治、教育、网络等不同领域和党政干部、青年、农民、知识分子等不同群体的马克思主义宣传、教育、培训及人们的日常生活中，力争引导大众形成喜欢听马克思主义理论、主动讲马克思主义理论、自觉运用马克思主义理论的良好风气，在社会主义核心价值观的培育、马克思主义的社会认同及社会主义意识形态建设等方面发挥有效作用。

话语理论研究发端于国外，后现代主义为话语理论兴起提供了广阔的时代空间。从语源学看，"话语（discourse）"来自拉丁语。结构主义语言学派的代表人物索绪尔认为，语言学的研究对象是语言而非言语。诺曼·费尔克拉夫将话语与社会理论结合起来，并重视话语的建构作用，超越了单纯语言学的意义。哈贝马斯将"话语"应用到政治学、哲学领域，从人类交往行为理论来理解话语，提出了著名的"普通语用学"，认为话语的目的是"达成共识"。后现代主义思想家米歇尔·福柯是西方话语理论的集大成者，他将"话语"界定为"实践—符号"概念并与权力结合在一起。他认为，话语即权力，提出了完整的"话语霸权理论"。海德格尔、胡塞尔、伽达默尔、德里达等都使用过"话语"一词，由此奠定了话语权研究的理论基础。同时衍生出当前西方话语权研究的诸多流派。如美国的罗宾·洛克夫对话语权意义和地位的研究，新西兰的安琳·玛丽·布雷迪对中国共产党的宣传和思想工作话语方法创新的研究等。

国内对话语理论的研究立足本土，视野宽泛，层层深入。一是话语权研究阶段。侯惠勤认为，马克思主义话语权得以确立归功于话语方式上的两大特点：即理论的彻底性和实践性。骆郁廷主要研究国家文化话语权问题。郑永廷对高校意识形态话语权建设进行了思考，提出了建议。二是话语体系及其转化研究阶段。在《话语体系初论》一书中，吴汉全对话语体系的基本内容进行了比较全面的探讨。还有的研究成果考察马克思主义中国化进程中话语体系的演变，重点关注革命话语体系及其转化。《学习时报》刊文探讨马克思主义中国化从"革命"到"建设"话语体系的转换。李军林从话语理论出发，研究马克思主义在中国的早期传播及其话语体系的初步建构。有学者还研究了毛泽东与马克思主义话语体系的中国化转化问题。三是当代中国马克思主义话语体系研究阶段。从方法论角度为当代中国马克思主义话语体系的构建和完善出谋划策。陈锡喜分析重构了马克思主义话语体系的必要性、可能性，并探索重构的基本途径，是马克思主义话语体系研究的阶段性代表，但对话语体系的具体内容未作详论。四是马克思主义话语体系细化研究阶段。细化为政治话语体系、学术话语体系等不同领域，尤其是中央提出"对外讲好中国故事，构建中国话语体系"的新要求，标志着细化研究趋势的加强。秦宣认为，创新和发展中国特色学术话语体系，是提升中国国际学术话语权、主导权的前提。肖贵清以"中国模式"研究为例，倡导构建中国自己的学术话语体系。韩庆祥提出中国国际话语权要有坚实的话语基础、科学的话语体系、坚定的话语自信、有效的话语方式、被认同的国际话语权。郭建宁主张从三个维度构建中国话语体系。尽管学界尚未明确提出"马克思主义大众话语体系"及其建构的相关问题，但马克思主义大众化与话语、话语体系、话语权的关系，也已开始引起部分学者的关注。李忠杰提出，中国化的马克思主义需要大众化，当代中国的话语体系也要大众化。邱柏生认为话语体系是加强社会主义核心价值体系教育的技术保障条件。李水金以话语理论为基础，考察了中国公民话语权的概念、实现途径及其社会影响。

当前的研究更多关注马克思主义话语权及其中国对外话语权问题，重视发挥政治话语体系和学术话语体系的作用。真正将马克思主义融入大众生活，使其成为人们的生活方式和精神力量，马克思主义话语权便会不言自明。相比一味追求抽象的马克思主义话语权，14 亿中国人民对马克思主义的认可和信奉更具实际意义，而大众的这种认可和信奉必须依靠大众话语体系的基础支撑。因此，马克思主义意识形态话语权、话语体系研究的着力点需要下沉到基础维度的大众话语及其体系。目前的问题是大众话语正在崛起，但不成体系，功能不全，亟须规范、转换和创新。因此，马克思主义大众话语体系的转化性构建是基于已有成果的提升和现实的需要，也是本书的主要观点和重要任务。

研究对象是马克思主义大众话语体系及其转化性建构涉及的人、事、物。一是话语主体：既包括宣传部门、新闻媒体等传统组织主体，也包括工人、农民、知识分子、青年学生等大众主体；二是话语内容：经典马克思主义和中国梦等中国化马克思主义；三是话语载体：政府文件、领导干部讲话、新闻广播、网络评论等；四是话语环境：重点是与广大人民群众密切相关的社会生活领域。

一是注重综合运用和跨学科互验。用传播学理论厘定马克思主义话语、话语体系、大众话语体系、话语权等概念，用教育学理论分析马克思主义话语"弱化"的原因，用哲学的系统理论实现马克思主义大众话语体系的转化性建构。

二是注重问卷调查法、访谈法、定性与定量、规范与实证相结合分析法、比较研究法等的交叉融合。针对青年大学生及其群体特点，选取网络调查的形式调查"马克思主义话语认同程度"。针对党政机关人员的群体特点，发挥组织优势调查"马克思主义信仰程度和话语习惯"，采用发放和回收调查问卷的形式。针对企业职工和农民（工）的群体特点，筛选"对国家大政方针了解程度"等主题内容，选择走访入户的特定方式。调查结果，通过SPSS 等软件进行分析和比对。

三是注重个案的带入验证和跟踪分析。对不同群体、不同领域、不同阶段的调查结果通过干部、在校大学生、青年农民工等马克思主义话语区分度较高的群体进行典型个案验证。

四是注重整体理念的贯穿。确立系统思维，从整体上把握马克思主义的话语弱化和马克思主义大众话语体系的转化性建构。

1.我国马克思主义话语体系的发展现状。话语体系与马克思主义中国化的关系中，话语和话语体系是马克思主义中国化的重要载体。(1)话语体系建设的历史演进。从毛泽东首创以新民主主义革命为核心的革命话语体系到邓小平以"和平发展""改革开放"为主题的建设话语体系，再到江泽民"三个代表"重要思想和胡锦涛"科学发展"为主线的发展话语体系，直到今天习近平所倡导的"中国梦""四个全面"战略布局为中心的改革话语体系。(2)话语体系建设的成效。结构日趋完善；内容与时俱进；方式创新多变；效果日益显著。(3)话语体系建设的时代境遇。面临互联网＋、经济新常态、价值多元发展、西方和平演变新阶段等新因素，既是新的挑战，也是新的机遇，理应积极面对。

2. 特定场域中的马克思主义话语弱化。在中国，马克思主义作为指导思想，牢牢掌握着意识形态话语权。然而，马克思主义话语弱化现象一定程度存在，值得警惕。(1)马克思主义话语弱化是马克思主义话语在大众生活中逐步淡化、僵化、边缘化及大众对马克思主义话语逐渐疏远、漠视、拒斥的双向过程。(2)表现及实质：一是思想领域的话语弱化，新自由主义、历史虚无主义、"宪政改制"等思潮泛滥，"淡马""化马"甚至"反马"倾向依然存在；二是政治领域的话语弱化，官话、套话、空话、假话并不鲜见，领导干部"雷语""乱语""失语"时有发生；三是学术领域的话语弱化，否认马克思主义及其理论研究的科学性，出现"概念漂浮"和"话语空转"现象；四是日常生活领域的话语弱化，部分群体对马克思主义漠视、嘲笑甚至抛弃；五是主体领域的话语弱化，马克思主义信仰者和研究者出现思想迷茫、内心动摇及表现出的不自信言行。马克思主义话语弱化的实质是社会主义意识形态话语权的边缘化甚至局部失守。(3)影响：不利于马克思主义的健康发展，不利于大众对马克思主义的价值认同，不利于社会思潮的正确引领，不利于对西方和平演变的抵制，导致人们思想混乱，危及党的执政地位。(4)原因：根本原因包括多种所有制经济带来的价值观多元化、东西方文化差异及马克思主义信仰的动摇；直接原因有话语层面缺乏群众基础和现实观照，表现为话语内容抽象、主导者话语转化能力不足、话语表达过于程序化和说教化、话语习惯未能贴近大众生活、话语思维受西方思想渗透干扰，言必称希腊。

3. 用马克思主义大众话语体系克服马克思主义的话语弱化。话语由人民创造，理应回归大众。(1)大众话语力量的崛起。人民大众是马克思主义中国化的主体，也是话语及其体系的主体，更是大众话语体系建构的主导力量。(2)大众话语体系的科学内涵与基本特征。一是科学内涵三要素：马克思主义的方向、人民群众的底色、时代的最强音的有机统一。二是基本特征：党性、人民性、时代性、层次性、系统性、开放性。（3）大众话语体系的功能定位。功能：马克思主义大众话语体系是马克思主义与大众间的桥梁，是用大众话语力崛起克服马克思主义话语弱化的纽带，能够实现马克思主义掌握大众及大众掌握马克思主义的双重功效。具体包括大众诉求承载功能、理论转化功能、信息传达功能、思想行为规范功能、价值引导功能。定位：马克思主义大众话语体系植根于马克思主义话语体系乃至中国话语体系之中，是马克思主义话语体系的具体化和时代化，是一套带有马克思主义指向的、面向人民大众的，讲得明、听得懂、学得会的话语体系。

4.我国马克思主义大众话语体系转化性建构的学理追问。（1）建构原则：党性与人民性相统一、继承性与创新性相统一、层次性与系统性相统一、科学性与开放性相统一。（2）要素分析：大众话语的崛起、政治话语的方向、学术话语的理性、传统话语的底蕴、生活话语的纯真、网络话语的新颖、国际话语的启示。（3）逻辑转化：一是政治话语、学术话语、传统话语、生活话语、网络话语、国际话语向大众话语的微观转化；二是原有马克思主义话语体系向马克思主义大众话语体系的中观转化；三是实践发展向马克思主义大众话语体系的宏观转化。

5.我国马克思主义大众话语体系转化性建构的实践探寻。（1）经验借鉴：一方面，坚持马克思主义在话语系统中的指导地位；另一方面，突出话语体系的时代特色、实践特色和民族特色。（2）现实困境：人民群众主体地位的忽视、单向线性习惯思维的禁锢、社会现实观照的不足、目标话语指标体系和把握标准的缺失。（3）实践路径：第一，话语内容的转化：依据大众关切的程度和现实发展状况，将话语内容划分等级，对高、中、低关注度的话语内容等加以区别认识和转化，贯穿时代要求、实践要求和群众要求；第二，话语主体的转化：回归话语人民性的本质，实现人民群众主客体话语地位的统一，由党政机关主导话语的一家独大转化为大众参与培育固定、多元、复合的话语主体；第三，话语方式的转化：由抽象、僵化、统一的文件式、讲话式、教科书式转向通俗、具体、生动的时代承载形式，在多样、生动、创新中实现口头话语、书面话语和行为话语的良性互动；第四，话语场域的转化：打破僵化单一的话语场域，打造生活化、碎片化、海量化的话语环境；第五，话语交往的转化：加强不同话语系统的交流，积极吸收传统话语、对外话语、西方话语的精华，保持马克思主义话语的强劲生命力；第六，话语习惯的转化：将从"理论出发"的话语习惯转换为从"群众出发"的话语习惯，实现话语的马克思主义基调与群众底色的内在统一；第七，话语逻辑的转化：重温话语"从群众中来，到群众中去"的逻辑准则，将"自上而下"的话语逻辑改变为"上下互动"的新型话语逻辑，兼顾不同群体、不同阶段、不同领域的利益诉求。

第一章

马克思主义话语体系的形成与发展

尽管话语的建构存在有意识和无意识之别，但是任何理论都必然包含某种内在的话语体系。马克思主义中国化时代化大众化的过程，同样伴随着话语及话语体系的创造性转化与创新性建构。正如有学者所指出的："中国共产党人推进马克思主义中国化理论创新的一个很重要经验，就是不断提炼具有中国特色的概念术语，形成自主性的理论创造。"① 建构概念、话语和话语体系也是为了争夺话语权。"话语权就是说话权、发言权，亦即说话和发言的资格和权利。这样的话语权往往同人们争取经济、政治、文化、社会地位和权益的话语表达密切相关"②，也是一种意识形态主导权。中国共产党自创立以来，围绕着革命、建设和改革进行了艰辛探索，在总结实践经验的基础上，提出了一系列新概念、新范畴、新思想、新战略，创立了毛泽东思想和中国特色社会主义理论体系，话语构建始终贯穿其中。话语的不断建构和话语体系的最终形成便集中体现了中国共产党自创立以来的实践探索、理论创新与文化自觉。

中国共产党人建构话语的理论自觉和实践努力，还在于话语和话语体系

---

① 金民卿：《马克思的术语革命与习近平理论创新的话语建构特色》，《前线》2017 年第 1 期。

② 张国祚：《关于"话语权"的几点思考》，《求是》2009 年第 9 期。

是马克思主义中国化的重要载体，即马克思主义中国化过程中的各项理论成果需要以概念、范畴、术语、战术、策略等具体形式予以呈现。以毛泽东思想为例，它首先建构的是关于新民主主义革命的一整套话语体系，如"半殖民地半封建社会"概念、"两大历史任务"的提法、"革命阶段"的划分以及"中国社会各阶级"的分析等范畴、"农村包围城市""武装夺取政权"等丰富的革命战略战术、建立"新民主主义共和国"的斗争目标等等。这些不同话语之间的理论逻辑与现实逻辑的统一又使其构成一个完整的话语体系。正如马克思主义基本原理包括马克思主义哲学、马克思主义政治经济学、科学社会主义等三大理论部分，以及社会存在与社会意识、实践与认识、事物的联系与发展等范畴和关系一样，马克思主义中国化的理论成果同样要以上述话语和话语体系作为重要载体。

马克思主义中国化时代化大众化的丰富实践过程及其所形成的理论成果，也为中国共产党的话语、话语体系的建构和创新，提供了前提和条件。中国共产党在推动马克思主义中国化时代化过程中，所推动创立的毛泽东思想、邓小平理论、"三个代表"重要思想、科学发展观、习近平新时代中国特色社会主义思想，无不为"新民主主义革命"的革命话语、"和平与发展""改革开放"的建设话语、"三个代表"重要思想的价值话语、"科学发展观"的发展话语、"新时代""中国梦""四个全面""四个自信""四个意识""两个务必""两个确立""中华民族伟大复兴""自我革命""三个务必""中国式现代化"等的时代话语及其发展，提供了丰富的实践滋养和基本的理论前提。建构话语和话语体系的目的，还在于争夺意识形态领导权。因此，话语及话语体系是否大众化并带来强劲的吸引力和传播力关乎马克思主义话语建构的成败得失。推动马克思主义中国化时代化大众化，着力解决的就是这一现实难题。回顾中国共产党创立以来的历史，从国民革命时期著名的《国民革命歌》歌词到土地革命时打土豪分田地的标语，从反映苏区军民鱼水生活歌谣的迅速传唱，再到社会主义核心价值观的耳熟能详，从中能够看出我们党在不同历史时期提出的思想、观点、理念、战略等，通过恰当的话语承载，使马克思主义大众化取得了良好效果，起到了话语和话语体系建构的应有目的，实现了马克思主义理论在内容和形式上的统一。

第一节　马克思主义话语体系的历史形成

党的二十大通过的党章指出："中国共产党以马克思列宁主义、毛泽东思想、邓小平理论、'三个代表'重要思想、科学发展观、习近平新时代中国特色社会主义思想作为自己的行动指南"。"毛泽东思想是马克思列宁主义在中国的运用和发展，是被实践证明了的关于中国革命和建设的正确的理论原则和经验总结"。邓小平理论是"马克思主义在中国发展的新阶段，是当代中国的马克思主义"，"三个代表"重要思想"加深了对什么是社会主义、怎样建设社会主义和建设什么样的党、怎样建设党的认识"。科学发展观"是马克思主义关于发展的世界观和方法论的集中体现，是马克思主义中国化重大成果"。党的十八大以来创立的习近平新时代中国特色社会主义思想"是对马克思列宁主义、毛泽东思想、邓小平理论、'三个代表'重要思想、科学发展观的继承和发展，是当代中国马克思主义、二十一世纪马克思主义，是中华文化和中国精神的时代精华，是党和人民实践经验和集体智慧的结晶，是中国特色社会主义理论体系的重要组成部分，是全党全国人民为实现中华民族伟大复兴而奋斗的行动指南，必须长期坚持并不断发展"[①]。由此可以看出，推进马克思主义中国化时代化是一个追求真理、揭示真理、笃行真理的过程。一代代中国共产党人在领导中国革命、建设和改革的过程中，不断推动马克思主义在中国的守正创新、与时俱进，这也集中体现在马克思主义话语体系的演进创新方面。

一、以新民主主义革命为中心的革命话语体系

新民主主义革命时期，以毛泽东同志为主要代表的中国共产党人在实践中成功走出一条"农村包围城市，武装夺取政权"的中国革命新道路，即新

[①]　《中国共产党章程》，人民出版社 2022 年版，第 5—6 页。

民主主义革命道路。其指导思想是新民主主义革命理论，是对马克思主义基本原理的创造性运用，是马克思主义中国化第一次历史性飞跃所形成的理论成果的主要组成部分。"任何一个理论的话语体系的形成，都依据其核心概念或范畴的确立为基础，因为核心概念或范畴是理论之网的网上纽结。"① 新民主主义理论对于马克思主义的发展和创新，集中体现在提出一系列关于中国革命的观点、概念、范畴，建构起一整套反映中国革命客观现实的马克思主义话语体系。

中国共产党人对于中国革命性质的认识经历了一个发展过程。中国共产党成立后不久，便在共产国际的极力促成之下，与中国国民党开展合作。由于"民主革命"一词当时普遍被理解为资本主义性质，陈独秀提出的"国民革命"一词，被认为是中国共产党赋予中国革命以新的"色彩"。早在国民革命北伐高潮之际，毛泽东在著名的《国民革命与农民运动》一文中指出："农民问题乃国民革命的中心问题，农民不起来参加并拥护国民革命，国民革命不会成功"，"所谓国民革命运动，其大部分即是农民运动"。② 由此可知，"农民"对于毛泽东话语中中国革命的特殊意义。"国民革命"概念和话语的提出和宣传，也反映出当时中国共产党人对于中国新民主主义革命特殊性的认识。土地革命战争时期，由于农村土地革命的现实价值愈发凸显，中国共产党人更加强调"工农联盟"的重要性，这体现了中国共产党人对于中国革命特殊性认识的深化。1928 年 11 月，蔡和森在《布尔塞维克》上发表文章《中国革命的性质及其前途》，文章指出："中国革命，按照他客观的意义，无条件的是资产阶级民权革命……这一革命的根本任务不仅是反对地主阶级，消灭一切封建残余，而且是反对国际帝国主义，形成为世界革命之一助力并且为世界革命之一部分……中国是半殖民地，中国革命将成为殖民地资产阶级民权革命的模型……在民族资产阶级公开叛变之后，中国资产阶级民权革命，无疑的只有在联合农民反对民族资产阶级的条件之下才能彻底胜

---

① 陈锡喜：《马克思主义：意识形态和话语体系》，华东师范大学出版社 2011 年版，第 63 页。

② 《毛泽东文集》第 1 卷，人民出版社 1993 年版，第 37、38 页。

利。"①从中不难看出，由于对资产阶级叛变革命的定性，以及城市暴动、农村武装割据双重革命探索的开展，中国共产党人愈发强调"工农联盟"对于中国革命的意义。

"新民主主义革命"概念的提出与建构，则要归功于毛泽东对于中国革命的深入思考与理论创新。20世纪30年代，关于中国社会性质的论战及其传播，使"半殖民地半封建社会"这一概念广为流传。而《中国革命和中国共产党》《新民主主义论》的发表，标志着毛泽东"新民主主义革命"概念的成型。1939年冬，毛泽东明确指出："既然中国社会还是一个殖民地、半殖民地、半封建的社会，既然中国革命的敌人主要的还是帝国主义和封建势力，既然中国革命的任务是为了推翻这两个主要敌人的民族革命和民主革命，而推翻这两个敌人的革命，有时还有资产阶级参加"②，"现阶段中国革命的性质，不是无产阶级社会主义的，而是资产阶级民主主义的。但是，现时中国的资产阶级民主主义的革命，已不是旧式的一般的资产阶级民主主义的革命，这种革命已经过时了，而是新式的特殊的资产阶级民主主义的革命"③，"中国现时的革命阶段，是为了终结殖民地、半殖民地、半封建社会和建立社会主义社会之间的一个过渡的阶段，是一个新民主主义的革命过程"④。在此基础上，他还概括提出"所谓新民主主义的革命，就是在无产阶级领导之下的人民大众的反帝反封建的革命"⑤。这一性质和特殊性体现在两个方面：一是五四以来中国的新民主主义革命，"和历史上欧美各国的民主革命大不相同，它不造成资产阶级专政，而造成各革命阶级在无产阶级领导之下的统一战线的专政"⑥；二是中国的新民主主义革命，"和社会主义的革命不相同，它只推翻帝国主义和汉奸反动派在中国的统治，而不破坏任何尚

---

① 《蔡和森文集》下，人民出版社2013年版，第331—332页。
② 《毛泽东选集》第2卷，人民出版社1991年版，第646页。
③ 《毛泽东选集》第2卷，人民出版社1991年版，第646—647页。
④ 《毛泽东选集》第2卷，人民出版社1991年版，第647页。
⑤ 《毛泽东选集》第2卷，人民出版社1991年版，第647页。
⑥ 《毛泽东选集》第2卷，人民出版社1991年版，第648页。

能参加反帝反封建的资本主义成分"。① 毛泽东随后在《新民主主义论》中对新民主主义理论进行了更为系统的阐发,这标志着完整意义上的中国革命新理论的最终创立。

新民主主义革命话语体系的核心概念,不仅涉及中国国情、中国革命的性质,还包括革命对象、革命任务、革命动力、革命道路等内容。关于革命对象,毛泽东在《中国革命和中国共产党》中明确指出:"中国现阶段革命的主要对象或主要敌人,究竟是谁呢?""不是别的,就是帝国主义和封建主义,就是帝国主义国家的资产阶级和本国的地主阶级。""因为,在现阶段的中国社会中,压迫和阻止中国社会向前发展的主要的东西,不是别的,正是它们二者","中国革命的敌人不但有强大的帝国主义,而且有强大的封建势力,而且在一定时期内还有勾结帝国主义和封建势力以与人民为敌的资产阶级的反动派"。② 所要"革"的对象的特点决定了中国革命的主要方法"不能是和平的,而必须是武装的",因为"中国人民没有任何的政治上的自由权利",由此决定了武装斗争、革命战争、游击战争、军队工作的重要性。③这种武装斗争之所以呈现出"农村包围城市"态势,是由中国国情决定的:"由于中国经济发展的不平衡(不是统一的资本主义经济),由于中国土地的广大(革命势力有回旋的余地),由于中国的反革命营垒内部的不统一和充满着各种矛盾,由于中国革命主力军的农民的斗争是在无产阶级政党共产党的领导之下,这样,就使得在一方面,中国革命有在农村区域首先胜利的可能;而在另一方面,则又造成了革命的不平衡状态,给争取革命全部胜利的事业带来了长期性和艰苦性。由此也就可以明白,在这种革命根据地上进行的长期的革命斗争,主要的是在中国共产党领导之下的农民游击战争。因此,忽视以农村区域作革命根据地的观点,忽视对农民进行艰苦工作的观点,忽视游击战争的观点,都是不正确的。"④ 实际上,"农村包围城市、武

———————

① 《毛泽东选集》第 2 卷,人民出版社 1991 年版,第 648 页。
② 《毛泽东选集》第 2 卷,人民出版社 1991 年版,第 633—634 页。
③ 《毛泽东选集》第 2 卷,人民出版社 1991 年版,第 635 页。
④ 《毛泽东选集》第 2 卷,人民出版社 1991 年版,第 635—636 页。

装夺取政权"也是毛泽东革命话语的核心概念，新民主主义革命理论也基本围绕这些内容建构。关于中国革命的任务，毛泽东在《中国革命和中国共产党》中明确指出："就是对外推翻帝国主义压迫的民族革命和对内推翻封建地主压迫的民主革命，而最主要的任务是推翻帝国主义的民族革命。"[①] 至于革命的动力，毛泽东在对中国社会各阶级分别深入分析的基础上指出，革命动力包括无产阶级、农民阶级、城市小资产阶级和民族资产阶级，其中无产阶级是主要领导力量。总之，以新民主主义革命为核心内容的话语体系，是马克思主义中国化的第一次理论飞跃的外在表现形式。"毛泽东创造了一个新的宏大的革命话语系统，它的最重要的特点就是将民族主义、爱国主义和共产主义结合了起来"[②]。

二、以和平发展、改革开放为主题的建设话语体系

纵观近现代中国历史和中国的现代化进程，党的十一届三中全会是一次具有伟大转折意义的重要会议，中国自此进入了改革开放和社会主义现代化建设新时期。以邓小平同志为主要代表的中国共产党人在探索中国特色社会主义的实践中，逐渐形成了以"和平发展""改革开放"为主题的建设话语体系。中国改革开放序幕的拉开，"是基于对党和国家前途命运的深刻把握，是基于对社会主义革命和建设实践的深刻总结，是基于对时代潮流的深刻洞察，是基于对人民群众期盼和需要的深刻体悟"。这套以"建设"为主题的马克思主义话语体系"深刻揭示社会主义本质，确立社会主义初级阶段基本路线，明确提出走自己的路、建设中国特色社会主义，科学回答了建设中国特色社会主义的一系列基本问题，制定了到21世纪中叶分三步走、基本实现社会主义现代化的发展战略，成功开创了中国特色社会主义"[③]。

马克思主义建设话语体系的形成，首先立足于对时代主题的科学把握。1977年12月18日，在接待巴基斯坦政府首脑齐亚·哈克时，邓小平指出：

---

① 《毛泽东选集》第2卷，人民出版社1991年版，第637页。

② 高华：《革命年代》，广东人民出版社2010年版，第209页。

③ 习近平：《在庆祝改革开放40周年大会上的讲话》，人民出版社2018年版，第6页。

"根据毛主席三个世界划分的战略规定，我们以第三世界为主力军，团结一切可能团结的力量，包括第二世界的力量"，"如果第三世界和第二世界的统一战线搞好了，战争就可以延缓"①。同年12月28日，邓小平在中央军委全体会议上评价国际形势时指出："国际形势是好的。战争可能延缓爆发"②。1983年3月2日，邓小平在与当时的中央负责同志谈话时指出："以前总是担心打仗，每年总要说一次。现在看，担心得过分了。我看至少十年打不起来。"③ 此后，邓小平对时代主题有了更深刻的认识，其核心观点为：世界会有一个较长和平期，甚至可以避免世界大战的爆发。1984年5月17日，在会见厄瓜多尔总统奥斯瓦尔多·乌尔塔多时，邓小平指出："我看世界现在存在两个最根本的问题。第一是反对霸权主义，维护世界和平。当今世界不安宁的根源来源于霸权主义的争夺，它损害的是第三世界国家的利益。第二是南北问题。这是今后国际问题中一个十分重要的方面。"④ 这标志着邓小平"和平发展"观念及话语的初步形成。1985年3月4日，在会见日本商工会议所访华团时，邓小平明确阐述了关于世界时代主题的观点："现在世界上真正大的问题，带全球性的战略问题，一个是和平问题，一个是经济问题或者说发展问题。和平问题是东西问题，发展问题是南北问题。概括起来，就是东西南北四个字。南北问题是核心问题。"⑤ 同年6月4日，邓小平深入分析了和平力量与战争力量的对比，指出："世界很大，复杂得很，但一分析，真正支持战争的没有多少，人民是要求和平、反对战争的。还要看到，世界新科技革命蓬勃发展，经济、科技在世界竞争中的地位日益突出，这种形

①　中共中央文献研究室编：《邓小平年谱（1975—1997）》上册，中央文献出版社2004年版，第247页。

②　中共中央文献研究室编：《邓小平年谱（1975—1997）》上册，中央文献出版社2004年版，第251页。

③　《邓小平文选》第3卷，人民出版社1993年版，第25页。

④　中共中央文献研究室编：《邓小平年谱（1975—1997）》下册，中央文献出版社2004年版，第974页。

⑤　《邓小平文选》第3卷，人民出版社1993年版，第105页。

势，无论美国、苏联、其他发达国家和发展中国家都不能不认真对待"①，并得出结论：在未来较长时间内不发生世界性大战是可能的，维护世界和平有希望，并认为应改变过去"战争的危险很迫近"的看法。这标志着邓小平"和平发展"观念及话语的基本成型。最终，1987 年党的十三大确认了和平与发展是当今世界两大主题的论断。

邓小平提出"和平与发展"是当今世界主题的重大判断，为中国的改革开放和现代化建设提供了前提，也是马克思主义话语体系建构的主题。与此同时，"改革开放""社会主义现代化建设"等话语也逐步进入人们的视野。1978 年 10 月 11 日，邓小平在一次致辞中指出："现在党中央、国务院要求加快实现四个现代化的步伐，并且为此而提出了一系列政策和组织措施。中央指出：这是一场根本改变我国经济和技术落后面貌，进一步巩固无产阶级专政的伟大革命。这场革命既要大幅度地改变目前落后的生产力，就必然要多方面地改变生产关系，改变上层建筑，改变工农业企业的管理方式和国家对工农业企业的管理方式，使之适应于现代化大经济的需要……各个经济战线不仅需要进行技术上的重大改革，而且需要进行制度上、组织上的重大改革。进行这些改革，是全国人民的长远利益所在，否则，我们不能摆脱目前生产技术和生产管理的落后状态。"② 由此大约可以看出，"现代化"是与"革命""改变""改革"相伴相随的话语，此时"改革"一词虽然提出，但是与"革命"等词相混用。在此后不久举行的中央工作会议闭幕式上，邓小平的讲话更加突出"改革"的重要性："我们的经济管理工作，机构臃肿，层次重叠，手续繁杂，效率极低。政治的空谈往往淹没一切。这并不是哪一些同志的责任，责任在于我们过去没有及时提出改革。但是如果现在再不实行改革，我们的现代化事业和社会主义事业就会被葬送。"③ 由此可以看出，"改革"对于中国的必要性和急迫性。紧接其后的十一届三中全会的公报，则明确提出"改革同生产力迅速发展不相适应的生产关系和上层建筑"。此时邓小平对

---

① 《邓小平文选》第 3 卷，人民出版社 1993 年版，第 127 页。
② 《邓小平文选》第 2 卷，人民出版社 1994 年版，第 135—136 页。
③ 《邓小平文选》第 2 卷，人民出版社 1994 年版，第 150 页。

"改革"一词的使用与定义，与后来人们话语中的"改革"已十分接近，也能看出"革命"话语逐渐被"改革"话语替代的趋势，这与党和国家中心任务转向社会主义现代化建设相同步。

"开放"话语是"和平发展"时代话语建构的必然结果和具体表现，并且契合了改革和社会主义现代化建设的需要。实事求是来看，以毛泽东同志为主要代表的中国共产党人并非没有对外开放的思维，但是受限于两大阵营对立、中苏关系恶化情况的迭次出现，中国对外开放的局面实际难以形成。1977年9月29日，邓小平与邓颖超共同会见英籍作家韩素音时指出：世界科学技术在60年代末70年代初有了突飞猛进的发展，中国与先进国家的差距被拉开了几十年，"中国人是聪明的，再加上不搞关门主义，不搞闭关自守，把世界上最先进的科研成果作为我们的起点，创造条件，努力奋斗，恐怕就没有希望。我们还要吸收世界先进的工业管理方法，要搞科研，搞自动化"[1]。1978年10月，邓小平在会见西德新闻代表团时，则明确提出了"现在是我们向世界先进国家学习的时候"的重要观点，认为"关起门来，故步自封，夜郎自大，是发达不起来的"；对于西方国家的发展给予了高度评价，认为"包括你们在内的发达国家，在七十年代的基础上再向前发展二十二年，将是什么面貌？我们的四个现代化，要在本世纪末达到你们现在的水平已十分不容易，要达到你们二十二年后的水平就更难了"。[2] 强调"对外开放"是为了"引进先进技术，是为了发展生产力，提高人民生活水平，是有利于我们的社会主义国家和社会主义制度"的同时，邓小平也指出社会主义制度等根本制度必须坚持。[3] 从某种意义上说，邓小平话语中的"对外开放"主要针对经济、科技领域，因此相关表述也大多体现在与工商界人士、外宾的会见中。1979年，邓小平在会见美国不列颠百科全书出版公司编委会副主席吉布尼和加拿大麦吉尔大学东亚研究所主任林达光的谈话中强调："实

---

① 中共中央文献研究室编：《邓小平年谱（1975—1997）》上册，中央文献出版社2004年版，第210页。

② 《邓小平文选》第2卷，人民出版社1994年版，第132—133页。

③ 《邓小平文选》第2卷，人民出版社1994年版，第133页。

现四个现代化必须有一个正确的开放的对外政策", 所需外部条件过去没有, 现在既然有了, 必须加以利用。^① 这段话能够体现新中国成立以来中国共产党人对于对外开放态度的演进。

虽然说"改革""开放"两个概念和话语提出的时间几乎同步, 但把这两个词联系起来使用则迟于中国改革开放的实践。1984 年 2 月 9 日, 邓小平视察厦门时明确指出: "改革开放后, 侨务工作很重要。"^②1984 年 4 月 4 日, 邓小平在会见南斯拉夫主要领导人弗拉伊科维奇时更为明确地将"改革开放"与十一届三中全会关联起来考察, 指出: "党的十一届三中全会提出改革开放"。由此可以看出, 不论是"十一届三中全会"还是"改革开放", 这些话语都是对新时期中国社会主义现代化建设新主题、新特点的理论概括和话语总结。从这个意义上说, "和平发展"是对社会主义现代化建设新时期国际环境、时代主题的话语建构, "改革开放"则是对社会主义现代化建设新主题、新特点的集中概括, 而这一概念和话语最终成形于党的十三大。

三、以"三个代表"重要思想为核心的价值话语体系

"三个代表"重要思想, 体现了以江泽民同志为主要代表的中国共产党人主要围绕着"建设什么样的党、怎样建设党"进行的深入思考, "反映了当代世界和中国的发展变化对党和国家工作的新要求, 是加强和改进党的建设、推进我国社会主义自我完善和发展的强大理论武器, 是中国共产党集体智慧的结晶"^③, "继承了马克思主义价值论的主体性原则, 发展了人民主体论的价值观念和价值立场; 继承了马克思主义价值论的革命性原则, 发展了共产主义价值观念; 继承了马克思主义价值与真理相统一的原则, 实现了实

---

① 《邓小平文选》第 2 卷, 人民出版社 1994 年版, 第 233、234 页。
② 中共中央文献研究室编: 《邓小平年谱 (1975—1997)》下册, 中央文献出版社 2004 年版, 第 959 页。
③ 《中国共产党章程》, 人民出版社 2022 年版, 第 2—3 页。

践标准、生产力标准和人民利益标准的一体化"①,更体现了十三届四中全会以后中国共产党对于执政党自身价值思考的历史脉络。

以"三个代表"重要思想为核心的马克思主义"价值话语",孕育自党的十三届四中全会之后。当时面临国内外错综复杂的形势变化,特别是"八九政治风波"、苏东剧变之后的严峻态势,江泽民代表党中央旗帜鲜明地阐明中国共产党的政治立场,实际回答的是改革开放之后党的性质问题。他指出:中国共产党"是工人阶级的先锋队,是社会主义事业的领导力量。形势和任务不断变化,党的路线方针政策和斗争策略、活动方式、工作方法也要相应改变,但党的性质不能变,共产主义的最高目标不能变"②;对于改革开放和社会主义的关系要有一个正确的态度,"社会主义制度是在自身基础上不断发展和完善的制度。在社会主义条件下,我们的根本任务是以经济建设为中心,大力发展社会生产力"③。从中不难看出,江泽民着力厘清和阐释的是中国共产党、社会主义、经济建设、发展生产力之间的关系问题,这也是当时人们的主要困惑所在,而这种思想困惑客观反映出当时话语建构的时代性不足。与世界社会主义遭受巨大挫折相伴随,中国的社会主义事业和中国共产党的执政地位同样面临巨大考验。1989年12月29日,江泽民对工人阶级的重要性给予了高度评价:"工人阶级同现代大工业紧紧联系在一起,有严格的组织性和纪律性,富于革命的坚定性和彻底性,能够以解放全人类为己任,代表先进生产力和生产关系,代表全体人民的根本利益。"④其中关于工人阶级与生产力、生产关系、全人类、全体人民关系问题的思考,虽然与"三个代表"重要思想相比还有较大差距,但是能够体现出江泽民等人对于新时期党的建设问题的创新性思考,富蕴对新时期工人阶级与出现的社会新阶层、中国与世界等若干对关系问题的深入思考。同时,江泽民围绕"建

---

① 黄凯峰、胡振平:《"三个代表"重要思想与马克思主义价值论》,《毛泽东思想研究》2004年第6期。

② 《江泽民文选》第1卷,人民出版社2006年版,第62页。

③ 《江泽民文选》第1卷,人民出版社2006年版,第68页。

④ 《江泽民文选》第1卷,人民出版社2006年版,第90页。

设什么样的社会主义、怎样建设社会主义"进行着同样深入的思考。他在中国共产党成立 70 周年庆祝大会上的讲话中指出："有中国特色社会主义的经济、政治、文化，是有机统一、不可分割的整体。加强这三方面的建设，根本目的是充分调动广大人民群众的积极性、推动社会生产力发展和社会全面进步"，同时强调中国的改革开放和现代化建设"是在社会主义制度下发展生产力的。在这个过程中，必须发挥社会主义制度的优越性，高度重视精神对物质、社会意识对社会存在、生产关系对生产力、上层建筑对经济基础、政治对经济的巨大反作用"[1]。显然，其中蕴含着关于中国社会主义现代化建设总体布局，以及改革开放影响社会主义性质与否等重大问题的思考。其中的辩证思考与分析着力解决的是改革开放与旧制度旧体制、新思想新观念与旧思想旧观念的冲突问题。

邓小平南方谈话之后，中国特色社会主义进入新阶段。1993 年 12 月，江泽民在毛泽东同志诞辰 100 周年纪念大会上的讲话中强调："围绕不断解放和发展生产力，把中国共产党从领导人民进行民主革命、社会主义革命到建设社会主义，直到最终实现共产主义的全部社会变革、社会实践活动，历史地贯穿和统一起来了。"[2]既然生产力要不断解放和发展，并贯穿于从民主革命到实现共产主义的全程、全部活动，这实际上已经指出要"始终代表生产力的发展"之意了。开始探索建立社会主义市场经济之后，党群关系的重要性也愈发凸显。江泽民在党的十四届四中全会上提出了"我们党必须始终保持同人民群众的血肉联系"重要观点，至 1996 年 3 月 3 日，江泽民在讲话中指出："社会主义现代化建设是我们当前最大的政治，因为它代表着人民的最大的利益、最根本的利益"[3]。这一表述之中已经具有"代表最广大人民的根本利益""代表先进生产力的发展要求"以及二者之间关系认识的雏形，体现出关于"建设什么样的社会主义、建设什么样的党"这一马克思主义话语范式的继承和发展。

---

[1] 《江泽民文选》第 1 卷，人民出版社 2006 年版，第 161、162 页。

[2] 《江泽民文选》第 1 卷，人民出版社 2006 年版，第 351 页。

[3] 《江泽民文选》第 1 卷，人民出版社 2006 年版，第 515 页。

进入新世纪，我们党的相关思考逐渐成为一套成熟的话语体系，其实质是长期执政下中国共产党的价值追求问题。2000年2月，江泽民在广东考察之时总结党自创立以来的历史，指出："我们党所以赢得人民的拥护，是因为我们党在革命、建设、改革的各个历史时期，总是代表着中国先进生产力的发展要求，代表着中国先进文化的前进方向，代表着中国最广大人民的根本利益，并通过制定正确的路线方针政策，为实现国家和人民的根本利益而不懈奋斗。"① 这次讲话是"三个代表"的第一次提出，并论及了两个先锋队问题。5月，江泽民在江苏、浙江和上海考察时，明确提出："始终做到'三个代表'，是我们党的立党之本、执政之基、力量之源。"②2000年6月9日，江泽民在全国党校工作会议上又强调："按照'三个代表'要求，全面加强和改进党的建设，使我们党永远立于不败之地，永远得到全国各族人民的衷心拥护并带领人民不断前进"，"建设什么样的党、怎样建设党，是一个重大现实问题，直接关系到我们党和国家的前途命运"。③ 由此不难看出，江泽民在时代发展中逐步形成了较为成熟的"三个代表"与加强和改进党的建设的重要思想，并将其提升到执政党的战略问题高度。2001年，江泽民在庆祝中国共产党成立80周年大会上发表讲话，全面阐述了"三个代表"重要思想的理论体系、内在逻辑。他指出："代表中国先进生产力的发展要求，代表中国先进文化的前进方向，代表中国最广大人民的根本利益，是统一的整体，相互联系，相互促进。发展先进的生产力，是发展先进文化，实现最广大人民根本利益的基础条件。人民群众是先进生产力和先进文化的创造主体，也是实现自身利益的根本力量。不断发展先进生产力和先进文化，归根到底都是为了满足人民群众日益增长的物质文化生活需要，不断实现最广大人民的根本利益。"④ 从这段论述能够看出，发展先进生产力、先进文化

---

① 《江泽民文选》第3卷，人民出版社2006年版，第2页。
② 《江泽民文选》第3卷，人民出版社2006年版，第15页。
③ 《江泽民文选》第3卷，人民出版社2006年版，第44页。
④ 江泽民：《在庆祝中国共产党成立八十周年大会上的讲话》，人民出版社2001年版，第24页。

都是为了维护人民群众的根本利益，创造主体、实现力量、服务对象都是围绕着人民群众，其话语体现的便是中国共产党以人民为中心的价值追求。"三个代表"重要思想的提出，代表新世纪新阶段中国共产党对于自身建设的深入思考，富蕴价值话语发展和创新的重要内容。

四、以科学发展为主线的发展话语体系

党的十六大以后，以胡锦涛同志为主要代表的中国共产党人，根据当时经济社会发展的新要求，"深刻认识和回答了新形势下实现什么样的发展、怎样发展等重大问题，形成了以人为本、全面协调可持续发展的科学发展观"，"是马克思主义关于发展的世界观和方法论的集中体现，是马克思主义中国化重大成果"。[①] 科学发展观的提出，是对中国发展话语、发展实践的经验总结和理论提升，体现了由实践到认识，再认识、再实践的辩证发展过程。

科学发展理念孕育自非典疫情暴发时，是以胡锦涛同志为主要代表的中国共产党人对中国发展问题的反思与思考。2003 年 4 月 15 日，胡锦涛在听取广东省委省政府工作汇报时，作出指示："我们要认清形势，进一步增强加快发展、率先发展、协调发展的历史责任感和使命感"，"坚持全面的发展观，通过促进三个文明协调发展不断增创新优势。要在全面建设小康社会、率先基本实现社会主义现代化的进程中，努力在社会主义物质文明、政治文明、精神文明建设方面都交出优异的答卷"[②]。2003 年 7 月 28 日，胡锦涛在全国防治非典工作会议上的讲话进一步指出："要高度重视存在的问题，采取切实措施加以解决，真正使这次防治非典斗争成为我们改进工作、更好推动事业发展的一个重要契机"，"从今后工作来说，我们不仅要继续保持经济较快增长良好势头，而且要重视提高经济增长质量和效益；不仅要确保今年经济社会发展目标的实现，而且要高度重视研究和解决经济社会发展中存在

---

① 《中国共产党章程》，人民出版社 2022 年版，第 9 页。
② 《抓住新机遇增创新优势开拓新局面　努力实现加快发展率先发展协调发展》，《人民日报》2003 年 4 月 16 日。

的深层次问题"①。他在讲话中强调要正确认识"发展"与"增长"的关系——"我们讲发展是党执政兴国的第一要务，这里的发展绝不只是指经济增长，而是要坚持以经济建设为中心，在经济发展的基础上实现社会全面发展"；指出正确的发展观是"更好坚持全面发展、协调发展、可持续发展的发展观"；处理好经济社会发展与人、自然的关系，"坚持在经济社会发展的基础上促进人的全面发展，坚持促进人与自然的和谐"②。从中能够看出，科学发展理念实际上是对以往中国发展的反思，即对经济增长与经济发展、经济增长速度与质量、经济发展与社会发展、人与自然等多对关系的深入思考，包括在现实中将经济社会发展等同于经济发展、将经济发展等同于经济增长的片面做法。2003年10月召开的十六届三中全会是一次重要会议，胡锦涛在会议上第一次正式提出"坚持以人为本，树立全面、协调、可持续的发展观"③的完整概念。这是"以人为本"这一重要话语首次正式出现于党的文献之中，并与"全面、协调、可持续的发展观"作为有机整体加以考虑。这标志着以"科学发展"为主线的发展话语的初步形成。

自此之后至党的十八大，以"科学发展"为主线的发展话语进一步丰富发展。胡锦涛在多个场合提出"把科学发展观贯穿于发展的整个过程和各个方面"，当时中国人均国内生产总值突破1000美元，跨上了改革开放和社会主义现代化建设的新台阶，"经济社会就进入了一个关键的发展阶段"。不同国家在这个发展阶段既有成功经验，也有失败教训，"既有因为举措得当从而促进经济快速发展和社会平稳进步的成功经验，也有因为应对失误从而导致经济徘徊不前和社会长期动荡的失败教训"，这便是所谓"改革发展正处在关键时期"。④ 中国共产党将"牢固树立和认真落实科学发展观"作为"解决中国发展问题，实现又好又快发展"的重大战略思想，认为"科学发展观

---

① 《胡锦涛文选》第2卷，人民出版社2016年版，第65、66页。

② 《胡锦涛文选》第2卷，人民出版社2016年版，第67页。

③ 中共中央文献研究室编：《十六大以来重要文献选编》上，中央文献出版社2005年版，第465页。

④ 《胡锦涛文选》第2卷，人民出版社2016年版，第173页。

对整个改革开放和现代化建设都具有重要指导意义"。[①] 由此可见，科学发展观对于中国发展全局的指导意义，而其内在逻辑体系，包括地位作用、本质要求、现实着力点、重要保障等四个方面。同时，科学发展话语也成为贯穿于党和国家现代化建设的主流话语。一方面是党的建设，胡锦涛指出："要把科学发展观作为检验党的建设的重要标准，对符合科学发展观的事情就全力以赴地去做，对不符合的就毫不迟疑地去改，努力使党的建设各项工作都符合科学发展观的要求"[②]。这体现出科学发展已经成为检验党的建设的尺度。另一方面是使"以人为本""全面、协调、可持续"理念融入构建社会主义和谐社会、和谐世界，以及推动建设社会主义新农村、创新型国家等方面。如在构建社会主义和谐社会的过程中，"必须统筹兼顾、突出重点，坚持把群众利益放在首位"[③]，体现出科学发展、以人为本的思维。这同样体现在建设社会主义新农村过程中。2006 年 2 月，在省部级主要领导干部建设社会主义新农村专题研讨班上，胡锦涛提出重要论断："我国现在总体上已到了以工促农、以城带乡的发展阶段"[④]，体现出统筹城乡发展、工业反哺农业、城市支持农村等基本方针。党的十七大修改党章时，与会代表一致同意将科学发展观写入党章，这表明科学发展已成为全党长期学习贯彻的理念和话语。党的十七大之后，以科学发展为主线的发展话语的理论建构与创新，随着实践推进，主要方向为进一步"转化为谋划发展的正确思路、促进发展的政策措施、领导发展的实际能力"，推动全党以科学发展思想武装头脑、指导实践，加快转变发展方式，具体落实科学发展的目标。

五、习近平新时代中国特色社会主义思想开启新时代话语体系

纵观中国共产党自创立以来的话语建构与发展，问题意识是这个话语体

---

① 《胡锦涛文选》第 2 卷，人民出版社 2016 年版，第 174、185 页。
② 《十六大以来重要文献选编》下，中央文献出版社 2008 年版，第 532 页。
③ 《十六大以来重要文献选编》下，中央文献出版社 2008 年版，第 676—677 页。
④ 中共中央文献研究室编：《科学发展观重要论述摘编》，中央文献出版社、党建读物出版社 2008 年版，第 46 页。

系发展的中心线索：以新民主主义革命为中心的革命话语体系着力为近代中国的救亡图存、开展革命问题发声，以和平发展、改革开放为主题的建设话语体系围绕社会主义现代化问题发声，以"三个代表"重要思想为核心的价值话语体系主要为执政党建设问题发声，以科学发展为主线的发展话语体系努力为实现经济社会又好又快发展、建设社会主义和谐社会等问题发声。党的十八大以来，伴随着中国特色社会主义进入新时代，改革开放也进入重要攻坚期，此时各种社会矛盾迭次出现，国内外形势变化和我国各项事业发展都给我们提出了诸多重大时代课题。正如新党章所指出："十八大以来，以习近平同志为主要代表的中国共产党人，坚持把马克思主义基本原理同中国具体实际相结合、同中华优秀传统文化相结合，科学回答了新时代坚持和发展什么样的中国特色社会主义、怎样坚持和发展中国特色社会主义等重大时代课题，创立了习近平新时代中国特色社会主义思想。"[1] 以此相适应，中国特色社会主义话语体系的建构也开启了新时代。

　　概念创新是话语体系建构的主要内容和首要指标。党的十八大以来，以习近平同志为核心的党中央陆续提出了"中国梦""两个一百年""四个全面""五大发展理念""人类命运共同体""新时代""中华民族伟大复兴""自我革命""中国式现代化"等战略概念并不断丰富其科学内涵。这是对坚持和发展中国特色社会主义系统化的话语呈现。2012 年 11 月，习近平在参观《复兴之路》展览时，第一次提出"中国梦"这一概念和符号。他说："实现中华民族伟大复兴，就是中华民族近代以来最伟大的梦想。这个梦想，凝聚了几代中国人的夙愿，体现了中华民族和中国人民的整体利益，是每一个中华儿女的共同期盼。"[2] 2013 年 3 月召开的第十二届全国人大第一次会议上，习近平更为全面地阐述了"中国梦"的内容："实现全面建成小康社会、建成富强民主文明和谐的社会主义现代化国家的奋斗目标"，"实现国家富强、民族振兴、人民幸福"。[3] 同时指出这样一个梦想"既深深体现了今天中国

---

① 《中国共产党章程》，人民出版社 2022 年版，第 5 页。

② 《十八大以来重要文献选编》上，中央文献出版社 2014 年版，第 84 页。

③ 《习近平关于全面建成小康社会论述摘编》，中央文献出版社 2016 年版，第 3 页。

人的理想，也深深反映了我们先辈们不懈追求进步的光荣传统"，并从多个层面指出其实现路径是"走中国道路""弘扬中国精神""凝聚中国力量"。这次讲话是对"中国梦"性质、内容、实现途径等方面的成熟阐述。如果说"中国梦"是新时代中国特色社会主义的显著符号，那么"两个一百年"奋斗目标便是这个符号的具体形态和表现。这两个目标分别是"中国共产党成立一百年时全面建成小康社会"和"新中国成立一百年时建成富强民主文明和谐的社会主义现代化国家"，并详细勾勒了"中国梦"的实现步骤和宏伟蓝图。

"四个全面"战略布局和"新发展理念"是新时代中国特色社会主义发展战略布局的话语呈现，也是对中国特色社会主义发展经验的理论提升。"四个全面"战略布局的提出是一个不断发展的过程：党的十八大明确提出"确保到 2020 年全面建成小康社会"，党的十八届三中全会将"全面深化改革开放"简化为"全面深化改革"，党的十八届四中全会则明确提出"全面推进依法治国"命题，2014 年 10 月召开的党的群众路线教育实践活动总结大会上又明确提出"全面推进从严治党"。"四个全面"战略的首次完整提出则是2014 年底习近平在江苏省调研时第一次明确提出"协调推进全面建成小康社会、全面深化改革、全面依法治国、全面从严治党"，后来又指出这四个问题是"当前党和国家事业发展中必须解决好的主要矛盾"。由此可知，"四个全面"战略布局的提出，体现了习近平对我国面临的突出矛盾和问题认识的深化过程。党的十八届五中全会提出新发展理念，体现了对中国发展经验的总结与反思。正如习近平在中共十八届五中全会第二次全体会议上的讲话指出："发展是一个不断变化的进程，发展环境不会一成不变，发展条件不会一成不变，发展理念自然也不会一成不变"[①]，指出新发展理念分别解决发展动力、发展不平衡、人与自然不和谐、发展内外联动、社会公平正义问题，是"我国发展全局的一场深刻变革"。

---

① 习近平：《论把握新发展阶段、贯彻新发展理念、构建新发展格局》，中央文献出版社2014 年版，第 39 页。

"中国式现代化"的话语表述聚焦的是新时代新征程中国共产党的使命任务，是着眼于第二个百年奋斗目标的中心话语。习近平在党的二十大上强调："从现在起，中国共产党的中心任务就是团结带领全国各族人民全面建成社会主义现代化强国、实现第二个百年奋斗目标，以中国式现代化全面推进中华民族伟大复兴。"从中西对比、古今对照、内外兼顾的话语视角出发，在五个方面的"中国特色"、九个方面的"本质要求"、五个方面的"重大原则"等方面勾勒出"中国式现代化"清晰模样，以精准话语体系回答了"什么是中国式现代化""怎样实现中国式现代化"这一关乎中国特色社会主义前途命运的重大理论和实践问题。

　　中国共产党是为中国人民谋幸福、为中华民族谋复兴的党，也是为人类谋进步、为世界谋大同的党。我们必须坚持胸怀天下，拓展世界眼光，深刻洞察人类发展进步潮流，积极回应各国人民普遍关切，为解决人类面临的共同问题作出贡献，以海纳百川的宽阔胸襟借鉴吸收人类一切优秀文明成果，推动建设更加美好的世界①。"人类共同价值""人类命运共同体"和"人类文明新形态"也是新时代中国特色社会主义的话语创新，展现了中国特色大国外交的全新姿态。2008年5月，中日两国签署的《中日关于全面推进战略互惠关系的联合声明》阐述了一段内容："为进一步理解和追求国际社会公认的基本和普遍价值进行密切合作，不断加深对在长期交流中共同培育、共同拥有的文化的理解。"2015年9月，习近平在联合国大会辩论中明确提出了"人类共同价值"："和平、发展、公平、正义、民主、自由"②。与西方所谓"普世价值"以及中国国内倡导的社会主义核心价值观相比较，可以看出"人类共同价值"话语体现了习近平在价值层面对于全球发展、全球治理的深刻思考。"人类命运共同体"由"意识"到"构想"的发展，也是习近平立足实践不断思考的结果。2013年3月，习近平访问俄罗斯时第一次在国际场合阐述"人类命运共同体"："各国相互联系、相互依存的程度

---

① 习近平：《高举中国特色社会主义伟大旗帜　为全面建设社会主义现代化国家而团结奋斗》，人民出版社2022年版，第21页。

② 习近平：《论坚持推动构建人类命运共同体》，中央文献出版社2018年版，第253页。

空前加深，人类生活在同一个地球村里，生活在历史和现实交汇的同一个时空里，越来越成为你中有我、我中有你的命运共同体。"① 2013年10月3日，习近平在印尼国会发表题为《携手建设中国—东盟命运共同体》的演讲，提出中国与东盟国家应"成为兴衰相伴、安危与共、同舟共济的好邻居、好朋友、好伙伴，携手建设更为紧密的中国—东盟命运共同体，为双方和本地区人民带来更多福祉"②。2014年7月17日，习近平又在中国—拉美和加勒比国家领导人会晤上发表了题为《努力构建携手共进的命运共同体》的演讲，他说："共同的梦想和共同的追求，将中拉双方紧紧联系在一起。让我们抓住机遇，开拓进取，努力构建携手共进的命运共同体，共创中拉关系的美好未来！"③ 习近平在与俄罗斯、印尼、拉美国家领导人会晤时的相关阐述，表明"人类命运共同体"构想逐渐成为习近平外交思想的核心话语。

党的十八大以来，国内外形势新变化和实践新要求，迫切需要我们从理论和实践的结合上深入回答关系党和国家事业发展、党治国理政的一系列重大时代课题。二十大报告明确指出："我们党勇于进行理论探索和创新，以全新的视野深化对共产党执政规律、社会主义建设规律、人类社会发展规律的认识，取得重大理论创新成果，集中体现为新时代中国特色社会主义思想。十九大、十九届六中全会提出的'十个明确'、'十四个坚持'、'十三个方面成就'概括了这一思想的主要内容，必须长期坚持并不断丰富发展。"④

第二节　马克思主义话语体系建设的主要成效

中国共产党自创建以来推动的马克思主义话语体系建设，契合了民族独立、人民解放和国家繁荣富强、人民共同富裕的时代主题，集中代表了马克思主义中国化时代化大众化的理论创新成果，为夺取和巩固党的领导地位、

① 习近平：《论坚持推动构建人类命运共同体》，中央文献出版社2018年版，第5页。
② 习近平：《论坚持推动构建人类命运共同体》，中央文献出版社2018年版，第51页。
③ 习近平：《论坚持推动构建人类命运共同体》，中央文献出版社2018年版，第150页。
④ 《习近平著作选读》第1卷，人民出版社2023年版，第14页。

指导国家和社会生活等实践作出了积极贡献。概而言之，马克思主义话语体系建设实现了"四个发声"，即"为马克思主义发声""为党发声""为人民发声""为时代发声"。

一、持续实现理论创新和理论创造

为马克思主义发声，推进理论创新发展，是我国马克思主义话语体系建设的出发点。话语体系是由一整套话语有机构成的。因此，话语体系的构成未必在于其中每一个话语的创新，而某一个话语的创新则很有可能推动话语体系的发展与创新。从某种意义上说，中国共产党人对于马克思主义话语及其体系的创新，可能是将马克思主义话语置于中国语境赋予其新的含义，也可能是将不同的话语用马克思主义的方法论加以分析，这都使马克思主义话语在中国获得发展与创新。

自马克思主义在中国广泛传播之后，其内在话语体系的建构与发展，往往呈现出以上情况，可谓层出不穷。以"半殖民地半封建社会"这一概念为例，殖民地或半殖民地概念并非中国共产党人首创，马克思主义理论话语中的封建或半封建与中国传统文化语境之中的含义也不尽相同，而通过马克思主义经典作家的阐释以及与近代中国国情的分析相结合，恰恰很好地阐释了近代中国社会的特殊性。再如中国共产党探索的革命新道路开拓了"农村包围城市、武装夺取政权"的新模式，是对无产阶级革命和十月革命范式的超越和发展。细究可以发现，与之相关的"农村"话语与西方社会的"农村"不尽相同，西方社会的"农民"生存形态与中国春秋战国时期可能更为接近，近代以来出现的中国城市是西方资本主义入侵的产物，与脱胎于封建时代的近代西方城市可能又差异很大，这就意味着中国共产党人运用马克思主义分析、解决中国问题时需要对其"调适"，实现马克思主义理论中国化和话语中国化，而以"农村包围城市"为代表的新民主主义革命话语体系就是一种典型。中国革命胜利的实践表明，这种理论中国化基础上的话语调适和再阐释是对马克思主义理论和话语的双重创新，也是马克思主义中国化时代化大众化的具体表现形式。

又如马克思、恩格斯等经典作家只是基于对资本主义社会的分析和批判，描述了未来理想社会的基本特征，如实行计划经济、生产资料全社会占有等，实际上对共产主义社会的第一阶段即社会主义社会并未系统分析，也不可能预见到中国这样由半殖民地半封建社会进入到社会主义社会的具体情况。因此，传统意义上将共产主义社会的具体特征等同于社会主义社会的具体特征可能并不科学。而邓小平基于对中国国情、世界发展的深刻把握，指明了社会主义的本质，提出了"社会主义市场经济""社会主义初级阶段"等话语，是对马克思主义理论的巨大创新。改革开放以后所形成的邓小平理论实现了马克思主义中国化的第二次飞跃，这也体现在对于教条的马克思主义"本本主义"话语所批判的资本主义因素的辩证认识，如对市场经济、追求效率、法治等方面在一定层面的肯定，由此建构出"社会主义市场经济""经济社会又好又快发展""社会主义法治"等话语。

二、夺取政权并巩固党的执政地位

为党发声，夺取和巩固党的领导地位，是我国马克思主义话语体系建设的着力点。马克思主义中国化的话语以人民为中心，代表着话语及其体系的阶级性、政治立场，而"为党发声"的职能则意味着马克思主义话语的建构有助于夺取党在国家生活中的领导地位、巩固党对社会的全面领导职能。

新民主主义革命时期，中国共产党建构的新民主主义革命话语体系，其终极目标都指向夺取政权、建立新民主主义共和国。以《中国革命和中国共产党》为例，该书包括"中国社会""中国革命"两部分，其中"中国革命"部分包括中国革命史的回顾、中国革命对象、中国革命任务、中国革命动力、中国革命性质、中国革命前途、中国革命的两重任务和中国共产党。显然，其着力点在于中国共产党与中国革命任务的关系，书中论证说："中国革命是包括资产阶级民主主义性质的革命（新民主主义的革命）和无产阶级社会主义性质的革命、现在阶段的革命和将来阶段的革命这样两重任务的。而这两重革命任务的领导，都是担负在中国无产阶级的政党——中国共产党的双肩之上，离开了中国共产党的领导，任何革命都不能成功"，同时"积极地建设这样一个共产党，乃是每一个共产党员的责任"。① 由相关文字可以看出，论证的着力点是中国革命的胜利离不开中国共产党的领导，而每一个共产党员有着建设好这个党的责任，这体现了革命时期党的建设与领导革命之间的有机关系。新民主主义革命的胜利，标志着暴力夺取政权阶段的结束，随之而来的社会主义革命、探索与建设阶段，"巩固党的领导地位"成为话语建构和宣传的中心目标。毛泽东在党的七届二中全会上告诫全党："在拿枪的敌人被消灭以后，不拿枪的敌人依然存在，他们必然地要和我们作拼死的斗争，我们决不可以轻视这些敌人"，"巩固这个胜利，则是需要很久的时间和要花费很大的气力的事情"，全党要警惕"在糖弹面前要打败仗"②。其中体现的是拒腐防变的意识，目的是巩固党的执政地位。1957 年，毛泽东在探讨"百花齐放、百家争鸣"及政治主张时提出六条标准，并特别强调"最重要的是社会主义道路和党的领导两条"③，而民主党派、人民群众对于中国共产党的监督有益于"长期共存"，"主要监督共产党的是劳动人民和党员群众。但是有了民主党派，对我们更为有益"，"以适应新社会的需要"。④

一定意义上而言，社会主义探索时期，中国共产党对于"巩固党的执政地位"话语更多的是一种自发行为，而改革开放之后建构的"巩固党的执政地位"话语更大程度上是一种自觉行为。邓小平指出：像中国这样的一个大国，各方面都要靠党的领导，"离开了中国共产党的领导，谁来组织社会主义的经济、政治、军事和文化？谁来组织中国的四个现代化？在今天的中国，决不应该离开党的领导而歌颂群众的自发性"⑤，至于削弱、取消党的领导的倾向"更是广大群众所不能容许的。这事实上只能导致无政府主义，导致社会主义事业的瓦解和覆灭"⑥。这段话对于党的领导的强调不可谓

① 《毛泽东选集》第 2 卷，人民出版社 1991 年版，第 652 页。
② 《毛泽东选集》第 4 卷，人民出版社 1991 年版，第 1427、1438 页。
③ 《毛泽东文集》第 7 卷，人民出版社 1999 年版，第 234 页。
④ 《毛泽东文集》第 7 卷，人民出版社 1999 年版，第 235 页。
⑤ 《邓小平文选》第 2 卷，人民出版社 1994 年版，第 170 页。
⑥ 《邓小平文选》第 2 卷，人民出版社 1994 年版，第 170—171 页。

不坚决、不可谓不旗帜鲜明，这同样体现在坚持改革开放的同时必须坚持四项基本原则。"三个代表"重要思想的中心问题更是聚焦于"建设什么样的党、怎样建设党"，提出"推进党的建设新的伟大工程"的重要战略，将加强党的执政能力建设作为重点，特别是提高"五项能力"，以解决提高党的领导水平和执政水平、提高拒腐防变和抵御风险能力。显而易见，"三个代表"重要思想的提出就是直接围绕着"巩固党的执政地位"，"为党发声"的价值取向。党的十六大之后提出的"全面提高党的建设科学化水平"，同样具有深刻的问题意识，力图解决"党面临的执政考验、改革开放考验、市场经济考验、外部环境考验"，"精神懈怠危险、能力不足危险、脱离群众危险、消极腐败危险"，提出全面提高党的建设科学化水平的总要求。党的十八大以来，以习近平同志为主要代表的中国共产党人提出"全面从严治党"等管党治党重大论断，并将其上升到"四个全面"战略布局的层面；提出"坚持党对一切工作的领导""党的领导是中国特色社会主义最本质特征"等观点和判断，使"巩固党的长期执政地位"和"加强党的全面领导"的话语发展与创新进入新阶段，中国共产党的管党治党水平显著提高。由此也可以看出，从"坚持党的领导"到"推进党的建设新的伟大工程"，再到"全面提高党的建设科学化水平"，以及"全面从严治党"，贯穿其中的始终是"巩固党的执政地位"，"为党发声"的话语与时俱进、不断发展，也体现了"执政话语体系创新既是执政实践的要求，也是对执政规律的自觉把握"[①]。

三、维护人民群众的根本利益

人民性是马克思主义的本质属性，党的理论是来自人民、为了人民、造福人民的理论，人民的创造性实践是理论创新的不竭源泉。为人民发声，维护人民群众的根本利益，是我国马克思主义话语体系建设的落脚点。在1945年召开的中共七大上，毛泽东指出："人民，只有人民，才是创造世界历史的

---

① 敖带芽：《从三个维度看党的执政话语塑造》，《科学社会主义》2016年第1期。

动力。"① 这段话既是对唯物史观的高度凝练，又体现了中国共产党人根本的政治立场。毛泽东所建构和使用的"人民"话语，强调的是多数人。他《在延安文艺座谈会上的讲话》中指出："最广大的人民，占全人口百分之九十以上的人民，是工人、农民、兵士和城市小资产阶级。"② 而在另一篇重要文献《论人民民主专政》之中，毛泽东更多地从阶级角度分析："在中国，在现阶段，是工人阶级，农民阶级，城市小资产阶级和民族资产阶级。"③ 新民主主义革命时期，中国共产党之所以能够推翻三座大山，通过武装斗争打倒反革命势力，在于发动了一场人民战争。毛泽东在总结中国革命的经验时指出："革命战争是群众的战争，只有动员群众才能进行战争，只有依靠群众才能进行战争"④，三年便取得解放战争胜利的根本原因在于"全国人民拥护自己的人民解放军"⑤。人民拥护中国共产党、人民军队的原因，在于全党和军队践行全心全意为人民服务的宗旨，保证军队是人民军队不变质，从而保障人民群众的根本利益。毛泽东还将人民话语上升到认识论和路线的高度，指出："在我党的一切实际工作中，必须是从群众中来，到群众中去。……然后再从群众中集中起来，再到群众中坚持下去。如此无限循环，一次比一次地更正确、更生动、更丰富。"⑥ 这种认识也表现在细节方面，如"借群众东西要还""不拿群众一个红薯"。这些规定体现了理论话语的大众化、宣传话语的现实化。新中国成立以后，人民力量的体现主要不是"破坏一个旧世界"，而是"建设一个新世界"。特别是在社会主义改造完成之后，毛泽东明确提出进行由革命到建设的调整和转变："由阶级斗争到向自然界斗争，由革命到建设，由过去的革命到技术革命和文化革命"⑦，调整和转变依靠的主体自然是人民——"为了发展一个国家，力量不是来自别的地方，而是在于

---

① 《毛泽东选集》第 3 卷，人民出版社 1991 年版，第 1031 页。
② 《毛泽东选集》第 3 卷，人民出版社 1991 年版，第 855 页。
③ 《毛泽东选集》第 4 卷，人民出版社 1991 年版，第 1475 页。
④ 《毛泽东选集》第 1 卷，人民出版社 1991 年版，第 136 页。
⑤ 《毛泽东选集》第 4 卷，人民出版社 1991 年版，第 1464 页。
⑥ 《毛泽东选集》第 3 卷，人民出版社 1991 年版，第 569 页。
⑦ 《毛泽东文集》第 7 卷，人民出版社 1999 年版，第 289 页。

群众自己"①。因此，中国共产党在全国执政之后，毛泽东对于官僚主义、脱离人民群众等问题十分忧虑，认为官僚主义是人民民主的大敌，是民主政治发展的主要障碍，是从根本上破坏了人民当家作主的权利和民主集中制的原则，并批评说"我有怀疑，有的人到底是为人民服务还是为资产阶级服务"②。总之，毛泽东在探索新民主主义革命、社会主义革命和建设的过程中，始终坚持以人民为核心，持续为人民发声，保障了人民群众的根本利益。

改革开放以后形成的中国特色社会主义话语体系是马克思主义话语体系建设的新阶段，同样坚持和发展人民话语的核心地位。邓小平对这一话语体系的贡献主要体现在"三个有利于"标准和"共同富裕"共同目标。"三个有利于"标准是由中国共产党宗旨和社会主义社会性质所规定的。与之相随的"人民拥护不拥护""人民答应不答应""人民满意不满意"体现了中国共产党人民话语的时代化和具体化，成为制定各项方针政策的出发点和落脚点。"共同富裕"是邓小平关于社会主义本质问题思考的重要理论成果的话语表达，将其作为社会主义和发展生产力的根本目的，符合唯物主义的方法论和认识论。基于此提出的"小康社会"概念，更体现了邓小平的人民情怀——从解决人民的温饱问题到步入小康社会。"三个代表"重要思想的提出，体现了中国共产党对于自身阶级代表性和人民概念认识的与时俱进，适应了社会主义市场经济体制建立之后阶层分化的趋势，也是对马克思主义阶级话语的发展和创新。具体而言，它的话语建构和概念创新体现在"实现人民的愿望、满足人民的需要、维护人民利益的出发点和落脚点，'立党为公、执政为民'的核心内容和促进人的全面发展本质要求三方面"③。党的十六大之后逐步形成的科学发展话语，强调"以人为本"和"全面、协调、可持续的发展观"，很好地解决了"为谁发展，靠谁发展"的核心问题，坚持"发展为了人民、发展依靠人民、发展成果由人民群众共享"，使经济社会发展成

① 《毛泽东年谱（1949—1976）》第 5 卷，中央文献出版社 2013 年版，第 523 页。
② 《毛泽东年谱（1949—1976）》第 6 卷，中央文献出版社 2013 年版，第 34 页。
③ 陈智：《习近平新时代以人民为中心思想的生成逻辑》，《内蒙古社会科学》（汉文版）2018 年第 2 期。

果真正惠及全体人民，最终实现人的自由而全面的发展。从中能够看出，改革开放和社会主义现代化建设推进到新阶段，解决"发展"与"共享"之间的矛盾和张力，已经成为中国特色社会主义话语的重要议题。党的十八大以来，习近平新时代中国特色社会主义思想基于"必须坚持人民至上"的立场，强调中国共产党的初心和使命是为人民谋幸福，"人民对美好生活的向往就是我们的奋斗目标"，并将其融入"新发展理念""五位一体"总体布局之中，深化了人民话语的深度和广度，提升了人民需求的内涵和质量，可谓对马克思主义群众史观和中国共产党人群众路线的整合和发展，更是对马克思主义话语体系探索的重大飞跃。

四、回答时代之问、世界之问

一切划时代的理论，都是满足时代需要的产物。用以观察时代、把握时代、引领时代的理论，必须反映时代的声音，绝不能脱离所在时代的实践，必须不断总结实践经验，将其凝结成时代的思想精华。为时代发声，奏响时代最强音，是我国马克思主义话语体系建设的生长点。与时俱进是马克思主义的理论品质，话语及其体系的建构与发展是马克思主义与时俱进的集中体现，反映出马克思主义为时代发声、奏响时代最强音的宝贵品格。从某种意义上说，准确反映时代呼声，马克思主义才能成为科学真理。从马克思主义发展史来看，不论是马克思、恩格斯、列宁等经典作家，还是中国的毛泽东、邓小平、江泽民、胡锦涛、习近平等共产党人所作理论创新和话语建构，无不是对时代特征、时代呼声的准确把握、正确反映；同时，马克思主义之所以能够对社会现实产生巨大影响力，还在于马克思主义及其话语体系能够引领时代发展、指导生产生活实践。

马克思主义和中国共产党的理论创新，是对客观世界、时代主题的正确揭示。马克思主义立足于对资本主义生产方式的科学分析，指出了资本主义为共产主义所替代的历史必然性，使社会主义由空想发展到科学。新民主主义革命话语之所以是马克思主义中国化的历史性飞跃、无产阶级革命理论的伟大创新，原因在于运用马克思主义的立场方法，深刻把握中国具体国情，对近代中国社会的性质、矛盾、任务、动力等方面的内容进行了科学研判，与王明等人把马克思主义的本本套用到中国革命的教条主义形成了鲜明对比。毛泽东思想的科学之处还在于对时代主题的正确把握。以"持久战"分析为例，毛泽东分析说："中日战争不是任何别的战争，乃是半殖民地半封建的中国和帝国主义的日本之间在二十世纪三十年代进行的一个决死的战争"，日本虽然力量强大，但是国际反对力量将逐渐增长，"并将其施其压力于日本自身"，"在其国际形势之寡助"。就当时时代主题来看："中国近百年的解放运动积累到了今日，已经不同于任何历史时期。各种内外反对力量虽给了解放运动以严重挫折，同时却锻炼了中国人民。今日中国的军事、经济、政治、文化虽不如日本之强，但在中国自己比较起来，却有了比任何一个历史时期更为进步的因素。"① 这种既有对当时形势的科学研判，又能把握历史发展规律的思考，体现的便是对时代主题的揭示。毛泽东的分析还基于无产阶级世界革命、各被压迫民族的解放运动的时代背景之下，他指出："惟独今天遇到世界上已经发生或正在发生的空前广大和空前深刻的人民运动及其对于中国的援助……今天的世界的人民运动，正在以空前的大规模和空前的深刻性发展着。"② 党的十一届三中全会以后，中国之所以实行改革开放和社会主义现代化建设，主要是基于"和平""发展"时代主题的正确判断，这样一个重要话语和论断的提出，是中国特色社会主义实践成功开展的前提。进入新世纪新阶段，中国共产党基于对世情国情新变化的把握，明确提出 21 世纪的前 20 年是"重要战略机遇期"的概念，体现了对时代主题、时代发展理论话语的推进。江泽民在党的十六大报告中分析指出："二十一世纪头二十年，对我国来说，是一个必须紧紧抓住并且可以大有作为的重要战略机遇期。"③ 加入世界贸易组织以来，中国经济社会发展取得巨大成绩，客观而言就是因为紧紧抓住了这个战略机遇期。尽管当前国内外局势发生了深刻变化，但是正如习近平所强调的："我国发展仍处于重要战略机遇期，前

① 《毛泽东选集》第 2 卷，人民出版社 1991 年版，第 449 页。
② 《毛泽东选集》第 2 卷，人民出版社 1991 年版，第 452 页。
③ 《江泽民文选》第 3 卷，人民出版社 2006 年版，第 542 页。

景十分光明，挑战也十分严峻。"①

马克思主义对于时代发展具有引领作用，这说明了它的立场、观点、方法是科学的，实践中对于中国革命、建设和改革的指导作用则更好地体现了这一点。毛泽东在《星星之火，可以燎原》之中谈道："马克思主义者不是算命先生，未来的发展和变化，只应该也只能说出个大的方向，不应该也不可能机械地规定时日。但我所说的中国革命高潮快要到来……它是躁动于母腹中的快要成熟了的一个婴儿。"②即通过对母腹婴儿某些表征的观察、分析，判断这个婴儿出生后发展的趋势。这段话可谓是对马克思主义指引时代发展特征十分到位的话语阐释。历经长征磨难，经过对日抗战艰苦征程，最终在三年左右时间取得解放战争的胜利，中国革命的成功实践很好地证明了这一点。中国的现代化起步于半殖民地半封建社会的落后生产力基础，需要有步骤、分阶段实现。1987年，党的十三大将中国实现现代化的构想概括为"三步走"战略，后来中国共产党又提出了每隔几年国民经济上一个新台阶的构想。1992年，邓小平在视察南方期间谈道："在今后的现代化建设长过程中，出现若干个发展速度比较快、效益比较好的阶段，是必要的，也是能够办到的。"③回顾南方谈话以来中国的发展，在强调"不折腾"的基础上经济社会发展确实做到了每隔几年上一个新台阶的目标。这同样是基于当代各国发展的经验，即"一些国家在发展过程中，都曾经有过高速发展时期，或若干高速发展阶段"④。不难看出，中国共产党的时代话语，兼具浓厚的国际视野。

第三节 马克思主义话语体系建设的时代境遇

作为中国特色社会主义意识形态的重要方面，我国马克思主义话语体系

---

① 《习近平著作选读》第2卷，人民出版社2023年版，第2页。
② 《毛泽东选集》第1卷，人民出版社1991年版，第106页。
③ 《邓小平文选》第3卷，人民出版社1993年版，第377页。
④ 《邓小平文选》第3卷，人民出版社1993年版，第377页。

建设需要紧紧围绕坚持和发展中国特色社会主义这一鲜明主题和时代任务。而对所处时代及其特征的科学判断、准确把握，是制定基本路线、方针、政策的前提。因此，立足于中国特色社会主义实践，借鉴和汲取人类文明优秀成果，将马克思主义话语体系与时代特征相结合，不断与时俱进，是马克思主义话语体系发展的内在要求。考察马克思主义话语体系建设的时代境遇，需要从经济全球化、文化多元化、人工智能化、社会矛盾变化、话语特色化等多个角度思考。

一、新常态：经济全球化

资本主义使人类历史由民族历史进入世界历史，也开启了经济全球化时代。1848 年，马克思恩格斯在《共产党宣言》中对此详细论证时指出："过去那种地方的和民族的自给自足和闭关自守状态，被各民族的各方面的互相往来和各方面的互相依赖所代替了。物质的生产是如此，精神的生产也是如此。各民族的精神产品成了公共的财产。民族的片面性和局限性日益成为不可能，于是由许多种民族的和地方的文学形成了一种世界的文学。"[①] 近代以后西方走上马克思语境中的资本主义发展道路是人类社会的巨大进步，但同时也伴随着殖民扩张、血腥掠夺等罪恶事实，尤其是两次世界大战更是人类发展史上的空前灾难。近年来，全球性金融危机的爆发、贫富差距的扩大、难民问题及突发并迅速蔓延全球的新冠疫情等，更是增添了社会不稳定因素。综合各种因素来看，肇始于西方的现代化道路陷入了"范式危机"。

与西方所走现代化道路不同，近代以来，中国人民上下求索、锐意进取，在借鉴、吸收一切人类优秀文明成果的基础上，历经"欧风美雨""以俄为师"再到"马克思主义中国化"，走出了一条现代化新路。这条现代化新路是对西方现代化道路的超越，拓展了人类社会现代化的新境界。伴随着改革开放以来经济社会的快速发展，中国的发展是否会引发中美两国陷入"修昔底德陷阱"，日益成为全世界关注和讨论的话题。较有代表性的有世界

---

① 《马克思恩格斯选集》第 1 卷，人民出版社 2012 年版，第 404 页。

银行前行长罗伯特·佐利克在《国家利益》杂志上发表的《美国、中国和修昔底德：北京和华盛顿如何避开通常的不信任和恐惧》、美国著名战略家布热津斯基以《中国能避开"修昔底德陷阱"吗》为题的访谈及新加坡国立大学东亚研究所所长郑永年的《中美如何避免"修昔底德陷阱"?》等。2014年1月，美国《赫芬顿邮报》子报《世界邮报》创刊号在达沃斯世界经济论坛会议上发布了对习近平的专访，提出"中国迅速崛起后，必将与美国、日本等传统强国发生冲突"的观点。这些忧虑和曲解的背后，很大程度上在于中国发展呈现出与西方现代化不同的"另类"形象。

这种基于经济全球化、资本逻辑以及西方话语思维的担忧毫无道理，因为中华民族始终是一个具有天下意识、人类关怀的民族。古代中国早已开拓的丝绸之路，推动东西方开展经济文化交流，使沿线各国人民受益良多。600多年前，郑和率领当时世界上最强大的船队曾7次远航太平洋、西印度洋，到访了30多个国家和地区，非但没有占领一寸土地，反而播撒了和平友谊的种子，留下同沿途人民友好交往和文明传播的佳话。近代以来，探索民族复兴之路的中国人民不是狭隘的民族主义者，而是将对于民族复兴的追求与对人类的关怀始终联系在一起。戊戌维新时期，康有为、谭嗣同等人阐述的大同思想，主张把世界引向"至平、至公、至仁"的"大同太平之道"，将建立全人类之爱的大同社会视作自己的使命。[①] 民主革命的先行者孙中山先生也提出，中华民国国民的天职是"促进世界和平"，中华民国政府和人民要"同尽天职"，"使中华民国从今而后得享文明之进行，使世界舞台从今而后得享和平之福"。[②] 改革开放以后，日渐强盛起来的中国依然秉持着这样的情怀。1987年5月，邓小平在会见荷兰首相吕贝尔斯时表示："国家总的力量就大了，可以为人类做更多的事情"，"我们就是有这么一个雄心壮志"。[③] 步入新时代，习近平又概括指出："中国人民的特质、禀赋不仅铸就了绵延几千年发展至今的中华文明，而且深刻影响着当代中国发展进步，深

① 吴雁南等主编：《中国近代社会思潮》第1卷，湖南教育出版社1998年版，第507页。
② 《孙中山全集》第2卷，中华书局1981年版，第317、318页。
③ 《邓小平文选》第3卷，人民出版社1993年版，第233页。

刻影响着当代中国人的精神世界。中国人民在长期奋斗中培育、继承、发展起来的伟大民族精神，为中国发展和人类文明进步提供了强大精神动力。"[1]纵观新中国成立以来的历史，从提出"和平共处五项基本原则"，到推动"一带一路"国际合作，再到倡导构建人类命运共同体，无不证明了这一点。

经济全球化时代，西方大国经过资本主义的洗礼，先后走上了大国崛起的现代化之路；西方现代化引发的殖民扩张，使中国一步步沦为半殖民地半封建社会，奋起的中国人民以马克思主义为指导走出了一条民族复兴之路、现代化新路。这条中国特色社会主义现代化新路的世界意义在于，对世界上那些正在寻找一条既能发展自己又能保持本国特色发展道路的国家来说，无疑提供了一条新的思路。在这样的时代背景下，如何用马克思主义话语阐释好中国道路、中国方案，是中国共产党建构马克思主义话语体系所面临的新常态。

经济全球化的浪潮，不但使中国成为国际舆论关注的对象，而且对于中国国内产生了深远影响。改革开放以来，我国马克思主义话语体系建设取得良好效果，逐渐形成了马克思主义话语权主导、多元思想话语并存的格局，但建设过程仍然任重而道远。在2014年中央外事工作会议上，习近平指出："认识世界发展大势，跟上时代潮流，是一个极为重要并且常做常新的课题。中国要发展，必须顺应世界发展潮流"，"要充分估计世界经济调整的曲折性，更要看到经济全球化进程不会改变"。[2]如此便意味着，在经济全球化浪潮之中，抓住机遇、有效应对建构马克思主义话语体系的各种挑战，"用自己的话语清晰地向国人、向世界说明我们从哪里来、走什么路、往哪里去"[3]，愈发成为马克思主义话语体系建构的难题与挑战。同时，市场经济的发展一定程度上可能造成价值观念的多样化，产生对马克思主义信仰不坚定、马克思主义在意识形态领域领导权被削弱等情况，特别是"苏联解体、

---

① 习近平:《在第十三届全国人民代表大会第一次会议上的讲话》,《人民日报》2018年3月20日。

② 《习近平谈治国理政》第2卷，外文出版社2017年版，第442页。

③ 张维为:《建构强势话语与韬光养晦并不矛盾》,《人民日报》2015年1月21日。

东欧剧变和世界社会主义运动遭受严重挫折的背景下，马克思主义遭到大规模的非难和污蔑，各种反马克思主义思潮甚嚣尘上，并随着国际交往的扩大渗透到中国的思想文化界，动摇着人们对马克思主义的信仰，挤压着马克思主义话语权的空间，削弱了马克思主义话语在意识形态的主导权"①。从中不难看出，与国外讲好中国故事、传播好中国声音相比，中国国内如何应对经济全球化所带来的话语问题，同样值得人们关注。

面对突如其来的新冠疫情，坚持统筹疫情防控和经济社会发展，最大限度保护了人民生命安全和身体健康，在全球率先控制住疫情、率先复工复产、率先恢复经济社会发展，抗疫斗争取得重大战略成果，铸就了伟大抗疫精神。在充分肯定成绩的同时，必须清醒看到，疫情变化和外部环境存在诸多不确定性，我国经济恢复基础尚不牢固。世纪疫情冲击下，百年变局加速演进，外部环境更趋复杂严峻和不确定。世界经济形势仍然复杂严峻，复苏不稳定不平衡，疫情冲击导致的各类衍生风险不容忽视。

二、新影响：文化多元化

文化是一个国家、一个民族的灵魂。不论是从历史还是从现实来看，一个民族一个国家丧失了自己的思想文化，就等于没有了灵魂。文化多元化是人类社会的基本特征。改革开放以来，特别是随着经济全球化、世界多极化、社会信息化的深入推进，人们思想活动的独立性、多变性、差异性愈发明显。我国主流文化在意识形态领域不断壮大的同时，也面临着诸多挑战，自由主义、民主社会主义、新儒学、意识形态终结论、历史虚无主义等思潮有滥觞之势。与此同时，"国际敌对势力为了谋求文化和意识形态霸权，通过各种渠道对我国加紧实施西化、分化的战略图谋，把思想文化领域作为他们当今乃至长期渗透和争夺的前沿阵地"②。因此，坚持一元领导与多元发展

---

① 陈霞、王彩波：《社会转型期党的意识形态认同面临的挑战及应对》，《陕西师范大学学报（哲学社会科学版）》2015 年第 2 期。

② 石云霞：《当代中国文化发展中的意识形态安全问题》，《中国特色社会主义研究》2012 年第 2 期。

的辩证统一，是文化多元化背景下建构马克思主义话语体系的新路径、新思路。

尊重差异、兼容并包是人类文明多样化背景下建构马克思主义话语体系的必然选择。首先，"人类文明多样性是世界的基本特征，也是人类进步的源泉"①，人类文明因多元、差异而更显多姿多彩。其次，任何文化都不可能孤立、封闭性发展，总是要在与其他民族、国家、地区的文化交流、文明互鉴、思想融合中相互促进、共同发展。文明一旦长期封闭必将走向衰落，因而交流互鉴是"文明发展的本质要求"。再次，当今世界有70多亿人口，200多个国家和地区，2500多个民族，5000多种语言，每种文明都凝聚着"一个国家、一个民族的非凡智慧和精神追求"②，都有其独特魅力和深厚底蕴。世界上不存在十全十美的文明，也不存在一无是处的文明，人类文明只有姹紫嫣红之别，而无高低优劣之分。由此观之，对于不同文明只能采取尊重差异、兼容并包的态度，要坚持各美其美、美人之美、美美与共、天下大同。正如习近平所指出：不同文明之间要对话，不要排斥；要交流，不要取代。"文明交流互鉴不应该以独尊某一种文明或者贬损某一种文明为前提"③。文明之间的交流应当是平等的、多向的，而不应该是强制的、单向的；通过文明对话，共同消除文化壁垒、观念纰缪、精神隔阂，让各种文明和谐共存、共享滋养、创造性发展。在文化多元化、文明多样化背景下，要积极发挥马克思主义主流话语的引导作用。中共十七届六中全会审议通过的《中共中央关于深化文化体制改革，推动社会主义文化大发展大繁荣若干重大问题的决定》，作出继续深化社会主义文化建设的战略部署。党的十八大报告指出："牢牢掌握意识形态工作领导权和主导权，坚持正确导向，提高引导能力，壮大主流思想舆论。"④ 但是，必须看到这是亟须破解的时代课题。"如何在学习借鉴人类文明成果的基础上，用中国的理论研究和话语体系解读中

① 《习近平谈治国理政》第 2 卷，外文出版社 2017 年版，第 543 页。
② 《习近平谈治国理政》第 3 卷，外文出版社 2020 年版，第 468 页。
③ 《习近平著作选读》第 1 卷，人民出版社 2023 年版，第 229 页。
④ 《十八大以来重要文献选编》上，中央文献出版社 2014 年版，第 25 页。

国实践、中国道路……是理论界和学术界面临的重大而紧迫的时代课题。"①坚持马克思主义主流话语的引导作用，源于主流话语的先进性。正如习近平所言："中国特色社会主义文化，源自于中华民族五千多年文明历史所孕育的中华优秀传统文化，熔铸于党领导人民在革命、建设、改革中创造的革命文化和社会主义先进文化，植根于中国特色社会主义伟大实践。"②这是对文化多元化背景下马克思主义主流话语主要内容的准确概括，必须长期坚持、毫不动摇。坚持主流话语导向作用的重点，在于积极培育和践行社会主义核心价值观——当代中国精神的集中体现，凝结着全体人民共同的价值追求。具体来看，在全社会培育和践行社会主义核心价值观，"要以培养担当民族复兴大任的时代新人为着眼点，强化教育引导、实践养成、制度保障，发挥社会主义核心价值观对国民教育、精神文明创建、精神文化产品创作生产传播的引领作用，把社会主义核心价值观融入社会发展各方面，转化为人们的情感认同和行为习惯"③。同时创新文化形式，创作出人民群众喜闻乐见、贴近现实生活、富于时代气息，又能反映社会主义主流意识形态的文化作品，使社会主义核心价值观在潜移默化中引导和影响广大人民群众。

文化多元化背景下的文化安全问题，是马克思主义话语体系建构至关重要的因素。2003 年 8 月，胡锦涛在主持中共中央政治局第七次集体学习时，首次明确提出文化安全问题。他说："当今世界，文化赖以发展的物质基础、社会环境、传播条件发生了深刻变化。我们要深入研究新形势下我国文化建设面临的新情况新问题，善于在更加开放的环境中建设中国特色社会主义文化"，"要始终高举社会主义文化旗帜，在文化观念上决不照抄照搬，在发展模式上决不简单模仿，坚决防范和抵御各种腐朽落后的文化观念侵蚀干部群众的思想，确保国家的文化安全和社会稳定"。可以看出，当时中国共产党人认识到建设社会主义文化是文化建设的重点和性质，事关国家文化安全问

---

① 复旦大学马克思主义研究院编：《当代中国马克思主义研究报告（2011—2012）：核心价值与意识形态建设》，人民出版社 2013 年版，第 417 页。

② 《习近平著作选读》第 2 卷，人民出版社 2023 年版，第 34 页。

③ 《习近平著作选读》第 2 卷，人民出版社 2023 年版，第 35 页。

题。2004 年 9 月，党的十六届四中全会通过的《中共中央关于加强党的执政能力建设的决定》，第一次把文化安全作为安全战略的重要组成部分。《决定》指出："针对传统安全威胁和非传统安全威胁的因素相互交织的新情况，增强国家安全意识，完善国家安全战略，抓紧构建维护国家安全的科学、协调、高效的工作机制。坚决防范和打击各种敌对势力的渗透、颠覆和分裂活动，有效防范和应对来自国际经济领域的各种风险，确保国家的政治安全、经济安全、文化安全和信息安全。"[①]2005 年 12 月，中共中央、国务院在《关于深化文化体制改革的若干意见》中要求，必须"积极发展以马克思主义为指导的社会主义意识形态，牢牢把握文化发展的主导权，不断扩大优秀民族文化产品的市场占有率和影响力。对外开放坚持以我为主、为我所用，文化观念上决不照抄照搬，发展模式上决不简单模仿，既要学习引进优秀的外来文化，又要抵御西方不良思想文化渗透"[②]，将维护和保证国家文化安全明确作为深化文化体制改革的基本原则。2011 年 10 月，党的十七届六中全会再一次提出"切实维护国家文化安全"。习近平指出："文化因交流而多彩，文明因互鉴而丰富。互联网是传播人类优秀文化、弘扬正能量的重要载体。中国愿通过互联网架设国际交流桥梁，推动世界优秀文化交流互鉴，推动各国人民情感交流、心灵沟通。"[③] 从"文化安全"到"维护国家安全"的发展脉络，可以看出中国共产党人对于文化多元化、全方位对外开放时代背景下的文化安全问题的思考，经历了一个不断发展成熟的过程。话语和话语体系本身就是人类文化的一部分，对于文化安全与文化多元化、民族文化与外来文化之间关系的思考也是马克思主义话语体系建构的过程。

三、新事物：人工智能化

伴随着经济全球化和社会信息化的持续推进，互联网技术作为一种新兴的社会变革力量，深刻改变着人们的生活方式、生产方式、认知方式，对于

---

① 《十六大以来重要文献选编》中，中央文献出版社 2006 年版，第 290 页。
② 《十六大以来重要文献选编》下，中央文献出版社 2008 年版，第 128 页。
③ 《习近平谈治国理政》第 2 卷，外文出版社 2017 年版，第 534 页。

经济全球化和中国的发展过程也产生了重大影响。中国互联网络信息中心发布的第 49 次《中国互联网络发展状况统计报告》显示，截至 2021 年 12 月，我国网民规模达 10.32 亿，较 2020 年 12 月增长 4296 万，互联网普及率达 73.0%。我国网民的互联网使用行为呈现新特点：一是人均上网时长保持增长。截至 2021 年 12 月，我国网民人均每周上网时长达到 28.5 个小时，较 2020 年 12 月提升 2.3 个小时。互联网深度融入人民日常生活。二是上网终端设备使用更加多元。截至 2021 年 12 月，我国网民使用手机上网的比例达 99.7%，手机仍是上网的最主要设备，同时使用台式电脑、笔记本电脑、电视和平板电脑上网的比例分别为 35.0%、33.0%、28.1% 和 27.4%。互联网技术是中性的，但其与意识形态话语的结合，则使得信息、话语的获取、表达以及意识形态渗透有了质的差异——不仅拓展了话语权力的来源，改变了话语传播模式、格局，话语主体也随之发生转变。正如阿君·阿帕都莱（Arjun Appadurai）所指出："在现代和后现代之间，电子媒体和迁移已经造成一种划时代的断裂，形成了跨国家的、跨领土的、跨地区的趣味、意见和享乐的一致性，正在从根本上削弱民族—国家对去中心的、流动的、去区域化的主体性和话语的控制。"[①] 这便是信息时代、人工智能时代，话语及话语体系建构所遭遇的境况。

互联网技术的勃兴，对马克思主义话语权提升正产生着双重影响："一方面为马克思主义意识形态的宣传普及，为其更好地行使为社会'立言'的权利创造了有利条件；另一方面又为各种非马克思主义、反马克思主义观点的传播提供了便利，网络传播的有害信息对马克思主义意识形态话语权的行使带来负面作用。"[②] 积极观之，互联网技术的勃兴不仅为主流意识形态建设提供了技术依托和新载体，也开拓了马克思主义意识形态话语权的新阵地、新领域。正如江泽民所指出："信息技术特别是信息网络技术的发展，为我们开展思想政治工作提供了现代化手段，拓展了思想政治工作的空间和渠

---

① 胡亚敏主编：《文学批评与文化批判》，华中师范大学出版社 2007 年版，第 38 页。

② 张骥、申文杰：《马克思主义意识形态话语权在我国思想宣传领域面临的挑战与实现方式探究》，《当代世界与社会主义》2011 年第 1 期。

道。要重视和充分运用信息网络技术，使思想政治工作提高时效性、扩大覆盖面、增强影响力。"① 因此，必须探索新方式新方法，加强和改进马克思主义话语体系构建途径：在"建好网"上下功夫，着力扩大网络主流舆论阵地；在"管好网"上出实招，切实提高网络管理水平；在"用好网"上建机制，有效开展网上舆论引导和思想疏导。② 就不容忽视的消极一面来看，传媒技术资格准入的低门槛化，导致信息内容的准确度、可信性大大降低，有些虚假不实信息能够吸引较高的点击量与关注率，可能改变人们原有的价值倾向。话语内容的"碎片化"，信息传播的即时性、自由性，都可能消解马克思主义意识形态话语权的控制力、吸引力、影响力。

由此来看，以马克思主义及其话语体系指导并承载互联网技术的发展，是维护网络生态下文化安全、马克思主义话语权、社会稳定的必然逻辑。2014 年 2 月，习近平主持召开中央网络安全和信息化领导小组第一次会议时指出：总体布局统筹各方创新发展，努力建设网络强国。首先，要利用好网络渠道，"要创新改进网上宣传，运用网络传播规律，弘扬主旋律，激发正能量，大力培育和践行社会主义核心价值观，把握好网上舆论引导的时、度、效，使网络空间清朗起来"③。其次，进一步建设和完善各类硬件，"要有自己的技术，有过硬的技术；要有丰富全面的信息服务，繁荣发展的网络文化；要有良好的信息基础设施，形成实力雄厚的信息经济；要有高素质的网络安全和信息化人才队伍；要积极开展双边、多边的互联网国际交流合作"④。最后，对于网络空间，既要倡导自由，又要维护一定的秩序。2015 年 12 月，习近平在第二届世界互联网大会开幕式的讲话中明确指出："网络空间是人类共同的活动空间，网络空间前途命运应由世界各国共同掌握。各国应该加强沟通、扩大共识、深化合作，共同构建网络

---

① 《江泽民文选》第 3 卷，人民出版社 2006 年版，第 94 页。

② 《中办国办印发〈意见〉加强和改进新形势下高校宣传思想工作》，《人民日报》2015 年 1 月 20 日，第 1 版。

③ 《习近平谈治国理政》第 1 卷，外文出版社 2018 年版，第 198 页。

④ 《习近平谈治国理政》第 1 卷，外文出版社 2018 年版，第 198 页。

空间命运共同体。"①

四、新依据：社会矛盾变化

在不同历史时期，科学分析并有效反映社会主要矛盾及其变化，是马克思主义话语体系的基本职能，也是马克思主义话语体系建设的基本要求。近代中国遭遇"三千年未有之大变局"，由独立自主国家逐步沦为半殖民地半封建社会，中华民族面临着亡国灭种的严峻考验。此时，中华民族所面临的主要矛盾是帝国主义和中华民族的矛盾、封建主义和人民大众的矛盾，这两对矛盾的运动贯穿于半殖民地半封建社会，决定着中国社会发展变化。因而，求得民族独立与人民解放、国家富强与人民幸福是中华民族面临的主要任务。中国共产党将马克思主义基本原理与中国具体实际相结合，开辟了一条"农村包围城市、武装夺取政权"的具有中国特色的革命道路，团结带领中国人民经历了 28 年的浴血奋战，赢得了新民主主义革命胜利，建立了中华人民共和国。新中国成立以后，随着社会主义三大改造的完成和社会主义基本制度在中国的确立，中国社会的主要矛盾也发生了根本性改变："人民对于经济文化迅速发展的需要同当前经济文化不能满足人民需要的状况之间的矛盾"②。毛泽东等中国共产党人认真分析和研究中国社会主义建设的新情况新问题，在广泛调研的基础上，指出了社会主义社会基本矛盾的性质、特点和解决途径，揭示了社会主义社会发展的一般规律。特别是毛泽东在 1957 年 2 月所作的《关于正确处理人民内部矛盾的问题》的报告，系统论述了社会主义社会矛盾的理论，强调党内党外、国内国外，团结一切可以团结的力量，把全党的注意力转到社会主义建设上来。十一届三中全会以后，"人民日益增长的物质文化需要同落后的社会生产之间的矛盾"被确定为我国社会的主要矛盾，此时的主要任务是破除阻碍生产力发展的一切体制机制障碍。中国开始了以经济建设为中心、实行改革开放的新时期。

---

① 《习近平谈治国理政》第 2 卷，外文出版社 2017 年版，第 534 页。

② 《中国共产党中央委员会关于建国以来党的若干历史问题的决议》，人民出版社 1981 年版，第 15 页。

中国特色社会主义进入新时代，社会主要矛盾又一次发生了深刻改变。党的十九大报告作出了新的判断："我国社会主要矛盾已经转化为人民日益增长的美好生活需要和不平衡不充分的发展之间的矛盾。"① 这一转变意味着：一方面，继续强调以经济建设为中心，发展仍然是解决我国所有问题的关键；另一方面，强调用新发展理念统领发展全局，着重解决好发展中不平衡、不充分以及人民需求的多层次性问题。党的二十大报告对此明确指出："今天我们所面临问题的复杂程度、解决问题的艰巨程度明显加大，给理论创新提出了全新要求。我们要增强问题意识，聚焦实践遇到的新问题、改革发展稳定存在的深层次问题、人民群众急难愁盼问题、国际变局中的重大问题、党的建设面临的突出问题，不断提出真正解决问题的新理念新思路新办法。"② 新发展理念这一重要话语的提出，反映的正是这种趋势和变化。《中共中央关于制定国民经济和社会发展第十三个五年规划的建议》指出："谋划'十三五'时期经济社会发展，必须确立新的发展理念"，"提出了创新、协调、绿色、开放、共享的发展理念，并以这五大发展理念为主线对建议稿进行谋篇布局"。③ 2015 年 10 月 29 日，习近平强调指出："协调发展注重的是解决发展不平衡的问题"，"突出表现在区域城乡、经济和社会、物质文明和精神文明、经济建设和国防建设等关系上"。④ 与之相关，习近平还强调说："让国家变得更加富强，让社会变得更加公平正义，让人民生活变得更加美好，这是中国人民孜孜不倦追求的理想。"⑤ 其内在之意有：如果发展不能给广大人民群众带来实实在在的利益，人民群众在发展中没有更多的获得感，我们的发展将失去意义，也不可能实现持续发展。总之，新发展理念和以人民为中心话语的提出，体现了马克思主义话语要积极反映社会矛盾变

---

① 《习近平著作选读》第 2 卷，人民出版社 2023 年版，第 9 页。
② 《习近平著作选读》第 1 卷，人民出版社 2023 年版，第 17 页。
③ 《十八大以来重要文献选编》中，中央文献出版社 2016 年版，第 774 页。
④ 《习近平谈治国理政》第 2 卷，外文出版社 2017 年版，第 198 页。
⑤ 习近平：《出席第三届核安全峰会并访问欧洲四国和联合国教科文组织总部、欧盟总部时的演讲》，人民出版社 2014 年版，第 56 页。

化、努力解决社会矛盾冲突的要求，深刻揭示了新时代我国马克思主义话语体系建设的根本立场与价值取向。

五、新要求：话语特色化

新时代我国马克思主义话语体系建设的关键，在于科学理解、准确把握中国特色社会主义实践。改革开放40多年来形成的建设话语体系、价值话语体系、发展话语体系、全面改革话语体系，无疑是不可忽视的关键内容。但是，随着改革开放以来中国经济社会的迅猛发展、深刻变革，中国的综合国力与国际地位得到显著提升，努力建构与负责任大国地位更加相称、更好体现中国发展特点的话语体系，紧紧掌握意识形态话语主动权显得尤为重要。2013年8月，习近平在全国宣传思想工作会议上强调指出："要精心做好对外宣传工作，创新对外宣传方式，着力打造融通中外的新概念新范畴新表述。"① 此后，党的十八届三中全会通过的《中共中央关于全面深化改革若干重大问题的决定》，又进一步提出"加强国际传播能力和对外话语体系建设"重要命题。2013年12月30日，习近平主持中共中央政治局第十二次集体学习时进一步指示："要加强国际传播能力建设，精心构建对外话语体系，发挥好新兴媒体作用，增强对外话语的创造力、感召力、公信力，讲好中国故事，传播好中国声音，阐释好中国特色。"②

从国际视野而言，建构中国特色话语体系体现了中国参与国际交往、走和平发展道路的必然要求。在不少西方学者、政要、媒体看来，西方的现代化道路是人类文明发展的最终道路，西方的今天就是世界的明天，西方道路具有世界示范意义，对所有国家具有普遍适用性。所谓"普世价值"便是此意。改革开放后中国的快速发展，特别是2008年全球金融危机爆发以后，国际社会越来越多的学者注意到中国特色社会主义道路所具有的一般性价值，关于"北京共识""中国模式""中国道路"等议论也多了起来。因而如

---

① 《习近平谈治国理政》第1卷，外文出版社2018年版，第156页。
② 《习近平谈治国理政》第1卷，外文出版社2018年版，第162页。

何用中国特色话语阐述好中国道路，回应国外的合理关切，破解西方话语霸权，是中国和平发展、向世界传播中国声音的内在需求。

就国内情况来看，我国马克思主义话语体系的持续建设是坚定"四个自信"的必然选择，因为不可能也不能够照搬别国的话语。正如邓小平基于革命、改革经验所指出："我们的现代化建设，必须从中国的实际出发。无论是革命还是建设，都要注意学习和借鉴外国经验。但是，照抄照搬别国经验、别国模式，从来不能得到成功。这方面我们有过不少教训。"① 中国特色社会主义是近代以来科学社会主义与中国社会发展的历史逻辑、实践逻辑、政治逻辑的统一，是根植中国大地，顺应人民意愿、时代要求和满足人民群众对美好生活期盼的，是一代又一代的仁人志士和人民群众为实现救亡图存和中华民族的伟大复兴而英勇奋斗、艰苦探索后的必然选择，是党团结带领人民历经千辛万苦，付出巨大代价取得的根本成就，承载着中国人民对社会主义的美好憧憬和梦想。中国的发展与社会主义的命运密不可分。"在当代中国，坚持中国特色社会主义道路，就是真正坚持社会主义。"② 中国人民和中华民族从近代以后的深重苦难走向伟大复兴的光明前景，从来就没有教科书，更没有现成答案。党的百年奋斗成功道路是党领导人民独立自主探索开辟出来的，马克思主义的中国篇章是中国共产党人依靠自身力量实践出来的，贯穿其中的一个基本点就是中国的问题必须从中国基本国情出发，由中国人自己来解答。我们要坚持对马克思主义的坚定信仰、对中国特色社会主义的坚定信念，坚定道路自信、理论自信、制度自信、文化自信，以更加积极的历史担当和创造精神为发展马克思主义作出新的贡献，既不能刻舟求剑、封闭僵化，也不能照抄照搬、食洋不化。③ 坚持自信自立既是坚定"四个自信"的内在要求，又是建构具有中国特色的马克思主义话语体系的客观需要。

---

① 《十八大以来重要文献选编》上，中央文献出版社 2014 年版，第 110 页。
② 《胡锦涛文选》第 2 卷，人民出版社 2016 年版，第 621 页。
③ 《习近平著作选读》第 1 卷，人民出版社 2023 年版，第 16 页。

第二章

特定场域中的马克思主义话语弱化

    2016 年 5 月 17 日，习近平在哲学社会科学工作座谈会上的讲话中指出："在对待坚持以马克思主义为指导问题上，绝大部分同志认识是清醒的、态度是坚定的。同时，也有一些同志对马克思主义理解不深、理解不透，在运用马克思主义立场、观点、方法上功力不足、高水平成果不多，在建设以马克思主义为指导的学科体系、学术体系、话语体系上功力不足、高水平成果不多。社会上也存在一些模糊甚至错误的认识。有的认为马克思主义已经过时，中国现在搞的不是马克思主义；有的说马克思主义只是一种意识形态说教，没有学术上的学理性和系统性。实际工作中，在有的领域中马克思主义被边缘化、空泛化、标签化。在一些学科中'失语'、教材中'失踪'、论坛上'失声'。这种状况必须引起我们高度重视。"[1]

    马克思主义作为社会主义意识形态的核心和灵魂，在意识形态领域居于主导地位，能否牢牢掌握马克思主义话语权事关无产阶级政党的生死存亡，事关国家的长治久安，事关中华民族的前途命运。当"中国道路""中国方案""中国智慧"被广泛热议时，马克思主义话语权也遇到了前所未有的挑战。因此，适应新时代的发展要求，不断巩固和发展马克思主义话语权，对于加

---

[1] 《习近平谈治国理政》第 2 卷，外文出版社 2017 年版，第 328—329 页。

强社会主义意识形态工作、抵御西方意识形态侵蚀，加强党的执政地位，保证中国特色社会主义事业顺利推进具有重大的理论价值和现实意义。

第一节　马克思主义话语弱化的主要表现

在我国，作为指导思想，马克思主义牢牢掌握着社会主义意识形态的话语权，这是主流。然而，我们不能因此就沉迷于鲜花和赞歌中而忽略、忽视现实存在的问题。我们还要清醒地认识到，在特定的领域、特定的阶段、特定的场合、特定的群体等特定场域中出现了马克思主义话语弱化的问题。以美国为首的西方资本主义国家对中国的和平演变从未停止，对社会主义的意识形态渗透从未中断。"我们正在进行具有许多新的历史特点的伟大斗争，面临的挑战和困难前所未有，必须坚持巩固壮大主流思想舆论，弘扬主旋律，传播正能量，激发全社会团结奋进的强大力量"①。

一、思想意识领域

社会思潮作为反映社会变动的重要社会精神现象，是一种内隐性极强的意识形态因素。在信息化高度发展的今天，人们接收信息的渠道越来越广，获取的信息越来越丰富，逐步形成当代中国思想意识领域各种思潮多元并存的局面。各种社会思潮相互争论、交锋、论战，相互争夺话语权，人们的思想活动、思想观念、思想诉求的多样性、多变性、差异性进一步增强。就其性质而言，当前我国存在的社会思潮大概可以分为马克思主义性质的社会思潮、非马克思主义性质的社会思潮和反马克思主义性质的社会思潮。其中，非马克思主义和反马克思主义性质的社会思潮值得我们警觉，它们主要是指近年来西方发达国家所流行的一些主要政治思想派别及理论观点以及国内表现出来的一些思想流派。这些社会思潮包括："意识形态终结论"、"普世价值论"、历史虚无主义、新自由主义等。这些社会思潮及其主要论调逆时代而

---

① 《习近平关于全面建成小康社会论述摘编》，中央文献出版社 2016 年版，第 105 页。

行，挤占马克思主义主流话语空间，挑战马克思主义主流话语权威，给马克思主义主流话语造成非理性干扰。一旦马克思主义在应对新情况、新问题时"话语不畅"甚至"失语"，其他非马克思主义、反马克思主义的社会思潮就会趁机填补思想上的空白和话语上的欠缺，使得马克思主义话语权受到冲击和消解，"马克思主义无用论""马克思主义终结论""马克思主义怀疑论""马克思主义挑战论""马克思主义过时论"就会甚嚣尘上，呈愈演愈烈之势。

一是"意识形态终结论"。"意识形态终结论"既是一种西方思潮，又是一种话语论调，具有明显的反共产主义、反马克思主义倾向。"意识形态终结论"要终结的不是西方的意识形态和政治制度，而是非西方的意识形态和政治制度，尤其是要终结马克思主义意识形态。"意识形态终结论"本身就是一种意识形态，它是西方国家推行文化霸权主义的一种理论手段，明显带有西方中心论色彩。西方学者在大肆宣扬"意识形态终结论"的过程中，却极力鼓吹西方价值观念、政治制度符合"人类本性""无可替代""能够克服和解决一切矛盾和问题"，为资本主义进行政治、经济、文化辩护。"意识形态终结论"是个陷阱，在形式上有一定的隐蔽性和欺骗性。在许多西方国家，他们都在对意识形态进行强化，而不是弱化，更没有终结。"意识形态终结论"更是催生了一些反马克思主义思潮和论调，他们以苏东剧变为实例，公开挑战、否定、攻击马克思主义。他们鼓吹既然马克思主义已经终结了，西方的政治价值观就成为人类永恒普遍的价值观，以此逐步瓦解马克思主义话语权行使的现实依据和理论前提。

二是"普世价值论"。"普世价值论"是当代西方话语霸权及其价值渗透方式的表达。"普世价值论"试图用西方话语体系取代中国的马克思主义话语体系，进而瓦解马克思主义话语权。"普世价值论"强调民主、自由、平等，人权的超阶级性，否认人的现实阶级性、社会性及历史性。与其他社会思潮相比，"普世价值论"在表达形式上更具有鲜明的"非意识形态化"和"去意识形态化"色彩。"普世价值论"是以改头换面的形式来宣扬其资产阶级自由化思想，它试图诱导人们进入这样的逻辑：既然西方的价值观是"普世的"，适用于一切人类社会，马克思主义就应该被淡化，就应该让位于西方政治价值观。由此可知，"普世价值论"损害了马克思主义意识形态话语权的制度基础，其目的是要搞垮我国以公有制为主体、多种所有制经济共同发展的社会主义基本经济制度，而且要为实行多党制、政治多元化制造声势。鼓吹"普世价值论"的人要借着我国深化政治体制改革之机，否定人民民主专政、否定人民代表大会制度、否定中国共产党领导的多党合作和政治协商制度，主张在我国实行多党制、议会制、三权分立制，试图按照西方的政治理念和制度模式来改造我国的政治制度。当年苏联的戈尔巴乔夫把社会主义说成是要"实现全人类的价值"，其结果是导致国家制度发生根本变化，我们应该吸取这样的教训。社会主义制度一旦受到动摇，马克思主义话语权便无从谈起。另外，"普世价值论"同样冲击着我国社会主义核心价值观建设。"普世价值论"主张指导思想多元化，攻击马克思主义的一元指导地位，诋毁我国的民族精神，否定中国特色社会主义共同理想信念，背离了我国社会主义核心价值观建设的基本要求。"普世价值论"的鼓吹者张口闭口就是西方的民主、自由、人权、人性等，使我国思想文化领域充斥和弥漫着西方话语和价值观，他们甚至用西方所谓的"普世价值"去评判人们的言行，这势必对马克思主义话语权的巩固和提升带来直接危害。

三是历史虚无主义。自20世纪80年代开始，历史虚无主义开始在我国沉渣泛起，历史虚无主义者对中华民族的罪人，如秦桧、慈禧、袁世凯、汪精卫等进行翻案辩护、重新评价，试图美化他们的形象来颠覆历史；或者用某一个具体历史细节，来否定领袖人物的全部历史功绩；又或者以某一阶段的历史事件来否定整个中国特色社会主义革命和建设的历史。历史虚无主义者试图以历史翻案、重新审视为切入点，进而否定历史，搞乱人们对历史的基本认识与判断，最终搞乱人们的思想。历史虚无主义思潮通过有所"虚无"方法，宣扬"历史的终结"，否定中国共产党领导的人民革命和社会主义建设，否定中国人民对社会主义道路的历史选择，否定马克思主义指导地位的历史必然性。又通过有所"不虚无"的方法，宣扬"普世价值"，传播以新自由主义为主要内容的资本主义意识形态，妄图在意识形态领域争夺领导权。正如马克思所指出的："正像它使农村从属于城市一样，它使未开化和半开化的国家从属于文明的国家，使农民的民族从属于资产阶级的民族，使东方从属于西方。"①苏东剧变已过30多年，审视苏联解体的原因，既有国际因素，如西方的和平演变、冷战等，也有国内因素，如高度集中的计划经济模式、庞大臃肿的官僚体制等。然而，意识形态的衰落是苏联解体的一个极其重要的原因。苏联的解体就是从思想领域开始，一开始全盘否定斯大林，继而否定列宁、否定十月革命，将苏联党和国家的革命与国家建立、发展的历史予以全盘否定，这些思想领域的混乱使广大民众无所适从。历史虚无主义者否认新民主主义革命对旧社会的革命意义，否认社会主义革命对于中国社会的建设意义，否认改革开放以来中国所取得的辉煌成就。历史虚无主义者甚至认为，中国共产党领导的新民主主义革命，导致中国没能以"英美为师"，而与资本主义道路失之交臂，这与苏联历史虚无主义者所言的"如果没有十月革命，俄国早就实现现代化了"如出一辙。对此，我们要牢记习近平的教导，"中国共产党人是马克思主义者，坚持马克思主义的科学学说，坚持和发展中国特色社会主义，但中国共产党人不是历史虚无主义者，也不是文化虚无主义者"②。

四是新自由主义。新自由主义产生于20世纪二三十年代，最初是作为一种专业的西方经济学理论而存在。20世纪80年代，新自由主义成为资本主义向外输出的意识形态和制度价值，其显著标志是"华盛顿共识"。"华盛顿共识"强调社会主义必然导致集权，公有制会使经济变得更糟，放大了新自由主义的意识形态色彩。新自由主义是现代化理论和发展理论中的"强势话语"，对西方发达国家产生了深刻的影响，新自由主义被包装成了"医治经济痼疾的万应灵丹"，被夸耀成"唯一可行的社会组织制度"，甚至是"人类意识形态发展的终点"。尽管如此，也不能掩盖新自由主义作为当代国际垄断资本主义意识形态的本质。新自由主义及其"华盛顿共识"通过美国及其操控的国际货币基金组织和世界银行以贷款附加条件的形式强加给发展中

① 《马克思恩格斯选集》第1卷，人民出版社2012年版，第405页。
② 《习近平著作选读》第1卷，人民出版社2023年版，第282页。

国家的做派，充分暴露了其作为"新帝国主义"的政策工具的本质。新自由主义是适应资本主义全球化意识形态的理论代表，它植根于西方自由主义传统，反映着资本主义的当代发展形态，维护的是精英、强势阶层和国际垄断资本的根本利益。国内有些学者缺乏批判意识和怀疑精神，不加甄别地奉新自由主义为灵丹妙药，主张我国的改革开放应走新自由主义路线，认为批判新自由主义就是否定改革开放，一些人甚至明确提出，取消社会主义制度和党的领导，用资本主义政治经济制度取代社会主义政治经济制度。

二、学术教育领域

当前，马克思主义的学术话语权问题是中国哲学社会科学话语体系建设的核心问题。通过歪曲学术话语权来消解马克思主义话语权，不仅是西方对我国进行意识形态渗透的重要手段，而且是构建新时代中国话语体系面临的重大挑战之一。中国高校是社会主义大学，但在部分高校里存在着不少错误思想，有的人认为"马克思主义只是一种意识形态说教，没有学术上的学理性和系统性"[①]；一些人故意用实践论否定和消解唯物论，用价值关系否定和取代主客观关系等等，导致在所谓"学术性"的幌子下，马克思主义不仅在学科体系中被边缘化，而且在学术话语体系中被排斥，就连一些意识形态属性较强的学科，如政治学、社会学、历史学、哲学也不例外，经济学、管理学、艺术学等更是如此。

在马克思主义理论的学习、研究、宣传及话语表达上，存在着将其政治性和学术性主观剥离的现象：一种是重视其政治功能而轻视其学术功能的倾向，另一种是重视其学术功能而轻视其政治功能的情况。把马克思主义的研究与现实的政治发展、政治需要脱离，试图把马克思主义变成一种纯学术的话语。这种做法通过一味地追求学术话语的"规范化"、"专业化"与"程序化"，把马克思主义过度学术化，使马克思主义失去革命性，必然导致学术生态环境深陷异化、僵化与恶化之困境，影响马克思主义意识形态话语权的

[①] 《习近平谈治国理政》第 2 卷，外文出版社 2017 年版，第 329 页。

建构。特别是在人文社科领域，一些马克思主义类的学术论文如同鸡肋——食之无味，弃之可惜，故意"云山雾罩"、无病呻吟、假大空谈、故作高深。习近平指出："要善于提炼标识性概念、打造易于为国际社会所理解和接受的新概念、新范畴、新表述，引导国际学术界展开研究和讨论。"[①] 被恩格斯誉为"科学社会主义的最伟大的纲领性文献"的《共产党宣言》，14000 多字，以极其凝练的话语与环环紧扣的逻辑铸就了社会主义从空想到科学的历史。标志着马克思主义唯物史观基本确定的《关于费尔巴哈的提纲》，不到 1500 字，但却简洁有力。对此，习近平早在地方任职期间就曾深刻指出：现在存在一种很不好的文风，喜欢写长文章，讲长话，但是思想内涵却匮乏得很，就像毛主席所批评的那样，像"懒婆娘的裹脚"。要把那些又长又臭的懒婆娘的裹脚，扔到垃圾桶里去，其实诀窍很简单，可用郑板桥的对联概括为"删繁就简三秋树，领异标新二月花"。就是要开门见山，直截了当，讲完即止，用尽可能少的篇幅，把问题说清、说深、说透，表达出丰富而深刻的思想内容。在中国学术界，有些学者对西方意识形态的侵蚀和渗透起到了推波助澜作用，影响了马克思主义学术话语体系的构建和发展。在所谓"学术性"的幌子下，在一些意识形态性很强的学科中出现马克思主义话语体系受到排斥、被边缘化的倾向。不少马克思主义的经典话语被放弃，一旦讲出来甚至会被嘲笑，反倒是一些是非不明、界限不清、语焉不详的西方话语却大有市场。

改革开放以来，由于"洋八股"的兴起，导致我国不少学科的话语体系严重西化，不少学者特别是出国留学者"向西看"成为通病，"言必称西方"或者"言必称美国"渐成时尚，深陷西方学术话语难以自拔，习惯性用西方的理论模型和话语方式来解读中国特色社会主义的丰富实践，甚至把西方话语体系作为学术创新的方向，打着"理论创新"的旗号来否定马克思主义。一些学术评价体系也出现了重"洋气"的现象，推崇国外学术期刊论文的权威性，以在国外期刊发表论文作为评定职称、提供经费、奖励荣誉等的重要依据，甚至有些单位和机构硬性规定评聘高级职称必须有海外留学背景等。

---

① 《习近平谈治国理政》第 2 卷，外文出版社 2017 年版，第 346 页。

西方国家举着所谓全球化、国际化的话语大棒，故意帮助"洋八股"者们在中国占据重要位置，就是想要操纵中国的学术理论研究，诱使我们服从其指定的"国际标准"，改变中国的主流意识形态。值得警惕的是，我国学术界近年来不仅吸收了某些西方观点对马克思主义进行所谓的"理论创新"，有的甚至"改装"马克思主义固有话语来迎合西方话语。不少马克思主义、社会主义经典话语被篡改、抛弃，这无异于自废武功，很可能导致学术领域发生"颜色革命"。正如习近平所指出的："如果我们用西方资本主义价值体系来剪裁我们的实践，用西方资本主义评价体系来衡量我国发展，符合西方标准就行，不符合西方标准就是落后的陈旧的，就要批判、攻击，那后果不堪设想！最后要么就是跟在人家后面亦步亦趋，要么就是只有挨骂的份。"①

"洋八股"的影响，不但会导致我国学术领域西化严重，而且会对中华优秀传统文化造成冲击和排斥，这一问题在中小学教育中表现得尤为突出。近年来，中小学语文教材中弘扬中华优秀传统文化的文章和革命家的文章被删除现象屡见不鲜。习近平曾动情地讲道：我很不希望把我们一些非常经典的古代的诗词文化、散文都给去掉，加入一堆什么西方的东西，我觉得"去中国化"是很悲哀的。这些诗词都好。从小就嵌在学生的脑子里，成为终生的民族文化基因。哲学社会科学中的去马克思主义化、崇洋媚外问题也引起了习近平的重视，他指出："中国特色社会主义理论体系归根到底是以马克思主义基本理论为指导的，是把这些基本理论同中国具体实际相结合的结果。马克思主义就是我们共产党人的'真经'，'真经'没念好，总想着'西天取经'，就要贻误大事！不了解、不熟悉马克思主义基本原理，就不可能真正了解和掌握中国特色社会主义理论体系。有的人以为中国特色社会主义理论体系一看就懂，没什么好学的。这种态度是不正确的。"②"洋八股"盛行，不仅无法真正解决中国的问题，而且严重威胁我国意识形态的安全，应引起高度警惕。

无独有偶，随着全党对弘扬中华优秀传统文化的重视，"土八股"言行

① 《习近平谈治国理政》第2卷，外文出版社2017年版，第327页。
② 习近平：《在全国党校工作会议上的讲话》，人民出版社2016年版，第15页。

开始大量出现，同样是马克思主义及其话语体系创新发展的巨大威胁。有些人鼓吹应该"以儒化马""去马归儒""全盘儒化"等，这些人言必称古，过分抬高甚至迷信儒家文化等中华传统文化。他们认为，马克思主义是西方文化的产物，不能用一种外来文化当作中国的指导思想，西方的思维方式和中国根本不同，马克思主义要发挥作用就必须和儒家文化结合，用儒家文化改造马克思主义，甚至有些人提出重建儒教，用儒家文化取代马克思主义，迷惑、误导了不少人。

"儒化"论者认为，马克思主义中国化就是向传统文化复归的过程，他们把毛泽东思想、邓小平理论都视为"儒化"的产物，因为在他们看来，毛泽东使用了很多儒家文化的语言，邓小平提出的"小康社会"也是儒家的东西，中国正一代接一代地向传统文化回归，相当一部分人已接受了"儒化"思想。如果不对马克思主义中国化进行系统理解和全面把握，仅从字面上理解，似乎马克思主义中国化正一步步向儒家文化复归。当前中国社会兴起的国学热对于弘扬中华优秀传统文化，提高中国文化软实力具有积极意义。但是，在弘扬优秀传统文化的同时，一些糟粕也夹杂其中。虽然"儒化"论者没有明确反对社会主义核心价值观教育，但其用意实质上就是要用"儒家经典教育"来取代现行的社会主义核心价值观教育，根本目的就是要用整套儒家思想取代马克思主义在我国意识形态领域的指导地位。马克思主义指导思想是社会主义核心价值观的灵魂，取代马克思主义在其中的指导地位无异于全盘否定和完全抛弃社会主义核心价值观。

总体来看，一些缺乏政治辨别力的党员领导干部和一些缺乏理论洞察力的学者也深受其害，这给马克思主义的话语体系建设带来了严峻挑战。为此，习近平特别强调："要坚持古为今用、以古鉴今，坚持有鉴别的对待、有扬弃的继承，而不能搞厚古薄今、以古非今，努力实现传统文化的创造性转化、创新性发展，使之与现实文化相融相通，共同服务以文化人的时代任务。"①

---

① 《习近平谈治国理政》第2卷，外文出版社2017年版，第313页。

三、日常生活领域

马克思主义理论来源于实践，日常生活时时滋养着马克思主义理论。但日常生活中的重复性和惰性，有时也会阻碍马克思主义的话语传播。日常生活涉及衣食住行、婚丧嫁娶、生老病死等具体活动，日常生活话语贴近生活、贴近实际，符合民众"口味"。然而，有些政治话语和学术话语的表述过于"高大上"，让老百姓不免有脱离实际、枯燥乏味、晦涩难懂之感，因而不容易被民众所接受，难以产生话语共鸣。马克思主义作为我国的主流意识形态，面临着如何进入日常生活、如何与日常生活融合的问题。日常生活的深刻变革，也对马克思主义话语建设提出了严峻挑战。日常生活话语自由度的增强，使原来高度政治化的马克思主义话语在日常生活中不断被弱化。随着社会主义市场经济的发展，人们以更实际的态度衡量评判一切现实问题，更多地关注自身利益，而淡化看不见摸不着的"理想信念"。党的工作重心的转变和经济体制改革的不断深入，使一部分人在思想上由"文革"时期"政治挂帅"的极端又走到了"经济唱戏"的另一个极端。因此，马克思主义话语如果符合日常生活的经验、习惯、需要，人们就会在潜意识中自发地认同并践行马克思主义；如果马克思主义话语不能根据日常生活的变化相应变化，马克思主义就很难在日常生活中站稳脚跟。长此以往，马克思主义就很容易被人们所抵触或者抛弃，马克思主义话语呈现弱化态势。在日常生活领域，马克思主义话语弱化的具体表现是：

一是部分人对马克思主义心理上排斥。现实中，马克思主义大众化不时会遭遇"剃头挑子一头热"的尴尬境地。在部分人看来，学习马克思主义没有意义，马克思主义是政治符号，是共产党员的信仰，与党和政府紧密相关，与普通老百姓没有多大的关系。在日常生活中，对与马克思主义相关的活动热情并不高，参与度低，甚至产生抵触和厌烦的情绪，即使参与了也是走过场，或者源于某种功利性的目的，并不觉得参加此种活动有何作用，也不愿意让别人知道自己参加了此类活动。特别是对于受教育程度较低和处于偏远地区的大众群体来说，他们更关心的是物质生活实实在在的改变。加上现代社会生活节奏快，民众压力大，内容轻松的娱乐话题更能引起民众的兴趣，带着"娱乐至上"标签的一些流行文化和话语成为民众释放压力的主要渠道。人们的日常生活常常跟着感觉走，人云亦云，见风使舵，不停侵蚀着马克思主义信仰，主流意识形态话语权在这部分群体中呈逐步萎缩态势。这种情况导致马克思主义话语与大众日常生活割裂开来，影响马克思主义话语体系的建设，最终不利于马克思主义话语权的巩固与提升。

二是部分人对马克思主义信心不足。在革命战争年代，马克思主义作为思想武器，拯救中国及中国人民于水火之中，马克思主义一度成为大众共同的理想信念和价值认同。随着世界的进步和社会的发展，一部分人对马克思主义产生了不同程度的疑惑和怀疑，他们认为我国在教育、医疗、社会福利等方面不如西方发达资本主义国家，这说明马克思主义在解决社会主义发展过程中的一些问题的能力很有限，对马克思主义的持续发展持消极态度。特别是处于相对弱势地位的群体，当他们的自身利益得不到保障、关心的问题得不到解决时，他们对马克思主义就会产生怀疑态度。

三是部分人对马克思主义践行效果不佳。随着社会主义市场经济的蓬勃发展，一些人的日常生活状态被消费主义所主宰，他们信奉金钱主义、享乐主义等，以过度消费、超前消费、奢侈消费、攀比消费为人生的价值休现方式。有些人将物质欲望的满足作为人生价值的标尺，将消费等同于事业的成功、人生的幸福，人们的物质欲望被大大刺激和过度释放出来。在消费主义的影响下，一些青少年只讲生活享受，不愿艰苦奋斗，个别人缺乏远大理想，只注重眼前实际利益。就马克思主义话语建设而言，广大青少年是重要对象，然而，消费主义正在损害着马克思主义话语在青少年中的吸引力、影响力和号召力。党政干部是马克思主义话语权行使的一个重要行为主体，党政干部自身的言行对马克思主义话语权的影响具有示范效应，个别领导干部利用手中的权力，进行权钱交易、权色交易，生活奢靡，不关心群众疾苦，极大地损害了干群关系，这是对马克思主义话语权的一种亵渎和伤害。

四、虚拟网络空间

中国是世界上网民最多的国家。互联网已经深度融入中国经济社会发展的各个领域，深刻改变着广大人民生产生活的各个环节。随着网络化时代的到来，网络将世界各国紧密联系起来，在网络中不同的文化形态、思想观点等相互交融和冲突。各种信息在网络中以何种话语进行传播是一个重大的权力问题。话语在网络世界的生存空间实际上反映了一个国家在网络中的软实力的大小。现代网络媒体具有开放、匿名、即时、交互等特征，这些特点使网络话语具有极大的自由度。与此同时，网络成为美国等西方发达资本主义国家对其他国家进行意识形态渗透、和平演变的主渠道。马克思主义意识形态遭到了西方错误思潮的肆意攻击，这在一定程度上挤压了马克思主义话语的空间。这警示我们网络已经成为以舆论斗争为代表的意识形态斗争的主阵地、主战场，网络是我们面临的"最大变量"，搞不好就会成为我们的"心头之患"。习近平深刻指出："网络空间是亿万民众共同的精神家园。网络空间天朗气清、生态良好，符合人民利益。网络空间乌烟瘴气、生态恶化，不符合人民利益。谁都不愿生活在一个充斥着虚假、诈骗、攻击、谩骂、恐怖、色情、暴力的空间。互联网不是法外之地。"[①] 互联网也是一个战场。在这个战场上，我们能否打得赢、能否顶得住，直接关系到我国的意识形态安全和国家安全。

在网络空间中马克思主义话语不足的主要表现有：一是马克思主义在网络中的话语传播较弱。在虚拟网络世界中，人们各种转发、评论、点赞，使得网络中的信息庞大、杂乱，这种碎片化的传播分散了网民对马克思主义意识形态话语的注意力，使马克思主义在网络信息传播中被搁置甚至被淹没。特别是自媒体时代的到来，各种信息进入网络世界的门槛逐步降低，人们逐渐摒弃了追求统一思想观念的价值规范，急需用网络话语传播马克思主义，加强对反马克思主义、非马克思主义言论的批判。二是马克思主义在网

---

① 《习近平谈治国理政》第 2 卷，外文出版社 2017 年版，第 336 页。

络中话语互动不足。在网络空间中由于人人都能发出自己的声音，很多人毫无顾忌地发表个人看法，非理性的信息充斥网络，虚假信息泛滥，网络谣言四起。马克思主义在网络中遭到攻击、嘲笑，马克思主义的解释力和说服力欠缺，拉大了马克思主义与人民群众的距离。在网络空间缺乏马克思主义的引领，网民就有可能陷入错误思潮的陷阱，走向错误方向，造成世界观动摇、人生观错位、价值观扭曲。三是马克思主义在网络中认同缺乏。网络使不同的意识形态集中呈现在一个平台上，形成"政治广场平台"，不同意识形态直接正面交锋，网民既可以支持也可以反对，即使同一个话题，网民也会"仁者见仁，智者见智"。多样的价值取向选择，使一部分人放弃了对马克思主义的认同和信仰，这样在网络中就很难使人们对主流意识形态高度认同。加之西方国家将网络作为向我国渗透的重要手段，他们对中国共产党的历史、执政等进行负面评价引导，借助网络平台散布反党言论，破坏中国共产党在人民心目中的形象，放大人民群众对某些具体问题的不满情绪。这些极端负面的网络舆论，挤压着马克思主义话语表达的空间，使主流意识形态话语变成一种扭曲的负面话语，滞碍了马克思主义话语权的提升。

随着网络技术的发展，新媒体建构了一个新的社会语境，在新媒体语境下存在着马克思主义"失语"问题。一是面对信息过量时的"无语"。在新媒体语境下，海量的信息是其突出的特征，信息共享更加便利，可以让受众接收到多元化的信息。但是，海量的信息即时传播，在短时间内形成倾向性的社会舆论。如果信息是经过新媒体过分夸大的失实传播，虚假信息泛滥，就会误导大众，影响大众的理性判断，大众无所适从。这时对权威评论的依赖感更强。马克思主义在面对信息过量和话语膨胀时的"无语"，一定程度上削弱了马克思主义的公信度与权威性。二是面对不同价值观时的"漠视"。新媒体深刻改写着大众的自我定位。不同的利益群体具有思想的差异性、多变性，必然会形成不同的价值观。新媒体改变了信息的传播方式，人们的言语表达方式和行为方式也随之改变，人们通过论坛、微博、微信等成为可以独立发声的自媒体。人们借助新媒体平台，自由抒发观点使思想共享成为可能，人们寻找观点相近的人，形成小众化的"网络空间"，价值取向的选择更为自由、随意，思想的大一统难以为继，这对现实中主流意识形态的认同构成了挑战。三是马克思主义色彩的"淡化"。由于新媒体的即时性、开放性和匿名性，新媒体在成为表达社情民意的新通道的同时，一些假马克思主义、诋毁马克思主义的言论借助新媒体平台传播，这些负面信息有些是传授主体以极端的方式表达自己的利益诉求，有些是纯粹的情绪发泄。主流新闻网站，特别是政府主办的新闻网站影响力不足，间接影响了群众对马克思主义的认知认同。四是大众对"官八股"话语的反感和抵触。新媒体、政府和网民形成新的三角互动关系，在互动关系中，新媒体发挥着中介、平台的作用，政府通过新媒体了解民意、聚集民智、彰显民主，新媒体成为影响官方舆论和民间舆论的重要窗口。在新媒体语境下，大众真正想听到的是真话、实话、短话、明白话。但是，目前文风话风却存在大话过多、套话不少、过度修辞、弄虚作假等问题，引起大众的抵触情绪和强烈反感。究其实质，"官八股"话语是形式主义的产物，加之在网络语境中的又一次放大，严重影响着党和政府形象。

五、相关主体

马克思主义的传播、宣传、灌输由特定的人和群体来实现。马克思主义话语权的实现作为一种能动行为，需要有直接的实施主体，这个主体就是从事马克思主义话语体系建设的人员队伍。马克思主义话语体系建设的人员队伍的整体素质直接关系到马克思主义话语权的巩固提升及实现程度。我们党多年来培养了一支政治强、业务精、纪律严、作风正的马克思主义话语体系建设队伍，为马克思主义话语体系的建设提供了坚实的组织保障。总体来看，这支队伍较好完成了自己的职责使命，但是同时也要看到，"面对新形势发展的客观要求，面对新阶段所肩负的艰巨任务，宣传思想工作队伍素质还需要进一步提高"[①]。马克思主义话语弱化的另一个重要表现就是马克思主义话语建设的主体力量整合不够，造成内生动力不足，主要表现在以下几个

---

① 《十六大以来重要文献选编》上，中央文献出版社 2005 年版，第 545 页。

方面：

一些政府部门出于自身实际工作的需要，有时会局限于一时一事，习惯于要求舆论宣传保持与政府口径的绝对一致性，会出现夸大地方政府政绩及刻意回避社会矛盾的片面宣传及不实报道，一些地方主流媒体逐渐成为地方政府宣传和公关的附属部门。随着新媒体的发展，面对开放的社会舆论环境，人为封锁和左右社会信息客观上为谣言的肆意传播腾出了空间，提供了机会。政府借助行政权力对主流媒体新闻报道进行非科学干预，从长远看将损害政府的形象和公信力。

部分从事宣传工作的人员在进行马克思主义宣传时，有的是照本宣科，没有做到理论联系实际；有的将马克思主义理论的每一句话都奉为金科玉律，不敢越雷池一步，进行与时俱进的阐释；有的在宣传教育过程中更多使用"理论灌输"的方式，让许多人特别是青少年望而却步甚至是厌烦。虽然马克思主义具有鲜活而旺盛的生命力，但是原著的大量理论内容对于青少年来说仍然是抽象难懂的。作为马克思主义意识形态的重要高地，高校马克思主义宣传教育工作关乎国家的未来和民族的希望。在高校教师队伍的授课中，有些脱离中国现实，纸上谈兵、闭门造车；有些对马克思主义经典著作断章取义、生吞活剥；有些哗众取宠，故意标新立异，甚至主张以非马克思主义、反马克思主义取代马克思主义；等等。在这种氛围下，青年大学生把马克思主义与政治挂钩、与考试画等号。马克思主义宣传者无法适应思潮涌动的时代大潮，有效吸引大众的能力欠缺，这本身就违背了马克思主义把握事物客观规律性与发挥主观能动性的辩证统一的原理。

一些新闻工作者追捧一些西方错误思潮，且以此为荣。有人认为，当下中国应该区分两个舆论场，一个是以互联网为基础的新媒体舆论场，一个是以党报党刊党台、通讯设备为主体的传统媒体舆论场。也有人认为，坚持党管媒体主要是对党和政府主办的重点新闻媒体而言，对其他媒体并不适用。还有人认为现在是"资本为王""商业媒体"时代，是"人人都有麦克风"的自媒体时代，坚持党管媒体已失去意义。随着互联网的迅猛发展，国内外一些商业网站竞相发声，甚至十分猖狂，国内一些新闻网站也暗流涌动，遥相呼应。一些新闻工作者在网上甚至报刊上发表一些错误言论，产生了恶劣影响。虽然西方国家口头标榜"新闻自由"既有意识形态底线，又有利益集团的规制和政党倾向，但其实已不存在什么完全自由独立的媒体。我们一定要认清西方标榜的"新闻自由"的真面目，始终坚持党管媒体不动摇。

一些党员干部没有起到示范带头作用。党员干部能否坚持以马克思主义理论为指导，能否坚持中国特色社会主义，能否对错误思潮有清楚的认知和正确的态度，会在人民群众中产生巨大的示范和导向作用。现实中，有一部分党员干部，虽然读了一些马克思主义著作，但是在头脑中未生根，满足于将马克思主义理论讲在嘴上、写在纸上，并没有树立起坚定的马克思主义信仰，表现为"不信马列，反信鬼神"，"口言马列，实行龌龊"；还有一些党员干部对意识形态领域的最新动态不敏感，在面对反马克思主义、反社会主义的言论等大是大非时不敢出声，对中央的政策方针，满足于照抄照搬，缺乏处理实际问题的能力；少数党员干部特别是宣传领域党员干部存在违法乱纪行为，人民群众对这些党员干部宣传意识形态产生逆反心理，严重阻碍马克思主义话语体系建设，消解马克思主义生命力。

另外，马克思主义理论学科专业人才不足，现有的马克思主义研究者对马克思主义意识形态理论和话语的研究与现实脱节、与时代步伐衔接不紧密，原创性力作并不多见，现有理论成果的实用性转化较差，马克思主义理论队伍的社会地位边缘化，收入和待遇与其他应用学科研究人员差距较大，研究梯队建设滞后等问题也比较突出。这些问题都会影响马克思主义话语的队伍建设，造成主体间马克思主义话语弱化的不利局面。

六、马克思主义话语弱化的实质

巩固和加强马克思主义在意识形态领域的指导地位，以话语体系建设提升马克思主义话语权，是做好意识形态工作的关键环节，事关党的前途命运，事关中国特色社会主义事业的成败，事关国家的长治久安。马克思主义话语弱化甚至失语绝不仅仅是一个学术问题或理论问题，其实质是意识形态的弱化和局部失守，其后果是出现意识形态淡漠化、边缘化、空心化等现象，逐步消解马克思主义在意识形态领域的领导权。

一会导致马克思主义意识形态淡漠化。我国大部分民众具备一定的马克思主义基本理论知识，但是人们的认识水平并不是整齐划一，部分民众深受功利主义、实用主义等影响，认为意识形态无关紧要、可有可无，意识形态距离自己很遥远，关心政治不如关心自己的学习、工作和生活中的实际问题来得实在。意识形态淡漠化使人们在政治问题上冷漠，理想信念上动摇。

二会导致马克思主义意识形态边缘化。在现实生活中，部分人对马克思主义在意识形态领域的指导地位认识模糊，对马克思主义意识形态的号召力缺乏内心认同，对错误思潮缺乏必要的警惕性和鉴别力。一旦遇到复杂的社会问题，容易受不良思潮和社会风气的影响，这使得马克思主义的中心地位受到撼动，意识形态边缘化倾向日趋明显。

三会导致马克思主义意识形态空心化。部分人虽然在口头上、文章上大谈特谈马克思主义，表面上坚持马克思主义，但是实际上信仰不坚定、忠诚度不高，将马克思主义的本质抽离，难以由"信"到"仰"。

第二节　马克思主义话语弱化的危害

"意识形态工作是党的一项极端重要的工作。面对改革发展稳定复杂局面和社会思想意识多元多样、媒体格局深刻变化，在集中精力进行经济建设的同时，一刻也不能放松和削弱意识形态工作，必须把意识形态工作的领导权、管理权、话语权牢牢掌握在手中，任何时候都不能旁落，否则就要犯无可挽回的历史性错误。"[①]进入新时代，机遇前所未有，挑战也前所未有。我们应该充分认识特定场域中的马克思主义话语弱化的巨大危害，进一步认清在新起点上构建马克思主义话语体系、提升马克思主义话语权的必要性和紧迫性。

----

① 《习近平关于全面深化改革论述摘编》，中央文献出版社2014年版，第86页。

一、不利于马克思主义自身健康发展

在纪念马克思诞辰 200 周年大会上，习近平指出："马克思的思想理论源于那个时代又超越了那个时代，既是那个时代精神的精华又是整个人类精神的精华。"① 马克思主义是无产阶级的思想武器和科学体系，它虽然诞生于 170 多年前，但却没有停留于 170 多年前；它虽然产生于欧洲，但却跨越欧洲影响了全世界。这彰显了马克思主义的真理力量，说明当今世界仍然需要马克思主义。马克思主义涉及众多学科门类，留给我们大量文献书籍，当之无愧地称得上博大精深。也正是因为马克思主义思想的高度、广度和深度，决定了理解和掌握它的难度。一些人把马克思主义当"圣经"，习惯于照搬书本理论，思想僵化，忽视了理论联系实际，忽视了与时俱进。还有一些人利用国外研究马克思主义的方式方法来解释中国问题和中国的马克思主义，甚至有些人只是把马克思主义当作单纯的学术问题来对待。

马克思主义是开放的科学理论。习近平指出："什么都用马克思主义经典作家的语录来说话，马克思主义经典作家没有说过的就不能说，这不是马克思主义的态度。同时，根据需要找一大堆语录，什么事都说成是马克思、恩格斯当年说过了，生硬'裁剪'活生生的实践发展和创新，这也不是马克思主义的态度。"② 这启示我们必须坚持用马克思主义的态度来对待马克思主义。作为与时俱进、不断创新的理论体系，马克思主义的生命力在于创新，马克思主义只有与时代相结合，与实践相结合，在解决现实问题中前进，才能始终保持生命力和创造力。在马克思看来，"每一个时代的理论思维，包括我们这个时代的理论思维，都是一种历史的产物，它在不同的时代具有完全不同的形式，同时具有完全不同的内容"③。要赢得人们的认同和支持，马

---

① 习近平：《在纪念马克思诞辰 200 周年大会上的讲话》，人民出版社 2018 年版，第 7 页。

② 习近平：《在哲学社会科学工作座谈会上的讲话》，人民出版社 2016 年版，第 13—14 页。

③ 《马克思恩格斯全集》第 26 卷，人民出版社 2014 年版，第 499 页。

克思主义首先必须在话语表达上进行改革和创新，让人们相信它所宣扬的理念和制度契合现实社会发展的需要。反之，如果马克思主义的价值和理念与现实的发展不相符，或者人们从现实经济社会发展中丝毫看不到目标理想实现的可能，就会对马克思主义产生怀疑甚至否定。

十年"文革"期间，"左"倾错误在我国泛滥，马克思主义被教条化、口号化、绝对化的话语体系所裹挟，意识形态领域呈现出泛政治化的不良倾向。由于普通民众对马克思主义认识还不够全面深入，加之"左"倾错误的干扰，人们对马克思主义的认知产生了严重偏差，把马克思主义与"左"的思想混淆，把马克思主义与科学社会主义理论割裂开来，有人甚至将马克思主义和共产主义与空话、大话、假话画上等号，马克思主义很大程度上被标签化、虚无化、边缘化。历史的教训是惨痛的，我们要引以为戒。在当代中国，全面深化改革已经进入攻坚期和深水区，涉及面最广、受众最多、程度最深、难度最大、持续时间较长，这预示着理论创新必定困难重重。但是不丰富和发展马克思主义，就不能真正地和可持续地坚持马克思主义。片面地强调"发展"和"与时俱进"，或者闭门造车、刻舟求剑等远离马克思主义甚至背离马克思主义的做法，实际上是对客观实际和时代发展的背弃，是对马克思主义的误解和背叛，这不仅不能够使马克思主义得到发展，反而会给马克思主义附加上许多错误的元素。

二、不利于人民群众对马克思主义的认同

郝保权在《多元开放条件下中国社会主义意识形态安全研究》中提到，我国改革开放 40 年来，马克思列宁主义、毛泽东思想与中国特色社会主义理论体系在社会主义现代化实践中与时俱进，得到了极大的丰富和发展，仍然占据着意识形态领域的指导地位。但是，不能否认，在一部分人中，甚至在部分党员干部中，不同程度地产生了对于主导意识形态的偏离、解读政治理想的内涵不完全相同，对社会主义意识形态理论体系的认同程度高低不一，没有呈现出应有的统一和认同程度，部分人内心深处已经对社会主义的政治信念产生了动摇，甚至走向它的反面。究其原因，马克思主义话语的弱

化甚至失语是一个不可忽视的方面。

马克思主义话语的"弱化"甚至"失语",加剧了人民群众对马克思主义的疏离感和认同危机。一是表面化认同。在纸上、嘴上认同马克思主义,但对其精神实质并不知晓,更落实不到行动上。二是概念化认同。对马克思主义从书本体系出发,照本宣科,把马克思主义当成一种象征和符号,在文件、文章上持肯定态度,实际上是怀疑甚至反对。忽视了马克思主义与社会生活的密切联系,马克思主义话语与人民群众的实际生活存在一定程度的脱节,严重影响了人民群众对马克思主义的话语认同和价值认同。三是功利化认同。当前我国存在贫富差距悬殊、企业制假售假、贪污腐化严重、政府公信力下降等诸多社会问题,这些负面现象的存在使得人们只关心自身的利益,对自己有利的就赞同认可,与自己无关的就熟视无睹。同样地,在对待马克思主义时也会采取这样的态度,将其作为获取实际利益的工具。一旦认为马克思主义没有"利用价值",便会敬而远之。

当前,党和政府作为马克思主义理论的输出方,相关部门对人民群众主要采取自上而下的"灌输"方式较多。然而,作为历史发展的主体,人民群众可以根据自身需要和认识水平对意识形态进行选择、接受、认可,这就构成了人民群众对意识形态的认同度。马克思在《共产党宣言》中早就指出,我们要建立的是这样一个联合体:"每个人的自由发展是一切人的自由发展的条件"①。人的主观能动性不容忽视,我们的国家是人民当家作主的国家,人民群众作为主体推进各项工作的开展。应当以"人民群众"为出发点来推进社会转型期马克思主义意识形态的认同教育。在当今社会,一些重大民生问题,如医疗、就业、住房、教育等问题与人民群众的利益息息相关,是人民群众最关心的问题,常常会形成社会舆论热点。如果这些问题得不到合理的解释和有效的解决,就会一次次冲击人们的心理底线,成为引发社会不和谐的因素,对马克思主义的认同造成消极影响。加之一些腐败现象引起人们的不满,损害了党和政府的形象,动摇了对马克思主义的信仰,冲击了社会

---

① 《马克思恩格斯选集》第 1 卷,人民出版社 2012 年版,第 422 页。

主义共同理想。社会不公现象的存在，会使一些弱势群体产生被剥夺感，对现实政策产生怨恨情绪。国内外一些别有用心的人就借口这些问题的存在，无限放大这些问题的负面效应，大肆攻击我国社会主义制度，抹黑我国政府，诋毁马克思主义，直接危害着马克思主义话语权的巩固和提升。

三、不利于社会思潮的正确引领

环顾当今世界，资本主义和社会主义两种制度并存，两种意识形态的话语竞争从未停止，甚至有不断加剧之势。目前，以美国为代表的西方国家采取多种手段对中国进行意识形态渗透，而且更有隐蔽性。他们不再直接攻击中国共产党的领导和中国特色社会主义制度，而是凭借其在很多方面的优势主导地位，利用经济扩张、文化交流、信息网络、舆论媒体等方式进行潜移默化的意识形态渗透。全球范围内一些被普遍使用的价值理念，如自由、民主、公平、正义、博爱、法治、人权等，被西方资本主义国家冠以"普世价值"之名，向全世界输出和推广。在 2010 年的《美国国家安全战略报告》中，美国用大量的篇幅论述"普世价值"，奥巴马政府把"普世价值"输出作为重大的国家战略，主张用文化软实力和和平演变而非军事手段对付社会主义国家。实际上，这些价值理念是由社会经济基础决定的，"普世价值"并没有超越社会制度和意识形态的范畴。以美国为代表的西方国家进行"普世价值"输出，其目的在于颠覆我国社会主义国家政权，把我国引入资本主义和美国式的发展轨道，实现资本主义意识形态话语霸权。

西方国家利用影视、书籍、广告等文化产品宣传其价值理念，大肆宣扬宪政民主、新自由主义、"普世价值"、公民社会、新闻自由等，以隐晦的方式攻击中国共产党的领导和社会主义制度，对我国意识形态进行强力渗透，影响了我国民众特别是青少年的价值观。他们还通过与中国国内的一些研究机构、高校合作，通过资助学者、举办论坛讲座等所谓学术交流手段收买中国的专家学者、高校师生，或者通过资助出国、出版图书等手段在中国知识分子中间推行精英文化渗透，扶持中国的反对声音，削弱马克思主义及其话语的地位和影响力。这种渗透有着明显的政治企图，试图颠覆马克思主义在我国的指导地位。资本主义国家的这些手段确实迷惑了部分不明真相者，有的学者甚至帮助西方国家摇旗呐喊助威，这就在一定程度上造成了我国社会主义意识形态领域的混乱。

全球化背景下，各种社会思潮强势来袭，多样化社会思潮激荡并存，是当代中国无法回避且必须认真面对的一个严峻现实。在新的时代背景下，多样化的社会思潮通过学术、艺术、网络等途径渗透到人民群众日常生活的方方面面，影响着人民群众正确价值观的形成，其中影响极大的有"普世价值"思潮、西方"宪政民主"思潮、新自由主义、历史虚无主义等。可以看出，这些形态各异的社会思潮都有其特定的理论基础和相对一致的价值诉求。"普世价值"以抽象人性论为理论依据，以西方资本主义国家的"民主""人权"等价值观念作为"普世价值"的具体所指，宣扬"普世价值"的真实意图是要我国实行西方国家的政治制度，认同西方国家的意识形态。西方"宪政民主"，以西方的政治学说作为理论基础，鼓吹"三权分立"、军队国家化、议会民主、多党制，其本质是自由主义、实用主义、形式主义、多元主义。西方"宪政民主"的话语体系一元化，认为自己是真理，别的国家的发展经验得不到认可；新自由主义不是纯学术、非意识形态的东西，它自产生以来经过不断完善，逐渐从实证地解决现实问题的理论演变成在经济理论外衣掩盖下实现国际垄断资产阶级利益的意识形态话语和政策工具，其目的是强化压迫本国工人阶级、奴役第三世界和颠覆社会主义，取得资本扩张、利润最大化的绝对自由，实现美国的世界霸权，成为新时期资本主义制度的代言人；历史虚无主义以否定人民革命和社会主义建设成就的历史为重点，披着"还原真相""反思历史""批判现实"的外衣而具有很强的欺骗性、迷惑性、鼓动性。随着历史虚无主义的不断泛起，马克思主义指导思想的一元化地位不断受到冲击，意图使马克思主义滑向"失语"和边缘化的境地。

形形色色的社会思潮以学术化的面目出现，以"非意识形态化""意识形态终结"的观点作为辅助，实际上是在贩卖资本主义的意识形态，对其他国家进行价值观输出和意识形态渗透，妄图实现西方资本主义长期的霸权统治。多样化社会思潮并存不可避免地与我们坚持马克思主义一元化指导地位产生矛盾。这些社会思潮的传播对我国民众产生了巨大影响，有的人逐步放弃了马克思主义的理想信念，转而信奉这些社会思潮，对此，我们要有清醒的认识。毛泽东指出："正确的东西总是在同错误的东西作斗争的过程中发展起来的。真的、善的、美的东西总是在同假的、恶的、丑的东西相比较而存在，相斗争而发展的。当着某一种错误的东西被人类普遍地抛弃，某一种真理被人类普遍地接受的时候，更加新的真理又在同新的错误意见作斗争。这种斗争永远不会完结。这是真理发展的规律，当然也是马克思主义发展的规律。"[①]因此，我们要用科学的、彻底的马克思主义话语回击西方意识形态渗透，与各种错误思潮开展针锋相对的批判性对话，在思想观点的交锋中开拓和巩固自己的话语空间，确立自己的主导地位。

四、不利于抵制西方和平演变

对于社会主义国家和无产阶级政党来说，马克思主义话语权在一定意义上意味着生存权。苏联解体、东欧剧变的一个重要原因就是放弃了马克思主义在意识形态领域的指导地位，丧失了意识形态话语权，最终亡党亡国。苏共最后一任总书记戈尔巴乔夫接受西方社会的思维方式，用抽象的人性论替代现实的政治斗争，造成反马克思主义思潮在苏联的大肆泛滥，导致苏联共产党丢失了意识形态上的领导权和话语权，进而失去了执政地位。苏联解体、东欧剧变使西方国家的和平演变战略取得了很大的成效，于是变本加厉采取更加多样、更加隐蔽的手段进行"西化""分化"活动。可以说，和平演变战略是西方敌对势力对社会主义国家的既定战略，进行意识形态领域的渗透是和平演变的主要手段。中国作为当今世界上最大的社会主义国家，一直是以美国为首的西方国家进行和平演变与遏制的主要对象。

和平演变的策划者——美国前国务卿杜勒斯早就说过：人的脑子、人的意识是会改变的。只要把脑子弄乱，我们就不知不觉地改变人们的价值观念，并迫使他们相信一种经过偷换的价值观念。因此，意识形态领域的"东

---

① 《毛泽东文集》第7卷，人民出版社1999年版，第230—231页。

西冲突""南北战争"从未停止过，西方敌对势力利用和平演变"亡社会主义之心"不死。当今时代，西方敌对势力越发对和平演变迷恋不已，由点到面、由间接到直接、由间或到经常进行意识形态渗透。西方国家花费重金，打造自己的学者、智库和网站，培育自己的思想理论精英，各种反马克思主义、反社会主义、赞美资本主义的思潮通过图书、报纸、网络、电影等途径大量输入中国。西方国家带有渗透性、吸引力的诱惑和忽悠，很容易使浑然不知的人们特别是缺乏理性判断的青年一代不自觉地仰视西方，对西方和平演变失去"甄别力""免疫力"，导致人们思想的混乱，最终危及党的执政地位。

值得警醒的是，现实中一部分人认为西方的一切都是好的，贬低、抹黑中国，这些人既不传承中华优秀传统文化，也不接受社会主义核心价值观；既不客观评价社会中的现实问题，也不主动掌握社会发展规律；既看不到中国改革开放取得的巨大成就，也看不清西方资本主义必然灭亡的命运。这样一种妄自菲薄的心态，导致的是信仰、信念、信心的不坚定，弱化了当代中国马克思主义话语权威。不能及时反馈国内民众对党执政安全的关切，削弱了民众对中国共产党执政能力的信任和马克思主义话语体系的自信。西方敌对势力通过加快实施和平演变战略，其用意在于动摇马克思主义在我国的指导地位。在计划经济体制时期，我们形成了自上而下的高度集权的政治体制模式，虽然造成了权力过于集中、以党代政等弊端，但是这种政治体制模式客观上却也加强了执政党的执政地位，达到了社会整合的目的。随着社会主义市场经济的发展，西方国家价值观念大量涌入，冲击着中国人民的马克思主义信仰和中国特色社会主义共同理想，人民群众对中国共产党领导的多党合作和政治协商制度的执政方式产生怀疑、不满和攻击。加之腐败问题时有发生和官僚主义作风滋生蔓延，在一定程度上动摇了党执政的群众基础。随着改革开放的不断深入和经济的持续增长，我国社会、经济、文化等诸多领域出现了一些问题，如生态环境恶化、失业人数增多、自然资源不足等。西方国家针对这些问题肆意歪曲和加以夸大，导致马克思主义的引领力、主导力大幅下降，一部分人倒向了西方，大肆推崇资本主义价值观。

第三节　马克思主义话语弱化的主要原因

造成特定场域中的马克思主义话语弱化甚至失语的原因是多方面的，既有经济因素、政治因素、文化因素、社会因素、人的因素等根本原因，也有话语发展、话语形式、话语转化、话语表达、话语习惯、话语思维等方面的直接原因。对造成马克思主义话语弱化甚至失语的原因进行深入研究，无疑是解决巩固和提升马克思主义话语权问题的基本前提，关系到我国意识形态安全的重大理论和现实问题。

一、马克思主义话语弱化的根本原因

（一）市场经济带来的价值观多元化

改革开放前，我国主流意识形态的表达方式运用的是计划经济体制下的话语体系，如"资源调配""超额完成指标""阶级斗争""抓革命，促生产"等。整个国家在价值观层面提倡爱国主义、集体主义和无私奉献精神，个人利益服从集体利益、地方利益服从中央利益、局部利益服从整体利益、眼前利益服从长远利益成为全社会共同的价值取向。社会主义市场经济体制下，与之相适应，新的话语体系相伴而生，如"市场体系""资源配置""政府调控""经济效益""依法治国"等。市场经济不仅是一种经济形态，也是一种价值体系，为我国主流意识形态建设注入了新的发展动力，催生了一系列适应新时代要求的道德观念和价值规范。这种市场经济影响下的价值观念成为人们思想观念的一部分，丰富了社会主义意识形态的内容，使整个社会的意识形态带有浓厚的市场经济色彩。个人追求合法利益的理念与行为得到空前彰显和认可，只要不违反国家法律法规，追求个人利益被认为是正当的。但是市场经济本身的弊端和弱点以及在市场经济实践中产生的矛盾和冲突，对我国马克思主义话语权的巩固与提升，也对马克思主义大众化的推进，产生了难以避免的负面作用。

市场经济追求利益最大化的商业原则，一定程度上助长了拜金主义、享乐主义、个人主义等价值观的滋生，部分社会成员只关注自身的物质利益，而漠视具有全局性、长远性的社会政治、法律、道德、文化等方面的建设。随着对外开放的深入，中西文化交流碰撞成为日常，西方主导的"中国经济威胁论""中国政治威胁论""中国军事威胁论""中国空间威胁论"等不绝于耳，造成人们在理想信念、价值取向、文化认可等方面产生了一定程度的困惑、混乱，影响了人们对马克思主义的认知认同，弱化了马克思主义话语权。

市场经济体制的变革使社会结构也发生了深刻变化。众多新的利益群体和社会阶层出现，利益关系由简单变得复杂，利益诉求由单一变得多样，进而导致利益主体之间的矛盾和利益诉求背后的价值观的差异拉大。利益格局的调整引起思想观念的深刻变化，就会出现不同群体的人讲不同的话语，拥有不同程度的话语权。与多种所有制经济相适应，思想领域采取"一元主导、多元共存"的兼容发展。"一元"就是我国以马克思主义为唯一指导思想，坚持主流意识形态的一元导向。"多元"是指主流意识形态领域有足够的包容性，尊重不同的声音和意见，允许人民利益诉求的多元化。但是，"多元共存"并不是在意识形态上放任自流，更不是在指导思想上搞多元化。民众思想观念的多元化、差异化和碎片化，对执政党意识形态整合功能提出新的挑战和要求。

（二）东西方的文化差异

话语是文化的表达方式，体现着一定的文化价值取向。没有文化的话语是肤浅的、苍白的、无力的，没有一定的文化作为背景资源，话语只能是一种声音。文化的作用是广泛的，既有宏观的作用，又有微观的作用。文化可以增强国家的软实力，增强民族凝聚力，还可以提高公民的文化素质、增强公民抵御腐朽思想文化的能力。同时，人们还可以通过文化活动、文化产品等，倡导积极健康的生活方式。通过先进文化、和谐文化的建设，巩固和提升马克思主义的话语权。

鸦片战争以来，西方列强凭借坚船利炮打开了中国的大门。而今，西方国家妄图用文化霸权再次打开中国的大门。文化传播途径是话语实施的重要方式。美国及一些西方国家妄图通过资本主义的文化扩张削弱马克思主义意识形态话语权。西方国家实施文化扩张，就是抬高本国的文化，贬低其他文化，试图实现"全球文化一体化"。西方文化扩张具有明显的排他性，其实质就是一种西方中心主义，表现在意识形态领域就是宣扬西方的民主观、自由观、人权观等适用于全人类，推行到全世界。进入 21 世纪，西方国家的文化扩张途径日益多样化。一是文化传媒途径，如除通过美国大片给人带来感官的刺激外，还极其隐蔽地渗透着个人英雄主义，美国的责任和使命潜移默化地引导人们对美国的崇拜；二是文化产品途径，如美国迪士尼、好莱坞等通过文化产品出口渲染西方文化；三是会展业途径，如通过美术展、摄影展、文化博览会等形式传播文化；四是社会交往途径，如通过旅游、休假、探亲访友等方式，让人自觉或不自觉地受到西方生活方式的熏陶，淡化本民族的价值观念。西方国家通过这些方式将资本主义价值观渗透到我国人民大众的精神世界的同时，也向中国化的马克思主义话语体系发起挑战。

以影视为例，美国大片大举登陆我国市场，亿元的票房令人瞠目。相比之下，中国电影在西方的影响力十分有限。美国大片投放到中国市场，票房收入动辄几亿、十几亿甚至几十亿美元，而中国影片在西方国家的票房收入却不尽如人意。《泰囧》在中国上映的票房高达 2 亿美元，而在美国上映仅仅收入 5.7 万美元。《让子弹飞》在中国大陆收入 1.11 亿美元票房，但在美国仅获得 6.3 万美元票房收入。这从侧面反映了中国文化的国际影响力还远远不够，文化产业的国际竞争力还有较大的提升空间。"西强我弱"的文化劣势不仅使中国民众极易受到西方文化产品的冲击，而且会给中国民众在政治取向、价值导向、制度认同、话语构建等方面带来深层次的负面冲击。

"文化自信，是更基础、更广泛、更深厚的自信。在 5000 多年文明发展中孕育的中华优秀传统文化，在党和人民伟大斗争中孕育的革命文化和社会主义先进文化，积淀着中华民族最深层的精神追求，代表着中华民族独特的精神标识。"[①] 中国有 5000 多年文明发展历史，各族人民共同创造出源远流长、博大精深的中华文化，中华文化有自己的优缺点和"荣耀—衰落—复

---

① 《习近平谈治国理政》第 2 卷，外文出版社 2017 年版，第 36 页。

兴"的发展逻辑。中华优秀传统文化中蕴含着丰富的人文思想，比如"关于道法自然、天人合一的思想，关于天下为公、大同世界的思想，关于自强不息、厚德载物的思想，关于以民为本、安民富民乐民的思想，关于为政以德、政者正也的思想，关于苟日新日日新又日新、革故鼎新、与时俱进的思想，关于脚踏实地、实事求是的思想，关于经世致用、知行合一、躬行实践的思想，关于集思广益、博施众利、群策群力的思想，关于仁者爱人、以德立人的思想，关于以诚待人、讲信修睦的思想，关于清廉从政、勤勉奉公的思想，关于俭约自守、力戒奢华的思想，关于中和、泰和、求同存异、和而不同、和谐相处的思想，关于安不忘危、存不忘亡、治不忘乱、居安思危的思想"①。正如二十大报告所指出的："中华优秀传统文化源远流长、博大精深，是中华文明的智慧结晶，其中蕴含的天下为公、民为邦本、为政以德、革故鼎新、任人唯贤、天人合一、自强不息、厚德载物、讲信修睦、亲仁善邻等，是中国人民在长期生产生活中积累的宇宙观、天下观、社会观、道德观的重要体现，同科学社会主义价值观主张具有高度契合性。"②中华优秀传统文化不仅为中华民族的发展壮大提供了强大的精神力量，而且也为我国马克思主义话语体系建设保留了一笔宝贵的文化遗产。当然，中华文化也存在很强的保守性和封闭性、理论思维相对薄弱、唯经唯圣等缺点，正是中华文化的优点促进了马克思主义与中国社会的结合，而中华文化的弊端则倒逼马克思主义中国化历史进程的加速。

随着改革开放和社会主义市场经济的发展，我国呈现出现代文化与传统文化、本土文化与外来文化、先进文化与落后文化等多元文化并存的局面。文化多元化最根本的是价值观念和思想意识的多元化，在全球化浪潮的冲击下，我国传统文化价值观所倡导的核心观念以及社会主义核心价值观都受到了很大的冲击。在文化多元化、价值观念多元化的当代世界，如何提升我国社会主流意识形态话语权，从而实现人民群众对我国主流价值观念的真正认

---

① 《习近平著作选读》第 1 卷，人民出版社 2023 年版，第 278 页。
② 《习近平著作选读》第 1 卷，人民出版社 2023 年版，第 15 页。

同，是我国社会主义文化建设的艰巨任务。

（三）马克思主义理想信念问题

习近平曾形象地说：理想信念是共产党人精神上的"钙"，没有理想信念，或者理想信念不坚定，精神上就会"缺钙"，就会得"软骨病"，就可能导致政治上变质、经济上贪婪、道德上堕落、生活上腐化。[①] 他还强调："理想信念动摇是最危险的动摇，理想信念滑坡是最危险的滑坡。一个政党的衰落，往往从理想信念的丧失或缺失开始。"[②] 当今社会，有关马克思主义理想信念的问题突出表现在：

一是理想信念存疑。面对发展中遇到的种种困难和问题，有人提出"中国特色社会主义到底能干多久"的疑问，这是典型的理想信念存疑的表现。如果心存这样的疑问，心中缺乏"定海神针"，在"举什么旗、走什么路"的问题上就会犯糊涂，就不能保持头脑清醒，在应对西方和平演变时就会思想混乱，导致对中国特色社会主义道路自信、理论自信、制度自信、文化自信的不坚定。正如习近平所指出的："国内外各种敌对势力，总是企图让我们共产党改旗易帜、改名换姓，其要害就是企图让我们丢掉对马克思主义的信仰，丢掉对社会主义、共产主义的信念。"[③]

二是理想信念滑坡。之所以会出现理想信念滑坡，是因为放松了对主观世界的改造，没有树立起马克思主义正确的世界观人生观价值观，造成革命意志的衰退、政治理想的退化、斗争精神的匮乏。理想信念滑坡的危害是巨大的，理想信念滑坡是最危险的滑坡，对党员干部来说，思想上的滑坡是最严重的病变。习近平深刻指出："'总开关'没拧紧，不能正确处理公私关系，缺乏正确的是非观、义利观、权力观、事业观，各种出轨越界、跑冒滴漏就在所难免了。"[④]

① 《习近平关于协调推进"四个全面"战略布局论述摘编》，中央文献出版社 2015 年版，第 131 页。

② 《习近平谈治国理政》第 2 卷，外文出版社 2017 年版，第 34 页。

③ 《习近平谈治国理政》第 2 卷，外文出版社 2017 年版，第 327 页。

④ 《十八大以来重要文献选编》中，中央文献出版社 2016 年版，第 94—95 页。

三是理想信念"异化"。以往我们只是注重要求人们"信仰"马克思主义，没有要求人们"信仰"之后，还要从心里"信服"马克思主义，使马克思主义成为内心坚定的"信念"。理想信念的不坚定就会造成理想信念"异化"，有的党员干部不信马克思主义，反而相信风水先生；不信社会主义，反而相信资本主义；不信党组织，反而相信"小圈子"；不信为人民服务，反而相信为人民币服务。这些都是理想信念"异化"的表象，久而久之，就会危害党的事业、危及国家安全、损害人民群众的根本利益。

二、马克思主义话语弱化的直接原因

（一）话语发展与实践发展的不同步性

恩格斯曾指出："我们的理论是发展着的理论，而不是必须背得烂熟并机械地加以重复的教条。"[①] 理论与实践是辩证统一的。同样，话语与实践也是辩证统一的。因为人的认识运动是不断反复和无限发展的，从实践到认识，再从认识到实践，如此实践、认识、再实践、再认识，循环往复以至无穷，一步步地深化和提高，这就是认识发展的总过程。"马克思主义是随着时代、实践、科学发展而不断发展的开放的理论体系，它并没有结束真理，而是开辟了通向真理的道路。"[②] 对新事物的认识需要一个过程，这个过程决定了马克思主义理论的发展不可能与社会实践完全同步，马克思主义话语是理论真理性的承载形式和充分彰显，必然随着理论的进步而不断进步，这意味着马克思主义的话语发展与实践发展也存在一定的时间差。

改革开放以来，随着中国特色社会主义伟大实践的不断深入，中国共产党人对共产党执政党规律、社会主义建设规律、人类社会发展规律有了更深刻的认识，这为马克思主义话语体系的建设奠定了坚实基础。与此同时，社会分配不公、收入差距较大、环境污染严重、社会不稳定因素增多、社会治理能力现代化程度相对滞后等新情况、新问题不断涌现。同改革开放的伟大

---

① 《马克思恩格斯选集》第 4 卷，人民出版社 2012 年版，第 588 页。
② 习近平：《在哲学社会科学工作座谈会上的讲话》，人民出版社 2016 年版，第 13 页。

实践相比，马克思主义对国内一些重大现实问题还缺乏新的总结，马克思主义话语还缺乏实践基础上的及时更新，还不能为解释当前出现的新问题、新情况提供丰富完整且有说服力的理论供给和话语资源。对于这些问题的回答如果简单套用马克思主义书本中的原话或者盲目照搬西方话语体系，势必引起理论和思想上的混乱。

面对新的形势，"马克思主义理论研究还跟不上时代前进的步伐，存在着说服力和吸引力不强的问题，甚至导致非马克思主义的东西乘虚而入"①。马克思主义话语权的巩固提升与现实问题紧密相关，广大人民群众最关心的往往是一些看得见、摸得着的具体问题。因此，马克思主义话语体系的时代性建设不仅要回答改革开放中的宏观问题，也要注重回应老百姓关切的具体的现实问题。然而，恰恰在这些具体问题上，马克思主义的发声还不够响亮、回答还不够彻底，说服力不强，缺乏话语穿透力。我们曾经片面地把马克思主义书本上的理论生搬硬套到生动鲜活的社会实践上，其实际效果不尽如人意。正如列宁所说："只有当概念成为在实践意义上的'自为存在'的时候，人的概念才能'最终地'抓住、把握、通晓认识的这个客观真理。"②在新的时代条件下，正确的做法是既要关注话语产生的理论逻辑，又要结合话语发展的现实逻辑，自觉地将马克思主义与中国正在进行的中国特色社会主义现代化建设的伟大实践相结合，与时俱进地发展马克思主义话语。习近平在庆祝中国共产党成立95周年大会上指出："我们要以更加宽阔的眼界审视马克思主义在当代发展的现实基础和实践需要，坚持问题导向，坚持以我们正在做的事情为中心，聆听时代声音，更加深入地推动马克思主义同当代中国发展的具体实际相结合"③。马克思主义话语体系只有与社会实践紧密结合，源源不断地创造出理论联系实际的鲜活话语，才能真正为人民群众所认同和接受，从而牢固确立马克思主义话语体系的主导权。

---

① 《十六大以来重要文献选编》中，中央文献出版社2006年版，第50页。
② 《列宁全集》第55卷，人民出版社2017年版，第181页。
③ 《习近平谈治国理政》第2卷，外文出版社2017年版，第34页。

（二）话语方式与群众需求的脱节

马克思主义中国化的一条基本经验就是：马克思主义的传播应立足于人民群众。马克思主义是为无产阶级说真话的理论体系，具体到中国就是让马克思主义讲"中国话""时代话""大众话"，为人民群众所掌握和运用，将马克思主义理论和人民群众紧密地联系在一起。当前，我国文盲半文盲的数量大幅下降，但是国民的整体素质还有待提高。马克思主义话语简洁有力、通俗易懂才能符合人民群众的接受规律和价值诉求。习近平指出："群众的思想最鲜活、语言最生动。深入群众，你就来到了智慧的大课堂、语言的大课堂，我们的文件、讲话、文章就可以有的放矢，体现群众意愿，让群众愿意看、看得懂，愿意听、听得进。"①

话语方式是决定话语效果的关键因素。话语的大众化、生活化是话语体系成熟的主要标志。在封建社会，儒家学说既是官方的主导话语，也是社会的流行话语，既是统治阶级的官方话语，也是百姓的生活话语。这说明理论和大众话语之间并不存在不可逾越的障碍。用通俗的语言诠释理论，实际上也是一种再创造。理论要成为具有号召力的话语，必须让理论说"大众话"，否则很难上升为一种话语权力，无法产生强有力的话语力量。马克思主义是无产阶级的理论和话语，是共产党人的话语。如果马克思主义理论仅停留在经典作家的书本中，没有被人民群众所掌握，那么它就不能成为变革世界的物质力量，也就不能够深刻改变中国。在今天，要实现马克思主义中国化时代化大众化就必须借用日常语言，摆事实、讲道理，使理论由深奥到通俗、由抽象到具体，符合大众思维，为大众所掌握。

抽象的话语方式是马克思主义经典理论走向大众的一道障碍。马克思主义的学术话语要为人民群众所接受和掌握，就必须采用打比方、举例子、讲故事的方式，采用人民群众熟悉的话语形式，让人民群众切实感受到马克思主义的亲和力，内化为人民群众的思维方式，外化为人民群众的生活方式、行为方式，实现马克思主义理论话语与人民群众大众话语的融合，跨越"下

---

① 《十七大以来重要文献选编》中，中央文献出版社 2011 年版，第 676 页。

里巴人"与"阳春白雪"的鸿沟。这样的方式才能"上连天线下接地气"。越是贴近生活，越是通俗易懂，越能够走进人民群众心田，真正入耳入脑入心，马克思主义才能"飞入寻常百姓家"。不同的受众具有多样化、不同层次的需求与思维习惯，因此话语形式应从受众角度出发，与受众的需求相适应。比如，针对普通群众，要善于讲大白话、大实话，用通俗的大众话语解惑答疑，用聊天、谈心的方式深入浅出。针对党员领导干部，应采取严肃认真的话语方式。"不管级别有多高，谁触犯法律都要问责，都要处理，只有严肃查处腐败，刮骨疗毒，才能使我们的党更加强大、使党的肌体更加健康。对巡视发现的问题，该查处的就查处，该免职的就免职。发现问题要及时跟进，有问题、有漏洞就要堵塞"①。"专题民主生活会和组织生活会敢于揭短亮丑、真刀真枪、见筋见骨，点准了穴位、戳到了麻骨，开出了辣味，起到了脸红心跳、出汗排毒、治病救人、加油鼓劲的作用。"②针对年轻人，应循循善诱，鼓励青年用实际行动圆青春梦想。青年兴则国家兴，青年强则国家强，在创新话语体系时应重视青年的特征，为中国话语体系建设增添活力。

（三）主导者的话语转化能力不足

话语传播者"编码"和话语接受者"解码"的辩证统一过程构成了话语沟通。话语接受者在话语沟通过程中可以发挥主观能动性，可以选择接受或者不接受话语传播者的话语，还可以给予评价和反馈，这对话语传播者提出了新要求。话语传播者要充分注重话语接受者的利益诉求、认知水平、接受能力等因素，不断提高话语转化能力。通过话语转化，话语传播者和接受者实现双方理解、交互、一致，实现对马克思主义话语的理解与认同。

中国共产党人是马克思主义理论的践行者和马克思主义话语的主导者，具体的话语转化任务就自然落到了党的各级党员干部身上。当前，作为话语主导者的党员干部，部分地存在话语转化能力欠缺的问题。现实中，有些党员干部立场不坚定、认识不到位，话语方式以"假大空长"为主；有些党员

---

① 《习近平关于全面从严治党论述摘编》，中央文献出版社2016年版，第179页。
② 《十八大以来重要文献选编》中，中央文献出版社2016年版，第87页。

干部自说自话式地灌输和宣传党的路线方针政策，而对民众关心的热点话题置之不理；有些党员干部缺乏抽象思维和学理分析，仅停留在文本宣传和政策宣讲的层面；有些党员干部仅仅停留在阐述经典著作，忽视理论与实践的紧密对话。

一是认识不足，思维方式没有与时俱进。新媒体的影响力不容忽视，但是有些党员干部并没有认识到这一问题，不少党员干部的思维方式还停留于传统媒体时代，对新媒体不接触、不了解、不回应，或者回应不充分、不及时的现象普遍存在。二是运用不够，不善于与新媒体打交道。错误的观念导致错误的行为，有些党员干部在与新媒体打交道时，态度傲慢、方式单一，甚至逃避排斥，表现出不知所措、傲慢无礼等形象，套话、假话、雷语、哑语时有发生，在被追访时习惯说"无可奉告"，将真相掩藏起来。三是定位不准，自说自话地作灌输式宣传。现实中，有些党员干部定位偏差，他们的认识还停留在"我说你听"或者"我们说你们听"的阶段，仍然保持高度政治化的风格，官腔十足，互动不足。四是技能欠缺，缺乏对网络舆情的把控能力。新媒体改变了原来的舆论引导格局，打破了传统媒体的"话语权"垄断。有些党员干部在引导网络舆情方面存在"本领恐慌"，仍习惯于"封堵瞒压"，误把"舆情"当"敌情"，采取忽视和消极应对的态度，不肯说、不快说、不说真话，出现"拖、压、捂、盖"等现象，致使一些小事件演变为大事件。这样的结果是公权力的公信力受损，甚至有可能陷入"塔西陀陷阱"，最终导致社会矛盾激化，影响社会和谐稳定。话语转化能力的不足，不仅对人民群众产生消极影响，致使党的群众基础松散，而且不利于党的执政能力提升。

（四）话语的表达过于程序化和说教化

西方话语借助电影、电视、小说等大众形式，口头上强调"价值中立"，遮蔽其阶级属性和价值诉求，容易让人们对西方话语及其背后的资本主义价值观产生亲和力和认同感。相比之下，马克思主义理论的话语承载形式相对单一，一般表现为深奥的、晦涩的、难懂的理论话语和政治话语。较多采用"标语式""口号式""号召性"的话语形式传播马克思主义和党的理论创新，给人一种从理论到理论、从书本到书本的刻板化说教印象，这种看似"高、大、上"的理论灌输和僵硬死板的学院式说教，远离人民群众的现实生活，缺乏应有的生活气息，使马克思主义理论与人民群众之间产生了心理距离和隔阂。

过于程序化和说教化的书斋式话语与人民群众的日常话语和认知水平相去甚远，无法激起人民群众学习马克思主义的兴趣。马克思主义亲和力、感染力有待增强，这突出表现在：一是西方话语采取"做得最好的宣传最不像宣传"的策略，掩盖了其资本主义意识形态性，赢得了不少民众的认同。与之相比，我们的话语意识形态性过于突出，政治味道过浓，人们会潜意识地与政治议题保持距离。二是西方话语习惯采用娱乐化的姿态，我们的话语却过于严肃、过于庄重、过于严谨，缺少活泼生动之感，极易产生隔阂。正如列宁所说："社会民主党人应当善于用简单、明了、群众易懂的语言讲话，坚决抛弃难懂的术语，外来语，背得烂熟的、现成的但是群众还不懂、还不熟悉的口号"[1]。"通俗作家应该引导读者去深入地思考、深入地研究，他们从最简单的、众所周知的材料出发，用简单的推论或恰当的例子来说明从这些材料得出的主要结论，启发肯动脑筋的读者不断地去思考更深一层的问题。"[2] 三是话语内容僵化、抽象、单一。我国意识形态宣传体系"内外有别"，对外是以宣传改革开放和传统文化为重点，对内则以宣传马克思主义和中国特色社会主义为重心，这在一定程度上弱化了马克思主义话语的国际影响力。加之，中外语言文化的差异也削减了马克思主义话语的传播力和穿透力，比如"精髓""核心"等话语翻译出去后，外国的一些学者不能完全理解其内涵与区别，进而降低了马克思主义话语的宣传质量。

（五）话语习惯未能贴近日常生活

列宁曾指出，马克思主义者必须考虑生动的实际生活，必须考虑现实当代确切事实，而不应当抱住昨天的理论不放，因为这种理论和任何理论一

---

① 《列宁全集》第 14 卷，人民出版社 2017 年版，第 89 页。
② 《列宁全集》第 5 卷，人民出版社 2013 年版，第 322 页。

样，至多只能是指出基本的、一般的东西，只能大体上概括实际生活中的复杂情况。长期以来，我国注重通过思想政治教育、大政方针宣讲等构筑马克思主义话语权。在一定程度上忽视了从日常生活中汲取素材，很少有把马克思主义融入日常生活的做法，这有违马克思主义大众化的根本目标和宗旨。

马克思主义经典著作内容深奥、语言抽象，即使对于马克思主义研究者来说，专业性也较强。对于高校的青年学生来说，没有专门的指导，很可能是一知半解。对于广大人民群众来说，由于受限于文化层次，更是难以完全理解。如果马克思主义话语只是一些复杂概念，枯燥论证，马克思主义话语表达，高高在上的姿态只会使普通大众避而远之。当前，像艾思奇《大众哲学》这一类面向大众的读物并不多，马克思主义理论的研究成果大多是面向马克思主义专家学者及高校学生，很难吸引普通大众的目光。一些部门往往守着话语的权威和优势，虽然在马克思主义大众化方面做了很多工作，但是广大人民群众也有自己的话语氛围，双方各说各话，难以共通共融。人民群众普遍认为马克思主义的门槛过高，很多理论成果还是小范围和单向度的。如果马克思主义话语习惯不贴近日常生活，就谈不上被人民群众掌握和运用。正如毛泽东《在延安文艺座谈会上的讲话》中指出的："许多同志爱说'大众化'，但是什么叫做大众化呢？就是我们的文艺工作者的思想感情和工农兵大众的思想感情打成一片。而要打成一片，就应当认真学习群众的语言。如果连群众的语言都有许多不懂，还讲什么文艺创造呢？英雄无用武之地，就是说，你的一套大道理，群众不赏识。"[1]邓小平也说："马克思主义是很朴实的东西，很朴实的道理。"[2]好的理论研究成果不应该只给少数人看，更应该成为人民群众的精神力量，让人民群众接收到新思想，清楚支持什么反对什么，丰富人民群众的精神世界，满足人民群众的精神需求。

人民群众的语言是丰富的、活泼的、最贴近生活实际的，是马克思主义

---

① 《毛泽东选集》第 3 卷，人民出版社 1991 年版，第 850—851 页。

② 《邓小平文选》第 3 卷，人民出版社 1993 年版，第 382 页。

话语体系建设的思想源泉和语料库。如果仅仅用书本语言，人民群众很难理解和接受。只有把马克思主义理论用百姓喜闻乐见的方式讲明白，用简单质朴的语言讲清楚，反映人民群众普遍关注的民生问题，才能深入浅出、以情动人、以情感人。"必须努力把理想信念和思想道德的宣传教育的理论性，与人民群众日常工作和生活的实践性统一起来。也就是说，理论武装也好，思想政治工作也好，道德教育也好，都不能脱离我国社会经济和社会发展的现实，都不能脱离广大人民群众的实际生活，而应该努力做到形式多样，生动活泼，为群众喜闻乐见，能够回答群众中存在的思想认识问题，能够在群众的工作和奋斗中不断发挥精神支柱的巨大作用。"①可见，当前在宣传马克思主义时所采用的话语习惯没有很好地贴近日常生活是造成马克思话语弱化的原因之一。

纵观中国共产党的历史，党的历届领导人的话语内容及其风格向我们生动呈现了马克思主义话语体系建设的鲜活案例，发挥了巩固和提升马克思主义的重要作用。如毛泽东用"十月怀胎，一朝分娩"说明在问题解决中调查研究的重要性，用"想变革梨子就得知道梨子的滋味，亲口吃一吃梨子"说明实践与理论的关系；邓小平用"摸着石头过河"阐述改革开放的探索，用"黑猫白猫论"说明实践标准的重要性和科学性；习近平提出的"绿水青山与金山银山""鞋子合不合脚，自己穿了才知道""打铁还需自身硬""钙"与"软骨病"，等等，都是采用接地气的方式生动地表达马克思主义理论。毋庸置疑，这种来自日常生活的话语方式，更容易让群众明白和信服。

（六）话语思维受西化思想渗透干扰严重

冷战结束后，西方国家加紧对我国实施西化分化战略，他们采取各种手段，通过各种途径，不断对我国渗透西方的民主、自由、平等、人权等观念。伴随着我国改革开放的不断深入，西方价值观在我国的影响也在不断扩大。20世纪80年代中期，西化思潮在中国大陆兴起，部分学者认为西方文明促进了全球经济的快速发展和全球财富的快速增长，主张走西方的现代化

---

① 《十五大以来重要文献选编》中，人民出版社2001年版，第1587页。

道路。然而，社会公平失衡、贫富不均、种族歧视等问题凸显，西方的现代化具有明显的缺陷，是资源过度消耗和环境恶化的现代化。到了20世纪90年代，在反思西方现代化道路的基础上，中国兴起国学热，马克思主义作为指导思想存在的同时，西化思潮和新儒家思潮并存，形成了一元指导、三足鼎立的态势。在西方价值观影响下，一些人往往带着西方式的偏见来看待中国特色社会主义事业。在这个过程中，他们总发出一些与党和政府不同的声音，诸如"全盘西化论""改革失败论"等论调，误导民众，引起思想上的混乱。

"世界范围内社会主义和资本主义在意识形态领域的斗争和较量将是长期的和复杂的，有时甚至是非常尖锐的。西方敌对势力把中国作为意识形态的主要对手，对我实施西化、分化的图谋不会改变。"[1]面对西方国家的和平演变战略，我们需要严加防范。但目前在应对西方和平演变战略方面的理论创新不足，一些理论工作者还不能主动应对出现的新问题，往往处于被动地位。面对一些错误观点时，一些理论工作者感到无力应对，甚至有人认为西方国家的民主、自由、人权等同样适合于中国，我们完全可以照搬西方的价值观和制度模式。

法国著名哲学家福柯曾指出，说什么并不重要，关键是谁在说，话语权的强弱往往是由说话者的地位所决定的。在国际话语场，话语的"主人"比话语的"内容"更引人关注，"谁在说话"比"说什么"更重要。西方发达国家凭借"话语霸权"，通过强大的经济、科技、文化优势，全方位地宣扬资产阶级意识形态，宣传反马克思主义、反社会主义的思想观念，通过他们的话语体系审视一切、衡量一切，推行西方模式、价值观念，影响和改变着中国民众的价值判断和行为选择，挤压着马克思主义的话语空间，在很大程度上削弱了马克思主义话语权。受西化思想的影响，"言必称希腊"成为民众流行的话语标签，体现了广大民众特别是年轻人崇洋媚外的媚俗心态。邓小平早就警告我们："一旦中国全盘西化，搞资本主义，四个现代化肯定

---

① 《十六大以来重要文献选编》中，中央文献出版社2006年版，第49页。

实现不了。"①

　　恩格斯曾说:"历史从哪里开始,思想进程也应当从哪里开始"②。习近平指出:"不忘本来才能开辟未来,善于继承才能更好创新。"③任何思想创新都意味着话语更新,也需要新的话语予以呈现。在有效应对话语思维西化严重的问题时,我们要在历史思维中推进主流话语的生成与创新。新时代中国的主流话语体系具有鲜明的历史传承性,在反思历史中摒弃霸权话语,在沉思现实中扬弃西方话语,在构想未来中打造新型国际关系,频提"亚太梦""一带一路""命运共同体"等风靡世界的中国对外原创话语。当代中国马克思主义话语体系和资本主义话语体系处在共存、博弈中,最终优胜的必然是能够落实全人类根本利益的话语体系。

　　① 《邓小平文选》第 3 卷,人民出版社 1993 年版,第 229 页。
　　② 《马克思恩格斯选集》第 2 卷,人民出版社 2012 年版,第 14 页。
　　③ 《习近平谈治国理政》第 1 卷,外文出版社 2018 年版,第 164 页。

第三章

用大众话语克服马克思主义失语

　　一切脱离人民的理论都是苍白无力的，一切不为人民造福的理论都是没有生命力的。面对马克思主义在有的领域边缘化、空泛化、标签化和"失语""失踪""失声"的现象，我们需要高度警惕、积极应对，用大众话语克服马克思主义"失语"。我们要站稳人民立场、把握人民愿望、尊重人民创造、集中人民智慧，逐步回归话语人民性的本质属性，从人民大众的话语需求出发，正确处理大众话语与政治话语、学术话语、传统话语、大众的话语的关系，创新马克思主义话语权提升的维度，进而巩固马克思主义中国化时代化大众化的群众基础，形成为人民所喜爱、所认同、所拥有的理论，使之成为指导人民认识世界和改造世界的强大思想武器。

第一节　马克思主义大众话语体系的基本特征

　　内涵的准确界定与外延的相关性认定是认知的第一步骤，在此基础上全面把握马克思主义大众话语体系的主要特点和基本规律，则是完整理解如何用大众话语体系克服马克思主义"失语"问题的需要。从系统思维出发进行考察，作为整体的马克思主义大众话语体系被赋予了许多系统性的特征，其中居于基本地位的有整体性特征、层次性特征、开放性特征、动态平衡性特征等。

一、整体性特征

整体性是系统论最为本质、最为鲜明的基本原理，整体性与系统性实质上是统一特质。钱学森说："系统就是由许多部分所组成的整体，所以系统的概念就是要强调整体，强调整体是由相互关联、相互制约的各个部分所组成的。系统工程就是从系统的认识出发，设计和实施一个整体，以求达到我们所希望得到的效果。"[①]作为系统存在的马克思主义大众话语体系，本身具有整体性和系统性的特质。也就是说，马克思主义大众话语体系相关要素须遵循一定的规律有机结合在一起，在相互竞争与融合的机制下运转，整体构筑起马克思主义大众话语体系。作为整体存在的马克思主义大众话语体系，具有各个独立话语所不具备的性质与功能，形成了新的话语系统的规定性。而马克思主义大众话语体系的全局视野是单个马克思主义话语要素所无法比拟和企及的，所表现出来的整体的性质和功能也绝非单个马克思主义话语要素的简单相加。因此，在马克思主义大众话语体系转化性建构中，首先要确立的整体思维和全局理念必然来自于系统整体性的基本特征。

二、层次性特征

层次性具有普遍的哲学意义。恩格斯在《自然辩证法》中根据当时的科学认识指出："物质按质量的相对的大小分成一系列大的、界限分明的组，每一组的各个成员在质量上各有一定的、有限的比值……目力所及的恒星系，太阳系，地球上的物体，分子和原子，最后，以太粒子，都各自形成这样的一组。"[②]任何系统都是由不同等级系列的子系统按照一定的序列有机组成，因而表现出纷繁的多样性和多层次性。层次性是一切系统最普遍的基本特征之一。系统及其结构的层次性特征反映了系统本身的规定性，即反映了

---

① 钱学森等：《论系统工程》，湖南科学技术出版社 1982 年版，第 204 页。
② 《马克思恩格斯全集》第 26 卷，人民出版社 2014 年版，第 643 页。

系统从简单到复杂、从低级到高级、从局部到整体的发展历程。所处的层次不同，其属性、结构、功能、行为等均不相同。任何系统都身兼系统与要素、整体与局部两个角色，因而马克思主义大众话语体系的层次性基本特征可以从内系统和外系统两个方面来理解。一方面是内系统，所谓内系统也就是系统内部，具体是指构成这一系统下一级的各个子系统。当作为高一级的系统时，马克思主义大众话语体系所包含的话语内容、话语主体、话语客体、话语形式、话语场域、话语习惯、话语逻辑等构成要素就成为低一级形式存在的子系统。这时的层次性主要体现在各个子系统地位的差异上，按照它们对马克思主义大众话语体系这一更高一级系统贡献的大小，可以将话语内容、话语主体、话语客体、话语形式、话语场域、话语习惯、话语逻辑等诸多子系统分为不同的等级和层次。另一方面是外系统，马克思主义大众话语体系外部系统的层次性，是相对于其所担负的角色地位而言的。将马克思主义大众话语体系放在整个马克思主义大众化的传播中，它又成为马克思主义话语体系之下低一级的子系统，主要承担起构筑马克思主义话语体系乃至马克思主义中国化时代化大众化等更高一级大系统要素的责任和功能。层次都是相对而言的，系统与要素、高级系统与低级系统的角色转换，正是体现了马克思主义大众话语体系的层次性这一基本特征。

三、开放性特征

世界是普遍联系的，现实中的系统都是开放的系统。系统的开放性表现为两个方面的要求，具体是指"在外部与社会环境系统进行着物质、能量和信息交换，即与其发生相互作用；在内部是各层次不断地发生相互作用，进行更迭代谢"[①]。马克思主义大众话语体系是一个内外兼修的开放体系，故步自封和闭门造车只会导致系统的萎缩和死亡。系统向外部开放是系统可以不断发展的前提，而系统内部开放则是维持平衡和稳定的需要。1945 年，贝塔朗菲在《德国哲学周刊》发文指出："开放系统的特性正是有机体具有不

---

① 李喜先等：《科学系统论》，科学出版社 2005 年版，第 17 页。

断做功能力的根据所在。"①马克思主义开放性的基本特质决定了其话语体系的开放性特征。马克思主义大众话语体系既要保持系统整体与所处实践环境间的能量交换和信息畅流，其系统内部之间也需要相互交流、互通有无、持续融合，以实现共同的发展和各自要素功能的最大发挥。外部的开放性能够吸收先进的经验和创新的动力，内部的开放性能够创造更加和谐的关系模式和运行机制，从而全面促使马克思主义大众话语体系在推进马克思主义中国化时代化大众化过程中功能发挥最大化。

四、动态平衡性特征

唯物辩证法认为，运动是绝对的，静止则是相对的，二者辩证统一。建立动静辩证统一哲学基础上的动态平衡性是指，由于外部环境因素的干预及内部结构调整的影响，系统在内外合力因素的制约下达到一定的稳定和平衡。这种平衡并非绝对的稳定，是一种相对的动态平衡，极易被打破或改变。马克思主义大众话语体系就是这样一种既稳定，同时又可以被打破或改变的动态平衡。马克思主义认为，运动是事物的存在方式。对于马克思主义大众话语体系的构成要素而言，在话语内容、话语主体、话语客体、话语形式、话语场域、话语习惯、话语逻辑等内部也是以运动的方式而存在，一旦停止运动也就意味着自身的消亡。随着时代的发展和形势的日益变化，现有的马克思主义大众话语内容、大众话语主体、大众话语客体、大众话语形式、大众话语场域、大众话语习惯、大众话语逻辑等受到越来越多的挑战，作为整体存在的马克思主义大众话语体系发挥的作用与日俱增。同时，也处于不断变动之中。为适应新形势的需要，马克思主义大众话语体系必须进行内部结构的重新洗牌和动态调整，从而实现新的平衡。一言以蔽之，马克思主义大众话语体系在不断的动态调整中实现所需的自身平衡。

---

① 转引自魏宏森、曾国屏:《系统论——系统科学哲学》，清华大学出版社 1995 年版，第 228 页。

值得注意的是，分析马克思主义大众话语体系基本特征的内在逻辑性，可以知道，它们并非彼此孤立，而是相互紧密联系的。马克思主义大众话语体系的整体性与层次性相向而生、相互依存，是一对不可分割的矛盾体；开放性来源于相互联系的原理，正是整体性与层次性才为马克思主义大众话语体系的系统与系统、系统与要素之间发生关系提供了前提；马克思主义大众话语体系动态平衡性是基于开放系统而言，没有马克思主义大众话语体系的开放性，就谈不上相互交流基础上产生的动态平衡性。此乃马克思主义大众话语体系基本特征复杂的内在逻辑关系。

第二节　马克思主义大众话语体系的主要功能

马克思主义大众话语体系兼具大众信息传达功能、大众诉求承载功能、大众理论转化功能、大众价值引导功能、大众文化传承功能等主要功能。基于这些基本特征和主要功能，马克思主义大众话语体系是马克思主义与大众间的桥梁和纽带，是克服特定场域中的马克思主义话语弱化甚至失语的全新出路，能够实现马克思主义掌握大众及大众掌握马克思主义的双重功效。

一、大众信息传达功能

在人民群众之间进行信息传递是话语体系的基本职能，也是马克思主义大众话语体系的主要功能体现。马克思主义大众话语体系的大众信息传递功能的实现，其逻辑起点在于不同话语主体之间对大量信息情况掌握的不对称性，这种信息的不对称性带来了信息传递的必要性，同时形成信息传递的可能性。凡是有人类居住的地方，交流和沟通就必然存在。在人类社会中，就个体与个体、个体与群体的关系而言，只有通过话语及话语体系才能发生"关系"，即通过不同的话语表达，形成话语体系，进而将各方面的思想和需求呈现给对方，最终实现信息的传递和交互。马克思曾指出："语言是一种实践的、既为别人存在因而也为我自身而存在的、现实的意识。语言也和意识一样，只是由于需要，由于和他人交往的迫切需要才产生的。"①由此可见，话语的主要功能首先表现为人类社会主体之间表达和交流的工具，通过交往意向的表达和语言符号的意指功能，影响和改变交往双方的心理和行为，进而达到确立各种复杂社会关系的目的。具体而言，当一个个体心中有思想、需求、情感等信息需要向另一个个体或者群体进行传递时，他把信息用双方都熟知的符号、词语、概念等话语表达出来，并用特定的方式传递给对方。当对方接收到这个信息后，会根据自身的理解和实际情况，对这一信息进行选择、判断、补充，形成新的信息，同时选取适当的话语将这一新的信息反馈给之前的信息发布者。不同主体之间在双向互动的过程中，借助话语及话语体系这一载体，完成了交流和沟通，客观上实现了信息的传递。然而，由于不同主体之间的语境差异，信息的完整传递往往需要多次的话语交流才能达到双方的共识，这就为话语交流基础上的话语体系的形成奠定了基础。

一般意义上讲，话语及其体系是个体与个体、个体与群体之间进行信息传递的基本途径，而信息内容与传递主体之间的关系在这个信息传递过程中居于中心的位置。在马克思主义语境下，人们想要获取对马克思主义的感性认识和理性理解等基本信息，需要通过大众话语体系来传递。马克思主义大众话语体系传递的信息内容首先是马克思主义，具体内容既包括马克思主义的基本原理，即马克思主义的立场、观点和方法，也包括发展了的具有时代特色、实践特色和民族特色的马克思主义。这些信息传递的对象当然是人，即广泛意义上的大众。马克思主义这一科学真理走向大众、回归实践也是一个信息传递的过程，同样需要借助大众话语体系这一媒介来进行信息交换。如此，马克思主义大众话语体系担负起了在马克思主义理论与广大人民群众之间进行信息传递的重要功能。

二、大众诉求承载功能

马克思主义认为，内容与形式是辩证统一的关系。内容的性质决定着形

---

① 《马克思恩格斯选集》第 1 卷，人民出版社 2012 年版，第 161 页。

式的选择，有什么样的内容就应该有什么样的形式。同时，形式是内容的承载方式，形式对内容具有反作用。合适的形式能够充分展现内容的本来面目，甚至可以做到锦上添花。不恰当的外在形式不仅不能客观地展现内容的丰富内涵，甚至会歪曲和消解内容本身。就内容与形式及其辩证关系而言，各种具体的诉求是内容，话语、话语体系是形式。在这对辩证关系中，作为内容的诉求起着决定性的作用，而作为形式的话语和话语体系则是处于从属的地位。因此，作为形式而存在的话语及其体系只有肩负起诉求的承载功能，才能生存并继续发展下去。失去诉求的承载，就如同形式失去了内容一样，往往流于表面，甚至是形同虚设，最终走向萎靡。然而，同样不容忽视的是话语及其体系对于承载内容的重要反作用。

马克思主义大众话语体系的历史演进及其内在逻辑再一次证明：马克思主义大众话语体系之所以能够逐步形成并保持强劲的发展势头，正是因为它肩负起了承载马克思主义理论诉求、人民大众主体诉求和时代发展实践诉求的多重光荣使命，并以恰当的承载形式实现了理论诉求、主体诉求、实践诉求的准确呈现和积极发展。首先，马克思主义大众话语体系承载着马克思主义的理论诉求。任何科学理论都需要载体传播以生存和发展，马克思主义也不例外。马克思主义的理论诉求便是通过一定的媒介不断与时代、实践、大众发生联系，以此实现自身作为理论的应有价值。马克思主义规定了马克思主义大众话语体系的性质。马克思主义的理论张力首先成为马克思主义大众话语体系需要承载的诉求。就理论层面而言，无论是马克思主义各项具体理论，如唯物史观、剩余价值理论、实践的观点、科学社会主义及共产主义等，还是具体理论背后所体现的马克思主义的立场、观点和方法，都需要借助马克思主义大众话语体系的承载，以接触时代、融入实践、深入大众的话语体系表现理论的深刻。其次，马克思主义大众话语体系同样承载着人民大众的主体诉求。从人类历史发展的角度审视，无论是话语，还是话语体系，其主体必然是人。任何无法承载人类诉求的话语及其体系都没有丝毫存在的社会价值，将逐步被淘汰出整个人类话语系统。马克思主义大众话语体系所承载的内容也必将符合大众的主体诉求，包括作为主体的大众对实践和理论两个维度的探索，尤其是大众对马克思主义理论的需求。大众对马克思主义理论的需求，主要是指人们对马克思主义的学习、研究、传播、应用等，这些都要通过马克思主义大众话语体系予以承载。最后，马克思主义大众话语体系还承载着时代发展的实践诉求。理论来源于实践，是实践的产物。与此相同，话语和话语体系也是实践发展的产物。从根本上讲，无论是理论本身还是理论的承载形式——话语及其体系，都是实践发展和时代进步的产物，都需要承载时代发展的实践诉求。马克思主义大众话语体系在反映实践、诉说时代的同时，将时代与实践发展的诉求及时准确地传递给马克思主义理论，这是更高意义上的诉求承载。另外，马克思主义大众话语体系不仅分别承载着马克思主义的理论诉求、人民大众的主体诉求和时代发展的实践诉求，更为重要的是，它将这三方面的具体诉求有机统一起来，把马克思主义的理论诉求贯穿于诉求承载的整个过程，以此来服务和引导人民大众的主体诉求和时代发展的实践诉求。同时，把人民大众的主体诉求作为出发点和落脚点，将时代发展的实践诉求第一时间予以呈现，对接马克思主义的理论诉求，实现了马克思主义理论、人的主体地位和时代实践发展在马克思主义大众话语体系承载下的互动、融合、共进。

三、大众理论转化功能

理论产生于实践，并对实践具有反作用。理论对实践发展的积极反作用主要表现为理论对实践的指导作用。正像列宁所言，没有革命的理论就没有革命的行动，就说明了理论对实践的重要作用。马克思恩格斯认为，只有彻底的理论才能说服人。理论的彻底性是指理论的科学性、时代性、实践性、前瞻性，它揭示了事物发展的基本规律，为人们认识世界、改造世界提供思想武器。然而，仅有理论的彻底性还远远不够，理论想要发挥认识世界、改造世界的作用，必须通过人类的实践活动来实现。彻底的理论首先需要说服人，才能通过主体人与实践发生联系。因此，彻底的理论如何去说服人成为一个关键的问题。话语是理论说服人的首要选择。只有让理论会"说话"才能展现理论的伟大力量。包括马克思主义在内的彻底的理论说服人的直接途径便是借助人类的话语及其体系，并在实践中不断建构起带有自身特色的话语体系。马克思主义大众话语体系就是围绕马克思主义这一彻底的理论说服人而建构起来的特定的话语体系，它一经建立就担负起应有的大众理论转化功能。

其一，马克思主义大众话语体系将马克思主义转化为中国的理论。马克思主义诞生于西方社会，建基于对资本主义的规律揭示和彻底批判，源于西方文化的涵养。无论是哲学上对黑格尔和费尔巴哈的批判和继承，到经济上对亚当·斯密的批判和继承，再到对空想社会主义批判基础上形成的科学社会主义，甚至是阶级斗争这一马克思主义的重要思想，都是来源于对法国大革命时期相关思想的批判和阐发。近代以来，各种各样的外来文化纷至沓来，但在中国的发展状况却大相径庭，这并非理论本身出现了问题，大多是因为没能转化为中国的理论，而造成水土不服。马克思主义一来到中国就认识到了理论转化的重要性，在尊重中国文化的基础上，通过马克思主义大众话语体系积极与中国本土文化对话和融合，多讲中国话，从而开启了马克思主义中国化的历史进程，逐步形成了中国化的马克思主义。

其二，马克思主义大众话语体系将马克思主义转化为时代的理论。不同的时代呼唤不同的理论，这就要求理论具有开放性特征，能够与时俱进。从1848年《共产党宣言》发表，距今已有170余年。经过近两个世纪的漫长发展，社会生产力突飞猛进，科技文明长足进步，人类社会发生了翻天覆地的变化。时代不同了，话语自然不同了，这些代表时代声音的话语有机组合起来就是时代的主旋律。马克思主义具有与时俱进的理论品质，能够适时抓住时代的主题。纵观马克思主义时代化的历史进程，每个时期都是在努力用马克思主义大众话语体系回答时代重大课题的基础上，结合时代特征，形成了时代化的马克思主义。毛泽东思想、邓小平理论、"三个代表"重要思想、科学发展观，尤其是习近平新时代中国特色社会主义思想，皆是时代的产物，都是用马克思主义大众话语体系发出了时代最强音。

其三，马克思主义大众话语体系将马克思主义转化为大众的理论。从根本上讲，任何真理都是人类文明进步的结果。真理只有为更多的人掌握才能迸发出真理的巨大力量。可以说，能否被人们所掌握关乎真理的生死存亡。从这个意义出发，就算是马克思主义真理，也必须与大众相结合，为大众所接受、理解和掌握。只有成为大众的理论，才能转化为物质力量，从而永葆青春与活力。将马克思主义科学理论转化为大众的理论，是马克思主义大众话语体系的最大优势和基本职能。众所周知，马克思主义揭示了自然发展规律、人类社会发展规律和思维发展的规律。正是对规律的深刻揭示造就了马克思主义的理论抽象，加之中西文化的差异化，马克思主义一度被教条化和僵化。马克思主义大众话语体系从传播的基本途径——话语及其体系入手，以大众所熟悉的话语方式创新阐发抽象的马克思主义理论，让马克思主义真正转化为大众的理论，拉近了马克思主义与大众的距离，实现了群众掌握马克思主义和马克思主义掌握群众的双重效果。

需要补充的一点是，马克思主义大众话语体系还将实践经验转化为新的更高一级的马克思主义理论。伴随着社会实践的进一步发展，作为理论的马克思主义要想不断跟上实践和时代的脚步，就必须更多地从丰富的实践中汲取养分，使自己的理论之树长青。马克思主义大众话语体系能够最直接、最及时、最鲜活地展现实践发展的样子，是马克思主义从实践中汲取发展养分不可或缺的高效手段。因此，马克思主义借助大众话语体系从新的实践获取新的思想资源的过程，也就是马克思主义大众话语体系将新的实践转化为新的马克思主义的过程。

四、大众价值引导功能

大众的价值引导是话语及其体系一个重要的功能，这种价值引导功能是通过思维规范和行为规范来实现的。《论语·子路》中有云："为政必先正其名，名不正，则言不顺；言不顺，则事不成；事不成，则礼乐不兴，礼乐不兴则刑罚不中；刑罚不中，则民无所措手足。"通过正名而顺其言，顺其言才能成其事，顺其言才能行礼乐，顺其言才能中刑罚，顺其言才能兴邦安民，这是维护古代社会秩序和治理天下的传统逻辑。西方社会亦是如此。有西方学者更加直白地指出："语言使用作为生产和社会控制的一个工具正变得更为重要",而且这种控制力"很少存在于个人之中而更多地隐藏在传播过程和逻辑之中",并"通过对社会情境概念的控制而加强"。① 可见,话语及其体系通过引导和规范人们的思维从而影响人们的行为。"语言不是一个实体,或已完成的事物,而是行动。"② 话语及其体系在承载信息传播的过程中,话语主体对话语内容有一个判断和选择的过程,必然会融入自己的世界观。同样地,话语受众在接收话语主体发送的话语信息时,也会进行认识、评价和选择,也必然要根据自身的价值观和实际需求,加以吸收和内化。话语主体与话语客体及其自身的价值判断的参与,使得本来较为客观的话语及其体系发生了"异化"。话语及其体系不再是单一地去传递信息,而且被赋予了价值观交流和思想教化的功能。一个人从出生到长大成人是一个不断社会化的过程,这一过程也是人由生物人向社会人的过渡。质言之,人类社会化的过程就是不断接受教化而逐步形成自身价值判断标准的过程。话语及其体系在这一过程中起到了十分关键的引导作用。

马克思主义大众话语体系引导大众形成科学的世界观。世界观是人们对世界的基本认识和基本判断,科学的世界观是正确地改造世界的重要前提。马克思主义是科学的世界观和方法论,具体包括世界物质性原理、物质是运动的规律、世界是普遍联系的观点等。这些庞大而系统化的马克思主义认识论和辩证法思想是帮助人们形成科学世界观的基础性指导。人们通过马克思主义大众话语体系对此广泛接触、理解、吸收、内化,最终形成自己的马克思主义世界观。

马克思主义大众话语体系引导大众形成正确的价值观。社会主义核心价值观是马克思主义价值观的当代表达,是凝聚我国社会力量的价值共识。社会主义核心价值观一经提出就迅速为人民群众所认同,除了它在内容上找到了整个中国社会发展的最大公约数,实现了在共产主义远大理想和中国

---

① [英]诺曼·费尔克拉夫:《话语与社会变迁》,殷晓蓉译,华夏出版社 2003 年版,第1 页。

② [丹麦]奥托·叶斯柏森:《叶斯柏森语言学选集》,任绍曾译,湖南教育出版社 2006年版,第 17 页。

特色社会主义共同理想基础上的价值观共鸣外，另一个非同寻常的原因便是话语上的同频共振。"富强、民主、文明、和谐，自由、平等、公正、法治，爱国、敬业、诚信、友善"，短短的24个字，精练准确地概括了中国特色社会主义的价值内涵，从国家、社会和个人三个层面引导整个社会的价值取向，是对马克思主义价值观的一脉相承又与时俱进，读起来朗朗上口，便于牢固记忆和口耳相授，成为马克思主义大众话语体系的典范性表达方式。

马克思主义大众话语体系引导大众形成积极的人生观。人生观是世界观和价值观的延续，积极人生观的形成依赖于科学的世界观和正确的价值观。助推人们尤其是青年群体形成积极向上的人生观，也是马克思主义大众话语体系价值引导的重要方面。新时代，习近平十分关心青年工作和青年的成长，经常寄语青年群体。"全党要关心和爱护青年，为他们实现人生出彩搭建舞台。""扣好人生第一粒扣子""幸福都是奋斗出来的""青春是用来奋斗的""广大青年要坚定理想信念，志存高远，脚踏实地，勇做时代的弄潮儿，在实现中国梦的生动实践中放飞青春梦想""我们都是追梦人"，这些大众话语的谆谆教导在青年群体中起到了润物细无声的作用，帮助无数青年人找到了人生奋斗的目标，促进了积极人生观的最终形成，是马克思主义大众话语体系价值引导功能的直接体现和可持续发展。

五、大众文化传承功能

文化是人类社会发展的产物，自有人类以来，文化便相伴而生。文化自信是一个国家、一个民族发展中更基本、更深沉、更持久的力量。民族和国家的形成是一个历史沉淀的过程，除了有共同的地域环境这一客观条件外，更为重要的是每个民族和国家在形成的过程中逐步形成了共同的且相对稳定的心理特征、风俗习惯和语言体系，这些都是民族国家最终定型的重要标志，也是民族国家间差异性的具体表现。究其根本原因，民族国家间的差异反映的恰恰是民族国家之间长期的文化积淀及其特色的逐渐养成。民族国家相对稳定的共同心理、共同风俗、共同语言必须依托于地域国家的存在而存在，通过民族国家的交往实现文化认同，而话语及其体系既是这种文化交往的产物，又是这种文化交往必不可少的工具。"语言使用中的变化形式与广泛的社会文化过程联系在一起"①。从交往的产物这个角度而言，长期深入的民族国家交往互动过程，形成了本民族和国家的话语、话语体系和交往方式。换言之，一个民族国家的话语体系既是文化交往的产物，本身也是一种文化符号的延伸。同时，这些话语体系也是民族国家整体性文化的重要载体，发挥着传承文化、交流文化的重要作用。

话语及其体系具有大众文化传承的重要功能，这种文化传承功能既指对本民族文化继承、展现与发展的能力，也包括对外来文化的容纳、批判与吸收的能力。马克思主义大众话语体系兼具传承中国传统文化和外来民族文化的双重功能，进而实现对马克思主义中国化及其文化内涵的一脉相承。一方面，马克思主义大众话语体系传承中华优秀传统文化。中国的传统文化博大精深，具有悠久的历史。中华优秀传统文化之所以能够一代代传承到今天，话语及话语体系在其中发挥着重要作用。优秀传统文化中的一部分，就是通过人们的口口相授才保留下来的，话语体系成为这部分优秀传统文化的直接传承载体。尤其是传统文化中的精华部分，之所以得到继承、展现和发展，成为当前中华优秀文化的重要组成部分，正是通过了马克思主义大众话语体系的选择、呈现、弘扬，进而使中国传统文化与时代相结合、与实践相结合、与人民群众相结合，始终保持中华优秀传统文化的旺盛生命力。另一方面，马克思主义大众话语体系传承外来优秀文化。从文化发源的角度而言，马克思主义是一种典型的西方外来优秀文化。作为众多外来文化中的一种，想在中国这片土壤上扎根、生长，必须积极主动地与中国实际相结合，这是文化交融发展的基本规律。其中，外来文化与本土文化融合的第一关便是话语关。历史和实践告诉我们，马克思主义中国化成功的原因也正是发挥话语的文化传承功能，将来自西方的马克思主义注入诸多中国话语元素，逐步构

---

① ［英］诺曼·费尔克拉夫：《话语与社会变迁》，殷晓蓉译，华夏出版社 2003 年版，第 1 页。

建起马克思主义大众话语体系；而其他外来文化在中国失败的原因，恰恰是未能将文化传承与话语体系建设有效结合起来，日益为中国社会所淘汰、被中国的老百姓所抛弃。

第三节　用大众话语提升马克思主义话语权

话语权建设是意识形态工作的重要内容。在社会主义中国，马克思主义话语权的巩固与提升是意识形态话语权建设的新的生长点。"牢牢掌握意识形态工作领导权和主导权，坚持正确导向，提高引导能力，壮大主流思想舆论。"① 为此，需要积极发挥大众话语密切联系群众的关键性作用，牢牢掌握马克思主义在话语中的主导权，稳步提升马克思主义话语权，不断增强社会主义意识形态的凝聚力和吸引力。

一、提升马克思主义话语权是意识形态建设的题中之义

马克思主义的意识形态是指，"在阶级社会中，适合一定的经济基础以及竖立在这一基础之上的法律的和政治的上层建筑而形成起来的，代表统治阶级根本利益的情感、表象和观念的总和，其根本的特征是自觉地或不自觉地用幻想的联系来取代并掩蔽现实的联系"②。情感、表象和观念的实现需要借助一定的载体和媒介，如文字、语言、图画等，其中最为直接和广泛的手段便是语言。意识与语言的关系非常紧密。马克思用意识的表现来为语言定义。他指出："语言和意识具有同样长久的历史；语言是一种实践的、既为别人存在因而也为我自身而存在的、现实的意识。"③ 在意识形态范畴内，语言必然占据着重要的地位，语言的综合运用便是话语。"话语必然是一个语言符号和价值观念的统一体，即它既是由一定的符号、概念、词句、语音、语

---

① 《十八大以来重要文献选编》上，中央文献出版社 2014 年版，第 25 页。

② 俞吾金：《意识形态论》，人民出版社 2009 年版，第 131 页。

③ 《马克思恩格斯选集》第 1 卷，人民出版社 2012 年版，第 161 页。

法等所构成的语言符号，同时又反映了特定的认知、情感、意志。"①话语具有信息传递、文化传承、思维规范、思想教化四大功能。因此，话语能够通过表达为意识形态提供支撑。

话语和话语体系是马克思主义中国化的重要载体。从马克思主义最早传入中国，到马克思主义在中国的早期传播，再到马克思主义中国化的不断深入，直到今天的马克思主义中国化时代化大众化，话语和话语体系都在其中扮演着重要角色。可以说，马克思主义中国化的历史就是马克思主义话语及其体系产生、丰富、发展的过程。同样地，我国马克思主义话语体系的建设也经历了相当长的历史演进，取得了丰硕的、带有显著时代特征的马克思主义话语体系成果。既体现着一脉相连的传承关系，又反映出马克思主义话语体系历史发展的时代特色。经过长期的努力建设，我国马克思主义话语体系建设已初具成效，表现为话语体系的结构日趋完善、话语体系的内容与时俱进、话语体系的方式创新多变、话语体系的效果日益显著。

话语权是指说话权利、发言权利，就是说话和发言的资格和权利，引申为控制舆论的权力。话语权掌握在谁手里，决定着社会舆论的走向。话语和话语体系为话语权服务，是话语权的基础元素。话语权的巩固与提升，直接体现为话语的成熟和话语体系的完善。意识形态与话语权结合就产生了意识形态话语权。我国是中国共产党领导下的社会主义国家，意识形态的属性必然是社会主义性质。因此，马克思主义话语权的掌握、巩固和提升是我国意识形态建设的重要内容。当前，我国意识形态话语权的建设是一个复杂的系统工程，包括对外和对内两个基本的方面。对外话语权我们称之为中国话语权，是指中国在国际上的话语权利和话语能力，"加强国际传播能力和对外话语体系建设"②，讲好中国故事，传播好中国声音，阐释好中国特色。对内话语权又称意识形态话语权，可以简单地理解为控制社会舆论的能力，

<hr>

① 陈锡喜：《马克思主义：意识形态和话语体系》，华东师范大学出版社 2011 年版，第 35 页。

② 《中共中央关于全面深化改革若干重大问题的决定》，人民出版社 2013 年版，第 41 页。

着力点在于巩固和提升马克思主义意识形态话语权，确保话语权掌握在人民手中。对内要牢牢掌握意识形态话语权，努力提升马克思主义话语能力。习近平在党的十八届三中上讲话指出："意识形态工作是党的一项极端重要的工作。面对改革发展稳定复杂局面和社会思想意识多元多样、媒体格局深刻变化，在集中精力进行经济建设的同时，一刻也不能放松和削弱意识形态工作，必须把意识形态工作的领导权、管理权、话语权牢牢掌握在手中，任何时候都不能旁落，否则就要犯无可挽回的历史性错误。"①

话语权中对内对外两个方面的建设是相辅相成的关系，统一于中国话语权建设的大局。对内话语权的巩固和提升为对外话语权的掌握提供保障和支撑，对外话语权的掌握恰恰有利于对内话语权的充实和提高。然而，二者又并非完全同步的。相比较而言，对内话语权居于更加基础的地位。因此，我们在将注意力放在中国对外话语权构建的同时，应该更加注重马克思主义意识形态话语权的巩固和提升。

二、马克思主义话语与人民群众的日益疏远值得警惕

能否做好意识形态工作，事关党的前途命运，事关国家长治久安，事关民族凝聚力和向心力。我国意识形态话语权是否掌握及掌握的程度如何，主要体现在现实批判、价值判断和思想引领三个方面。巩固和提升马克思主义话语权，要求马克思主义理论对社会实践中出现的新情况新事物新问题进行深刻批判，并做出正确的价值判断，进而引领社会思潮，塑造社会理想，凝聚党心民心。当前，我国的意识形态建设逐步走向理性和科学，马克思主义的地位得以确立和巩固，马克思主义话语权被牢牢掌握。然而，马克思主义在有的领域边缘化、空泛化、标签化和"失语""失踪""失声"的问题也同时存在，值得警惕。

马克思主义的指导地位依然牢固，在我国的话语系统中居于主导地位。"失语"在此的定位是指马克思主义在某一阶段、某一阶层、某一领域或者

---

① 《习近平关于全面深化改革论述摘编》，中央文献出版社 2014 年版，第 86 页。

某一事件中的暂时"失声"。就概念而言，马克思主义"失语"是一个包含马克思主义话语在现实生活中逐步式微和大众对马克思主义话语逐渐疏远的双向过程。一方面，马克思主义对瞬息万变的现实社会的解释力、批判力、引导力的间接性和不同步性，导致马克思主义对大众吸引力的弱化。具体而言，马克思主义在面对新事物时的"无语"，社会软环境中马克思主义色彩的淡化，社会各阶层对马克思主义的漠视态度，大众对某些僵化的"官八股"话语的反感和抵触等。另一方面，人们对马克思主义的态度不够重视。根据初步调研，当前普通大众对马克思主义的整体性的真实感觉是比较陌生和渐渐疏远，大部分知晓"马克思主义"这一名称，对其科学内涵不甚了解，科学运用更无从谈起。具体表现为：思想领域，新自由主义、历史虚无主义、"宪政改制"等社会思潮泛滥，"淡马""化马"甚至"反马"倾向时有发生；学术领域，集中否认马克思主义相关学科及其理论研究的科学性；日常生活领域，部分群体对马克思主义的漠视、嘲笑甚至抛弃；马克思主义者自身，部分信仰者和研究者出现的思想迷茫、内心动摇及外在表现出的不自信言行等都是马克思主义"失语"的真实表现。

马克思主义"失语"的不同表现有着共同的特点，其本质是马克思主义话语的式微，也是社会主义意识形态话语权的弱化甚至局部失守。随着媒体的融合发展和信息碎片化时代的到来，社会主义意识形态斗争首要面对的挑战是社会思潮多元化和信息海量化对马克思主义在形式上的话语淹没和内容上的话语消解。这将导致马克思主义话语对社会生活中出现的新事物丧失应有的判断力和解释力，遏制马克思主义话语对社会现实的批判和引导，从而导致马克思主义在当代中国出现边缘化甚至"失语"的现象。究其原因，一是马克思主义理论之于社会实践发展的不同步性。理论与实践是辩证统一的，理论来源于实践，理论服务于实践，社会实践的发展要求理论的与时俱进，但理论与实践的发展具有不完全同步性。在全球化的大背景下，我国经济社会飞速发展，必然出现一些前所未有的新事物。这时，马克思主义理论对新事物的认识和判断需要一个过程，在一定时期内就会形成马克思主义理论落后于社会实践发展的情况。二是马克思主义话语与大众生活的脱节。马克思主义理论来源于人民，具有联系广大群众的天然本性，这一点已被我国革命和建设的实践所证明，而话语便是马克思主义理论联系人民群众的重要载体。马克思主义话语是社会主义意识形态的主流话语，是党和国家的阶级意志的体现，承载着马克思主义理论的相关内容。在社会生活中，马克思主义话语更多地强调当代中国马克思主义的理论性、统一性、逻辑性，忽视了作为话语受众的人民群众的直观感受、接受能力、价值认同，不能围绕人民关注的热点问题说群众语言，难以真正做到贴近实际、贴近生活、贴近群众，造成了大众对马克思主义话语不愿听、听不懂的脱节现象。三是话语权主导者话语能力的不足。在我国，马克思主义话语权的主导者是中国共产党，尤其是各级领导干部这个"关键少数"。然而，一些领导干部，在重大意识形态问题上含含糊糊、遮遮掩掩，甚至首鼠两端、见风使舵，更有甚者则走上了纵容、支持错误思潮的道路。一些领导干部话语能力有限，讲话有"假大空长"的陋习，少数官员的"失语""乱语""雷语"甚至"哑语"现象时有发生，不少"雷人语录"掀起舆论风波，耗散着广大干部群众创新激情和创业干劲，消磨着党的执政能力，瓦解着党的群众基础。习近平对此问题就曾有过尖锐的批评：在开展群众工作方面，我们有的领导干部甚至不会说话。有的同志自嘲：与新社会群体说话，说不上去；与困难群众说话，说不下去；与青年学生说话，说不进去；与老同志说话，给顶了回去。很多场合，我们就是处于这样一种失语的状态，怎么能使群众信服呢？

由此可见，马克思主义话语弱化甚至失语是个局部问题，但事关全局。马克思主义话语权的巩固和提升既不是无病呻吟的小题大做，也不是自话自说的书斋独白，而是关乎党能否长期执政、社会主义事业兴衰成败、中华民族伟大复兴能否实现的重大理论和现实问题。当前我国意识形态工作中存在诸如马克思主义"失语"的问题和挑战，很重要的原因就是在马克思主义话语体系建构和话语权争夺过程中往往忽视了发挥大众话语的基础性作用。

三、用大众话语提升马克思主义话语权

巩固和提升马克思主义话语权，需要相应的话语体系进行支撑。在

2016 年 2 月 19 日举行的党的新闻舆论工作座谈会上，习近平提出"高举旗帜、引领导向，围绕中心、服务大局，团结人民、鼓舞士气，成风化人、凝心聚力，澄清谬误、明辨是非，联接中外、沟通世界"的 48 个字要求，这既是新形势下做好党的新闻舆论工作的遵循，又为马克思主义话语体系的建设指明了方向。2018 年 8 月，习近平在全国宣传思想工作会议上对做好新形势下党的宣传思想工作做了系统性的战略部署，强调"要加强传播手段和话语方式创新，让党的创新理论'飞入寻常百姓家'"①。又一次强调了话语在马克思主义和党的创新理论深入人心中的作用，明确了传播手段和话语方式创新是提升马克思主义话语权、推进马克思主义大众化的主攻方向。

马克思主义话语权的巩固与提升是意识形态工作的根本目标，实现这一目标需要构建科学的马克思主义话语体系。话语体系是以话语为基本单元并进而构建其逻辑谱系及思想体系，成为可以继承下去的固化文本和知识体系。然而，所谓的思想乃是通过确定的话语加以表达的，而所谓的文本也是以话语形式来呈现的，至于知识则更是以话语为重要载体的。概而言之，话语体系都是由话语通过相关的语词、句子、段落并通过一定的逻辑加以表达而形成的。在此可以说，不存在没有话语表达的话语体系。我们看到的事实也是，不管什么样的话语体系，皆有着确定的话语外观及话语风格，并在既定的语言系统支撑下形成与发展，进而发挥其功能、产生其影响。话语的意识性必然要求话语体系主动地承继民族精神，使话语体系在使用中能够成为体现民族精神的话语体系。民族精神有着丰富的内涵，不同时代也有着不同的诠释，但民族精神本身具有鲜明的意识性特征，并且也是以民族语言为外在的表现形式，这乃是不言自明的事实。话语体系建构，必须认识到语言的意识性特征，才能理解话语体系与民族精神的内在关联，并进而认识到诸如"中国风格""中国表达"等话语所承载的"民族意识"。进而言之，话语表征着民族精神，传承着民族文化，这就需要树立民众本位意识，研究、学习并汲取大众语言，积极地推进话语的"大众化"进程。其原因就在于，大众

① 《习近平谈治国理政》第 3 卷，外文出版社 2020 年版，第 313 页。

话语不仅体现社会的实践性，而且也表征着语言的历史性与现实性内涵，因而对于一个民族来说，话语主要是在大众中得到传承和发展。毛泽东在《反对党八股》中说得好："现在许多人在提倡民族化、科学化、大众化了，这很好。但是'化'者，彻头彻尾彻里彻外之谓也……如果是不但口头上提倡提倡而且自己真想实行大众化的人，那就要实地跟老百姓去学，否则仍然'化'不了的。有些天天喊大众化的人，连三句老百姓的话都讲不来，可见他就没有下过决心跟老百姓学，实在他的意思仍是小众化。"[①]从学理上说，任何话语体系皆是在一定的民族传统和历史文化的基础上形成起来的，而大众乃是民族文化、民族语言、民族精神的最主要传承者，故而民族的大众的话语本身就蕴含着民族精神，并很鲜明地表征着具有民族特点的意识性特征，这就很自然地要求话语体系基于民众本位的理念来汲取民族语言中的智慧，并与民族意识、民族精神、民族文化紧密地结合起来。

新时代，我国意识形态工作要坚持党性与人民性的统一，把话语权力交给人民，保证话语权牢牢掌握在人民手中。马克思主义话语需要掌握群众，群众同样需要掌握马克思主义话语，这样才算真正掌握了意识形态工作的话语权。人民群众对马克思主义意识形态话语权的掌握，需要通过话语来表达，与之对应的便是大众话语。克服特定场域中的马克思主义话语弱化甚至失语问题，要创新马克思主义话语方式，重视大众话语的基础地位，拓展话语体系构筑渠道。在经济新常态、社会思潮激荡、价值观多元化、人工智能等新的时代背景下，迅速崛起的大众话语更能体现话语的人民性这一根本属性，是理想和现实的双重选择。马克思主义话语体系的建设需要扩展到处于基础地位的大众话语的维度，才能实现时代性飞跃和创新性发展。大众话语借助密切联系群众和实践的先天优势，把政治话语的方向、学术话语的深度、传统话语的底蕴、大众的话语的淳朴统一于马克思主义话语体系的大众化构建，进而明晰马克思主义话语体系的内在维度及其逻辑张力，实现我国意识形态话语权的巩固和提升。正如毛泽东曾指出的那样，马克思主义中国

---

① 《毛泽东选集》第3卷，人民出版社1991年版，第841页。

化的大众话语展现出"新鲜活泼的、为中国老百姓所喜闻乐见的中国作风和中国气派"①，易于在广大人民群众中传播并为他们所接受。这对新时代中国共产党人"善用"大众话语具有重要的启示作用和借鉴意义。

一是坚持马克思主义的价值立场。近代中国选择马克思主义，旨在解决"救亡"这一政治问题，其首要的、根本的、直接的方式即为用马克思主义的价值立场唤醒民众、"启蒙"民众、解决广大民众的政治价值观问题。从马克思主义的阶级基础来看，就是要坚定地站在维护无产阶级和人民大众的根本利益的立场上观察、分析、处理问题，为最广大的民众争取自由、民主、平等和尊严；从马克思主义的历史使命来看，就是要坚定科学社会主义、共产主义的理想信念，持之以恒地解放全人类，实现人的自由而全面的发展。因此，每个人的自由发展是一切人的自由发展的条件是马克思主义最基本的信条。马克思主义一以贯之的基本价值追求，就是让人民大众摆脱奴役压迫，实现人的解放。中国共产党人作为马克思主义的信仰者、传播者，就是要坚守人类解放这一根本价值追求。从社会政治意义来说，中国共产党在革命时期所探索的大众话语归根结底就是为了"人的解放"提供保障。共产党人的历史使命就是以马克思主义这一根本的价值立场和最高命题为准则，通过不断自我革命推动社会革命，不断推进人的自由全面发展。然而，要完成这一历史使命必须首先探索大众话语，发动群众赢得革命、掌握政权。进入新时代，中国共产党人始终坚定马克思主义的价值立场，坚定社会主义、共产主义的信仰信念，用"精神之钙""空谈误国，实干兴邦""不忘初心""天上不会掉馅饼""撸起袖子加油干""干部干部，干是当头的""十个指头弹钢琴"等大众话语来承载马克思主义的价值诉求，彰显了马克思主义鲜明的政治立场、强烈的历史担当和科学的方法论指引。

二是契合中华民族传统文化。坚持和发展马克思主义，必须同中华优秀传统文化相结合。只有植根本国、本民族历史文化沃土，马克思主义真理之树才能根深叶茂。马克思主义传到中国之后，首先面对的就是中国传统文

---

① 《毛泽东选集》第2卷，人民出版社1991年版，第532页。

化。中国共产党注重强调其与本土文化的一致性，努力发掘与本土文化间的相通之处，并通过这种相通之处去解读和宣传外来文化。就马克思主义与中国传统文化的结合来看，早期中国共产党人很早就意识到马克思主义要发挥其对中国革命的指导作用，必须与中国传统文化有机结合，实现"民族化""中国化""本土化"的转向。正如艾思奇所指出："现在需要来一个哲学研究的中国化现实化的运动。"① 新民主主义革命时期，在《实践论》和《矛盾论》两篇文章中，毛泽东强调从中国实际出发，注重外来学说在中国实践中的运用和发展，超越了"中""西""体""用"之争，实现了马克思主义与中国传统文化的初步结合，为中国传统文化向现代化的转变指明了道路和方向。在马克思主义运用于中国具体实际的过程中，毛泽东又曾指出"洋八股必须废止，空洞抽象的调头必须少唱，教条主义必须休息，而代之以新鲜活泼的、为中国老百姓所喜闻乐见的中国作风和中国气派"② 。这一时期，毛泽东还对中国传统文化的大量概念范畴进行了马克思主义的改造，如毛泽东对"实事求是"这个传统命题的改造就体现了由"严谨的治学态度"到马克思主义思想路线的本土化表达。因此，将马克思主义置于东方文化之中，用中国"劳苦大众"的语言表达方式来研究、阐释、宣传、展示马克思主义的魅力，从而在中国赋予马克思主义以新的生命活力是共产党人的历史责任。党的十八大以来，我们党高度重视中华优秀传统文化。正如习近平指出的："我们必须坚持马克思主义这个立党立国、兴党兴国之本不动摇，坚持植根本国、本民族历史文化沃土发展马克思主义不停步，坚定历史自信、文化自信，坚持古为今用、推陈出新，以马克思主义为指导对中华五千多年文明宝库进行全面挖掘，用马克思主义激活中华优秀传统文化中富有生命力的优秀因子并赋予新的时代内涵，将中华民族的伟大精神和丰富智慧更深层次地注入马克思主义，有效把马克思主义思想精髓同中华优秀传统文化精华贯通起来，聚变为新的理论优势，不断攀登新的思想高峰。"③ 中华优秀传统

---

① 《艾思奇全书》第 2 卷，人民出版社 2006 年版，第 491 页。

② 《毛泽东选集》第 2 卷，人民出版社 1991 年版，第 534 页。

③ 《人民日报》2023 年 7 月 2 日。

文化包含着中华民族的精神追求，中华优秀传统文化中的"治大国若烹小鲜"等论述成为新时代马克思主义大众话语的重要内容。中华优秀传统文化所展现出来的精神特质为马克思主义大众话语提供了文化基础。新的历史进程中，我们必须坚定历史自信、文化自信，坚持古为今用、推陈出新，把马克思主义思想精髓同中华优秀传统文化精华贯通起来、同人民群众日用而不觉的共同价值观念融通起来，不断赋予科学理论鲜明的中国特色，不断夯实马克思主义中国化时代化的历史基础和群众基础，让马克思主义在中国牢牢扎根。中国共产党人多次对中华优秀传统文化中的"仁爱""民本思想""大同思想""诚信""崇正义""尚和合"等思想作出新的话语阐释，并成为新时代治国理政的重要方略。在马克思主义与中国传统文化融合的新契机中，中国共产党进一步赋予这些"传统思想"以新的时代内涵、新的时代特征和创新表述。

三是坚持人民的主体地位。马克思主义具有人民性的根本属性，马克思主义来源于人民群众，一刻也离不开人民群众。马克思主义是为人民立言、为人民代言的理论，是为改变人民命运而创立、在人民求解放的实践中丰富和发展的，人民的创造性实践是马克思主义理论创新的不竭源泉。马克思主义只有和人民群众相结合，才能迸发出强劲的生命力。毛泽东曾指出："任何思想，如果不和客观的实际的事物相联系，如果没有客观存在的需要，如果不为人民群众所掌握，即使是最好的东西，即使是马克思列宁主义，也是不起作用的。"[1]中国共产党人从一开始建构马克思主义大众话语体系，就意识到人民群众在马克思主义中国化及其话语体系中的主体地位。农民出身的毛泽东，紧紧抓住了"农民"这一中国人民的最大多数，从他们的利益出发，调动他们的积极性，通过"民众的大联合"实现"劳苦大众"的解放。正是坚持了马克思主义大众话语体系就是人民群众自己的话语体系的原则和态度，才能构建起人民大众所接受、所拥护、所使用的话语体系，从而达到启蒙大众、发动大众、武装大众的目的。坚持人民的主体地位是中国马克思主

---

① 《毛泽东选集》第 4 卷，人民出版社 1991 年版，第 1515 页。

义大众话语体系的首要经验，也是当前进行马克思主义大众话语体系转化和重构的出发点。党的十八大以来，中国共产党在大众话语的探索发展中，坚持不断满足人民群众的实际需求，把"人民立场"作为根本政治立场，将民众"获得感"作为当前工作的重要目标，实现了大众话语的"人民性"指向。

四是突出时代发展的主题。马克思主义是开放性的科学理论体系，具有与时俱进的理论品质，马克思主义的时代化是其保持自身强大生机与活力的重要存在方式。马克思主义需要不断适应新的时代发展和要求，否则，就会被历史所淘汰。同样的道理，马克思主义话语也需要紧随时代发展的步伐，适应时代主题的转换，及时科学解答时代新课题。半殖民地半封建的近代中国，救亡图存成为时代的需要和人民的期盼。马克思主义一经传入就被赋予了民族独立和人民解放的历史使命，这是马克思主义在中国时代化的发端。社会革命是阶级社会进步发展的主要途径，马克思主义指导下的近代中国，革命成为时代的主题和热门话题。从"什么是革命"，到"谁来革命""革谁的命"，再到"怎样革命"，毛泽东所构建的马克思主义大众话语体系始终没有离开"革命"话题。因此，马克思主义大众话语就要围绕革命的时代主题，发出中国共产党人的最强音。面向广大群众，围绕时代主题、服务时代需要、发出时代声音是马克思主义大众话语的题中要义。"经过长期努力，中国特色社会主义进入新时代，这是我国发展新的历史方位。"① 在二十届中央政治局第六次集体学习时，习近平强调："要牢固树立大历史观，以更宽广的视野、更长远的眼光把握世界历史的发展脉络和正确走向，认清我国社会发展、人类社会发展的大逻辑大趋势，把握中国式现代化的历史沿革和实践要求，在新一轮科技变革、全球经济发展大格局和我国发展的阶段性特征中深化对推动高质量发展、构建新发展格局的规律性认识，在世界马克思主义政党命运比较和我们党长期执政面临的现实考验中深化对党的自我革命战略思想的规律性认识，全面系统地提出解决现实问题的科学理念、有效对策，让当代中国马克思主义、21世纪马克思主义展现出更为强大、更有

① 《习近平谈治国理政》第3卷，外文出版社2020年版，第8页。

说服力的真理力量。"① 因此，"夺取中国特色社会主义伟大胜利""决胜全面建成小康社会""全面建设社会主义现代化强国""逐步实现全体人民共同富裕""实现中华民族伟大复兴""日益走近世界舞台中央、不断为人类作出更大贡献""构建人类命运共同体""中国式现代化"必然成为新时代马克思主义大众话语的主体内容。

五是把握大众的话语特点。传入中国的马克思主义是科学的，为中国人民认识世界和改造世界提供思想武器；西方文化背景下产生的马克思主义又是抽象的，中国的老百姓理解、认同、掌握是有困难的。文化和话语的差异成为马克思主义与中国老百姓有机结合的主要障碍。因此，将马克思主义置于东方文化之中，用中国"劳苦大众"的话语系统来研究、阐释、宣传、展示马克思主义的魅力，从而在中国赋予马克思主义以新的生命活力是共产党人的历史责任。毛泽东善于将深奥难懂的马克思主义理论转化为中国语言和大众话语，这源于他对大众语言的刻苦学习和熟练掌握。在向人民大众学习语言方面，毛泽东是我们的典范。他认为："人民的语汇是很丰富的，生动活泼的，表现实际生活的。"因此，我们"要向人民群众学习语言"。②毛泽东对马克思主义的宣传，从大众的需求与利益出发，非常重视大众的参与度、体验感和接受力，积极吸收日常生活、传统文化、社会实践等领域中的话语热点和言语习惯，并善于将马克思主义原理融入和转化为大众话语，保持了马克思主义大众话语旺盛的生命力，让大众话语真正为大众代言、为马克思主义代言。在话语多样化的今天，我国的马克思主义大众话语体系建设也需要充分考虑受众的话语习惯、话语方式、话语能力，真正做到有的放矢、对症下药，提高马克思主义大众话语体系的实际效能。

---

① 《人民日报》2023 年 7 月 2 日。
② 《毛泽东选集》第 3 卷，人民出版社 1991 年版，第 837 页。

第四章

马克思主义大众话语体系的生成发展

人民作为历史的创造者，不仅是物质财富的创造者，也是精神财富的创造者。一直以来，面向大众、依靠大众、服务大众、引领大众都是马克思主义者所秉持的基本态度。马克思主义中国化时代化成果，都是党和人民实践经验和集体智慧的结晶。无论是毛泽东思想、中国特色社会主义理论体系，还是习近平新时代中国特色社会主义思想，无不源自人民的智慧、人民的探索、人民的创造。来源于大众的话语及话语体系以其通俗、简练、直接等先天优势，迅速为马克思主义者所掌握，成为马克思主义转化为群众力量的话语武器。马克思主义大众话语及话语体系一头紧密连着人民大众，另一头紧密连着马克思主义理论，可以将抽象的科学理论以通俗易懂的方式呈现给人民大众，凝聚起最广大人民的群体性力量，去认识世界并改造世界。

第一节　马克思主义大众话语体系的发生渊源

理论只要彻底，就能说服人。马克思主义理论是彻底的，所以它能说服人并为人民群众所掌握。马克思主义的"彻底"主要体现在科学性、开放性、实践性和人民性。科学性强调了马克思主义的正确性，开放性说明马克思主义是一个不断与时俱进的理论体系，实践性突出了马克思主义来源于实践又需回到实践的基本特色，而人民性是科学性、开放性、实践性的基础，反映了马克思主义的根本旨趣。内容需要恰当形式予以呈现，话语是最基本的呈现形式，大众话语则是面对人民群众呈现马克思主义中国化时代化大众化发展的最恰当方式。

马克思主义具有人民性的根本属性。马克思主义来源于人民群众，一刻也离不开人民群众。马克思主义只有和人民群众相结合，才能迸发出强劲的生命力。毛泽东曾指出："马克思列宁主义来到中国之所以发生这样大的作用，是因为中国的社会条件有了这种需要，是因为同中国人民革命的实践发生了联系，是因为被中国人民所掌握了。任何思想，如果不和客观的实际的事物相联系，如果没有客观存在的需要，如果不为人民群众所掌握，即使是最好的东西，即使是马克思列宁主义，也是不起作用的。"[①]语言是人类的特有属性，话语是人类沟通的基本途径，话语体系则是由话语组成的系统性体系，它们都是马克思主义中国化时代化大众化的基础性载体。一般来讲，在优良的话语体系内部，存在着话语主体和话语客体的有机统一。就马克思主义大众话语而言，话语主体是马克思主义者，话语客体是广大的人民大众，而马克思主义者来源于人民大众，是人民大众中的先进分子。因此，马克思主义大众话语体系历史演进的逻辑前提是话语主体和话语客体统一于人民大众。历史和实践充分证明，正是话语和话语体系载体功能的发挥，才实现了理论与实践、理论与大众的辩证统一；正是马克思主义大众话语体系的构建和完善，才实现了马克思主义掌握人民群众与人民群众掌握马克思主义的辩证统一。

话语是理论的载体。马克思主义大众话语是连接马克思主义与人民大众的直接桥梁。马克思主义大众话语体系具有深厚的发生基础和理论渊源。马克思恩格斯从创立马克思主义学说伊始就非常重视大众话语在传播、宣传科

---

① 《毛泽东选集》第4卷，人民出版社1991年版，第1515页。

学理论中的重要作用。马克思主义大众话语体系的发生渊源是马克思恩格斯在创立马克思主义时"全世界无产者联合起来"的呐喊，也是列宁组织"千百万劳动群众"进行革命实践的话语需要。

一、面向"全世界无产者"的马克思主义大众话语体系

"全世界无产者，联合起来！"的口号仿佛是资本主义天空中的一个晴天霹雳，振聋发聩，响彻全球。它是马克思恩格斯面对全世界无产者的强力呐喊，是作为掘墓人的无产阶级对资产阶级的大胆挑战，敲响了世界无产阶级革命运动到来的洪钟。从 170 多年前《共产党宣言》的诞生，马克思恩格斯便宣称他们是全世界无产者的代言人。马克思恩格斯口中的"无产者"主要是指 19 世纪欧洲的产业工人，他们处于社会的最底层，受剥削和压迫严重，革命热情高涨，革命性最为彻底，但同时也具有受教育程度低、知识水平不高、组织性不强的特点。

从"无产者"的群体性特征出发，有针对性地宣传，"需要更多的智慧，思想要更加明确，风格要更好一些，知识也要更丰富些"[①]。马克思恩格斯很早就注意到理论的话语方式对大众的重要影响，一开始就强调话语的通俗性以"悦"大众，即无产者。标志着马克思主义诞生的《共产党宣言》，文中就使用了"幽灵"等通俗鲜活的词汇，成为以大众话语向广大受众阐述深奥的马克思主义道理的典范之作，体现了"亲近"大众的巧妙安排。除此之外，《资本论》《哥达纲领批判》《反杜林论》《家庭、私有制和国家的起源》等马克思主义经典名篇，仅就书名而言，尽显简约之风，并非刻板抽象的说理。恩格斯对此曾明确表示："至于书名，我再重复一遍，那种只有在把书读了一半以后才能看懂的书名，无论如何是最不成功的。"[②]马克思恩格斯都特别重视理论著作的通俗性，马克思完成《福格特先生》之后，就出版前如何确定书名的问题，曾多次与恩格斯进行讨论，交换意见。恩格斯的态度一如既

---

① 《马克思恩格斯全集》第 4 卷，人民出版社 1958 年版，第 304 页。
② 《马克思恩格斯全集》第 30 卷，人民出版社 1975 年版，第 103 页。

往："我认为书名愈简单朴素愈好"①。

对于大众话语的态度，马克思恩格斯是这么说的，更是这么做的。1880年恩格斯改编的《社会主义从空想到科学的发展》，被马克思称为"科学社会主义的入门"之书，从德文译成多种文字，在欧洲迅速为工人阶级所认可和传播，对马克思主义理论的早期宣传起到了关键作用。以现在的眼光审视，作为马克思主义奠基之作的《资本论》也是理论性兼具学术性的经济学巨著，其中的经济原理所揭示的经济规律至今有效。马克思当初在创作时就考虑到了大众的接受能力这一根本问题，在理论性与通俗性中寻找最佳平衡点，"已经尽可能地做到通俗易懂"②。正如马克思所言："我们力求说得尽量简单和通俗，我们就当读者连最起码的政治经济学概念也没有。我们希望工人能明白我们的解说。"③ 为了能在报纸上进一步拓展《资本论》的影响，恩格斯也是煞费苦心，他甚至同意："尽可能按贝塔的方式，适应这种低级趣味报纸的要求"④。

由此可见，自马克思主义诞生伊始，就牢牢把握住了理论与大众这一关系主线。马克思恩格斯清醒地认识到先进理论必须与需要它的人联系起来才能真正发挥作用，明确了马克思主义理论服务的对象是全世界的无产者，进而明确了马克思主义理论必须深入无产者之中的重要性和必要性。"根据我们的已经由长期的实践所证实的看法，宣传上的正确策略并不在于经常从对方把个别人物和成批的成员争取过来，而在于影响还没有卷入运动的广大群众。"⑤ 这样，在马克思主义大众话语体系构建的最初阶段，马克思恩格斯厘清了无产者的话语主体地位，并从话语主体的群体特征和实际需要出发来选择恰当的话语方式和宣传形式。在谈到一幅纺织工向工厂主交亚麻布的油画时，恩格斯兴高采烈地指出："从宣传社会主义这个角度来看，这幅画所起

① 《马克思恩格斯全集》第 30 卷，人民出版社 1975 年版，第 97 页。
② 《马克思恩格斯选集》第 2 卷，人民出版社 1995 年版，第 99 页。
③ 《马克思恩格斯选集》第 1 卷，人民出版社 1995 年版，第 332 页。
④ 《马克思恩格斯全集》第 32 卷，人民出版社 1974 年版，第 119 页。
⑤ 《马克思恩格斯全集》第 33 卷，人民出版社 1973 年版，第 591 页。

的作用要比一百本小册子大得多。"① 只有满足和适应处于主体地位的无产者的话语需求这一首要的基本原则，才能使先进的理论深入实践和民众，这奠定了马克思主义大众话语体系的总基调。

二、组织"千百万劳动群众"的马克思主义大众话语体系

随着生产力的发展，资本主义由自由竞争进入到了垄断阶段，帝国主义时代来临。在新的时代背景下，马克思主义不仅在内容上需要适应资本主义的新变化，同时呼唤话语体系的创新发展。面对自然科学的进步和资本主义出现的新特征，列宁接过了马克思恩格斯的衣钵，继承了马克思恩格斯的思想观点，将马克思主义不断发扬光大，赋予马克思主义更多的时代内涵，逐步形成了俄国化的马克思主义——列宁主义。更加难能可贵的是，列宁在继承和发扬马克思恩格斯科学思想的过程中，积极推进马克思主义话语体系的时代化建设，丰富和发展了马克思主义话语体系，使之能更灵活地应对实践的发展和各种社会思潮的挑战，更好地为俄国无产阶级革命和苏联社会主义建设提供理论指导和话语支撑，从而一步步掌握了俄国革命和苏联社会主义建设的话语主导权。

列宁擅长用马克思主义理论指导革命和建设的实践，又精通于将实践中的宝贵经验上升为科学理论，特别注重马克思主义哲学观点、无产阶级革命思想和社会主义建设理论的话语阐释。与马克思恩格斯一样，在推进马克思主义话语体系建设的过程中，始终强调人民群众的历史主体地位。列宁认为，人民群众是俄国革命的动力源泉和社会主义建设的关键力量，充分肯定了人民群众在实践、理论和话语中的主体地位。在列宁看来，为"劳动群众"说话和说"劳动群众"的话是马克思主义话语体系在内容上和形式上根本的目标诉求，这正是列宁积极构建马克思主义大众话语体系的出发点和落脚点。因此，坚持人民群众的话语中心地位，并围绕人民群众的生产实践和社会生活精心酝酿话语，就成为组织"千百万劳动群众"的马克思主义大众

---

① 《马克思恩格斯全集》第 2 卷，人民出版社 1957 年版，第 589 页。

话语体系建设的基本原则。

　　作为马克思主义经典作家的列宁，全面继承了马克思恩格斯的诸多重要思想，并在实践基础上将马克思主义提升到一个崭新的理论高度。列宁既是理论家，又是实干家。他始终坚持理论与实践的辩证统一，更多强调理论回归实践和人民的重要性，提出了"最高限度的马克思主义＝最高限度的通俗和简单明了"①的著名公式，是其马克思主义通俗化思想的集中体现。列宁在 1902 年 2 月写成的《怎么办?》一书，奠定了俄国十月革命的理论基础，是马克思主义政党建设的纲领性文件。尽管文中不乏许多深邃的思想观点，但简洁明了的书名和巧妙的设问方式引人入胜，大大增加了理论经典的可读性，将思想深度与语言美度相结合，实现了与马克思恩格斯大众话语风格的一脉相承。在看过叶尔曼斯基的《科学的劳动生产组织和泰罗制》后，列宁在肯定内容的同时，一针见血地指出了"语言啰嗦"的问题，因为"大众"没有时间读大部头的书。所以，针对当时报刊宣传等领域存在的大篇幅"理论说教"的弊病，列宁给予了严厉批评。如何破解这一问题，列宁在方法论方面也进行了深入思考，给出了答案，即"在传达这种思想时，要善于用通俗易懂的语言，并且能够借助于日常生活中他们所知道的事实"②。

　　就马克思主义大众话语体系建设而言，列宁不仅是理论构建者，更是亲身实践者。在革命时期，列宁用马克思主义大众话语发动人民群众积极参与无产阶级革命。那些富含阶级斗争理论因子且又通俗化的语言，成为发动广大俄国群众投身革命的宣传利器。十月革命爆发之前，列宁通过发表演讲、撰写文章、深入群众等方式，广泛地动员革命力量，提出了著名的"面包""土地""和平"的革命口号。仅 6 个字构成的革命口号，直白而又确切，与人们的日常生活密切相连，带有明显的大众特色，极易为俄国"千百万劳动群众"所接受和认可，并积极投身到为"面包""土地""和平"而斗争的革命洪流中。在社会主义建设时期，列宁用马克思主义大众话语动员人民群

---

① 《列宁全集》第 36 卷，人民出版社 1959 年版，第 467 页。
② 《列宁全集》第 4 卷，人民出版社 2013 年版，第 277 页。

众加入到社会主义建设中来。苏俄的社会主义建设，是一种前无古人的开拓性探索，并无任何成功的经验可以借鉴。面对如此巨大的压力，列宁毫不畏惧，他用"不接近群众，就会一事无成"的反向话语表达，干脆利落地表明了自己的群众观，牢牢抓住了人民群众这一社会主义的基本依靠力量。对此，列宁疾呼："如果我们连群众的情绪都摸不透，不善于跟群众打成一片，把工人群众发动起来，那就根本谈不上发挥社会民主党的革命先锋队的作用了！"①列宁用直白有力的大众话语，道出了无产阶级政党与人民群众之间的紧密联系，为如何处理好党与群众的关系指明了方向。

列宁既注重人民群众的历史主体地位，又致力于马克思主义理论的通俗化，并在革命运动和建设实践中，借助来自于日常生活的大众话语体系组织和动员"千百万劳动群众"，展现了列宁精湛的马克思主义大众话语艺术。因此，列宁通过马克思主义大众话语体系这一有效载体，实现了人民群众掌握马克思主义与马克思主义掌握人民群众的有机统一，推动了马克思主义的迅速发展。

第二节　马克思主义大众话语体系的中国化发展

马克思主义大众话语体系的历史演进，发端于马克思恩格斯面向"全世界无产者"的大众话语体系和列宁组织"千百万劳动群众"的大众话语体系。马克思主义大众话语体系在时代的历练和中国的实践中，不断完善和发展，取得了良好的初步成效。历经毛泽东围绕"劳苦大众"的大众话语体系，到邓小平实现"共同富裕"的大众话语体系，又经"代表最广大人民群众根本利益"的大众话语体系，再到"以人为本"的大众话语体系，直到新时代"以人民为中心"的大众话语体系。在这一过程中，马克思主义大众话语体系准确把握时代发展的主题变化，始终突出"大众"的话语主体地位，坚持"谁在说话，为谁说话，说什么话，怎样说话"的话语范式，用大众话语唤醒大

---

① 《列宁全集》第 10 卷，人民出版社 2017 年版，第 334 页。

众、解放大众、服务大众、引领大众。

一、推翻"三座大山"、解放"劳苦大众"的马克思主义大众话语体系

伟大的时代呼唤伟大的理论。近代中国的劳苦大众，内受封建主义的压榨，外受帝国主义的凌辱，中间夹杂着官僚资本主义的剥削。马克思主义便是在这样的背景下传入中国，针对的是要解决中国的出路问题。马克思主义告诉苦苦求索的人们，要彻底推翻压在劳苦大众头上的"三座大山"，必须通过"革命"的手段。首先要回答"什么是革命？谁来革命？革谁的命？怎样革命？"这一关于革命的基本问题，具体包括革命的内容、革命的对象、革命的依靠力量、革命的方式方法、革命的态度、革命的目标任务等等。因此，"革命"就成为马克思主义传入中国后逐步开始中国化时代化大众化的首个主题，也成为马克思主义大众话语体系的一条主线。

以毛泽东同志为主要代表的中国共产党人既是语言大师，也是马克思主义中国化话语体系转化的奠基人，更是我国马克思主义大众话语体系的伟大构建者。马克思主义一经传入，就为苦苦寻找救国救民真理的中国先进分子所重视。然而，在对待马克思主义的问题上，产生了两种截然不同的态度：一种是照搬照抄的本本主义和教条主义；一种是将马克思主义科学真理与中国情况联系起来的"结合派"。以毛泽东同志为核心的党的第一代中央领导集体属于后一种，他站在马克思主义中国化的立场上，毫不留情地批评了本本主义和教条主义，认为"许多同志的学习马克思列宁主义似乎并不是为了革命实践的需要，而是为了单纯的学习。所以虽然读了，但是消化不了。只会片面地引用马克思、恩格斯、列宁、斯大林的个别词句，而不会运用他们的立场、观点和方法，来具体地研究中国的现状和中国的历史，具体地分析中国革命问题和解决中国革命问题"[1]。毛泽东深刻指出，对马克思主义的"引用"和"运用"是有着本质区别的，"中国的事情"需要"中国的同志"了解"中国的情况"。

---

[1] 《毛泽东选集》第 3 卷，人民出版社 1991 年版，第 797 页。

毛泽东在《反对党八股》一文中指出："共产党员如果真想做宣传，就要看对象，就要想一想自己的文章、演说、谈话、写字是给什么人看、给什么人听的，否则就等于下决心不要人看，不要人听。许多人常常以为自己写的讲的人家都看得很懂，听得很懂，其实完全不是那么一回事，因为他写的和讲的是党八股，人家哪里会懂呢？'对牛弹琴'这句话，含有讥笑对象的意思。如果我们除去这个意思，放进尊重对象的意思去，那就只剩下讥笑弹琴者这个意思了……射箭要看靶子，弹琴要看听众，写文章做演说倒可以不看读者不看听众吗？……做宣传工作的人，对于自己的宣传对象没有调查，没有研究，没有分析，乱讲一顿，是万万不行的。"[①] 以农民为主体的劳苦大众是中国社会的基础，也是新民主主义革命的主要潜在力量。农村背景出身的毛泽东，在深入调查、研究、分析的基础上，认识了脱胎于半殖民地半封建社会中国的最大的实际，准确把握了"农民"这一当时最大话语主体，围绕"农民"和"农村"展开了话语体系构建和革命实践斗争。从毛泽东早期的著作《湖南农民运动考察报告》《民众的大联合》等中可以反映出，毛泽东很早就将注意力放在中国最大规模的"无产者"——农民的生活状况，非常熟悉底层农民的思维习惯和话语方式。毛泽东特别擅长运用人民大众熟悉的日常话语来宣传马克思主义，同时又赋予大众的日常话语以马克思主义的内涵。

（一）回答"什么是革命"的马克思主义大众话语

尽管"革命"一词最早出现在《易经》中的"汤武革命，顺乎天而应乎人"。然而，对于古老的中国和中国的老百姓来说，"革命"并不是一个常用的词汇。历代新旧王朝的更迭甚至是农民起义都没有以"革命"相标榜，大都把自己的行动称为"造反""起义"或"光复"等。随着近代中国封闭的大门被西方殖民者的坚船利炮打开，诸多西方的"奇技淫巧"出现在中国人的日常生活中，相伴而至的还有各种各样外来的思想和思潮，不断冲击和改变着中国老百姓固有的生活方式和思维方式。近代社会中的"革命"一词，最早是由孙中山倡议使用的。李大钊、毛泽东等早期共产主义先进分子在向

---

① 《毛泽东选集》第3卷，人民出版社1991年版，第836、837页。

中国老百姓介绍俄国的十月革命时，既继承前人又接受马克思主义先进理论的武装，多次使用脍炙人口的"十月革命一声炮响，给我们送来了马克思列宁主义"这样的典型性大众话语，昭示了"革命"的现代意义，切实深入人心。

马克思主义认为，革命是为了解放人民，发展生产力。近代以来，中国人民生活在水深火热之中，这也是革命的动力所在。谢觉哉在总结革命原因时曾指出："很清楚，帝国主义、封建主义和官僚资本主义的统治，是中国人民灾荒与贫困和人口消耗的总根源。"[①] 据此，毛泽东进行了准确概括并正式提出了"三座大山"的概念，而中国共产党领导的新民主主义革命的根本意义就是要推翻帝国主义、封建主义和官僚资本主义这"三座大山"。他又进一步指出，"依靠贫农，团结中农，有步骤地、有分别地消灭封建剥削制度，发展农业生产，这就是中国共产党在新民主主义的革命时期，在土地改革工作中的总路线和总政策"[②]。这反映出毛泽东重视农民的大众情怀，也体现出毛泽东对中国革命与农民关系的密切关注。而在谈到"革命"所指向的具体内容时，为了方便大众的理解和接受，毛泽东使用了贴合中国数量最多的大众——农民——的生活而又非常口语化的表达："打土豪呀，分田地呀，分谷物呀，废债务呀，起游击队呀，立苏维埃呀"[③]。他努力用中国老百姓的话表述中国老百姓的事，用马克思主义的观点来分析问题，解决困难，真正受到大众的认可。毛泽东本人也曾说，"'打倒列强……'这个歌，街上的小孩子固然几乎人人晓得唱了，就是乡下的小孩子也有很多晓得唱了的。""我这些话，说得农民都笑起来。"[④] 这成为马克思主义大众话语力量的集中展现。毛泽东等早期中国共产党人在科学回答"什么是革命"这一基本问题时，以马克思主义为理论先导，始终站在人民的立场上思考和分析问题，关心中国劳苦大众（主要是农民）的生活和接受能力，取得了较好的马克思主义大

---

① 《谢觉哉文集》，人民出版社 1989 年版，第 883 页。
② 《毛泽东选集》第 4 卷，人民出版社 1991 年版，第 1317 页。
③ 《毛泽东文集》第 1 卷，人民出版社 1993 年版，第 260 页。
④ 《毛泽东选集》第 1 卷，人民出版社 1991 年版，第 34 页。

众话语体系效果。"打倒帝国主义，打倒军阀，打倒贪官污吏，打倒土豪劣绅，这几个政治口号，真是不翼而飞，飞到无数乡村的青年壮年老头子小孩子妇女们的面前，一直钻进他们的脑子里去，又从他们的脑子里流到了他们的嘴上。"① 除此之外，在革命的态度上和革命者的理想上，中国共产党人凝练出了"将革命进行到底"和"人民当家作主"的简明而清晰的马克思主义大众话语。

（二）回答"谁来革命""革谁的命"的马克思主义大众话语

"谁来革命"回答的是革命主体的问题，"革谁的命"回答的是革命对象的问题，这两个问题反映的是革命中的一对基本矛盾。在《毛泽东选集》第一卷的《中国社会各阶级的分析》中，毛泽东开篇就用中国通俗易懂的话语指出："谁是我们的敌人？谁是我们的朋友？这个问题是革命的首要问题。"就革命本身而言，毛泽东做出的"敌人""朋友""自己"的区分，理论来源于对马克思主义"阶级斗争"理论中无产阶级与资产阶级这一资本主义主要矛盾的认识和理解，具有马克思主义的性质。更为重要的是，毛泽东没有将脱胎于西方 19 世纪工业文明的马克思主义关于"阶级斗争""无产阶级""资产阶级"等理论性概念直接照搬照抄，而是进行了中国化的内容转换和大众化的话语转化。这是因为，当时中国处于半殖民地半封建社会，资本主义在中国没有得到充分的发展，"资本主义""无产阶级""资产阶级"等话语并未占据主流话语平台，这些概念对于当时中国的老百姓更是十分陌生。以毛泽东同志为主要代表的中国共产党人通过将马克思主义的"阶级斗争""无产阶级""资产阶级"等话语转化为"革命""敌人""朋友""自己"等话语，既兼顾了马克思主义的科学内涵，又符合中国老百姓在日常生活中的思维习惯和话语方式，具有非常鲜明的中国大众话语特色。像"红色政权区域"与"国民党统治区"的形象划分，也属于此类大众话语。

在明确革命者和革命对象的问题上，毛泽东有更加具体的带有马克思主义性质的大众话语论述，他提出"我们要分辨真正的敌友，不可不将中国社

① 《毛泽东选集》第 1 卷，人民出版社 1991 年版，第 34 页。

会各阶级的经济地位及其对于革命的态度，作一个大概的分析"①。对各阶级的分析，毛泽东坚持了"无产阶级是革命领导阶级"的马克思主义观点。但在革命者组成的分析上，他依据中国国情，突出人数占大多数的"农民"在中国劳苦大众中的重要地位，将中国的"农民"视作与工人阶级一样的革命的基本力量，并提出了"工农联盟"的大众话语概念。同样的情况发生在对革命对象的描述上，毛泽东也有经典的大众化表述，"一切反动派都是纸老虎"的论断至今让人记忆犹新。马克思主义将革命对象界定为剥削的"资产阶级"及其拥护者，在中国则具体化为帝国主义及勾结帝国主义的军阀、官僚、买办阶级和大地主阶级等。毛泽东将中国革命对象的一系列复杂论述，用"反动派"的精练表述来替代，并将"反动派"比喻为"纸老虎"，既是一种生动、形象、具体的话语风格，同时准确地揭示出敌人外强中干的本质，提振了中国人民战胜敌人的信心和决心，是马克思主义大众话语体系建构的成功典范。

（三）回答"怎样革命"的马克思主义大众话语

在确定了革命目标、革命力量和革命对象等基本问题后，科学回答"怎样革命"就成为革命能否成功的关键一环。在马克思主义的指导下，中国共产党人从中国的实际出发，不断探索中国自己的革命道路，并以符合中国大众的形式展现出来。将"怎样革命"这一问题置于马克思主义的指导和共产党的领导，是革命取胜的关键。而将"怎样革命"这一问题用中国的形式、中国的气派、中国的话语向中国的"劳苦大众"阐释清楚，同时让他们听得懂、能接受并最终认可进而达到发动大众，实现向人民革命、人民战争转换的目的，是革命胜利的根基。

在适应受众后，就要进一步培养受众，恩格斯在论述工人报刊与读者的关系时指出："同工人接触半年，就会培养出读者"②。现代意义的中国民主革命发端于军阀混战的动乱时期，虽然中国共产党自诞生之日起就将新民主主

---

① 《毛泽东选集》第 1 卷，人民出版社 1991 年版，第 3 页。
② 《马克思恩格斯全集》第 36 卷，人民出版社 1975 年版，第 115 页。

义革命胜利作为奋斗目标，并以个人身份加入国民党积极参加了孙中山领导的民主革命及北伐战争。然而，早期的党组织成员大多是知识分子，对革命的认识不够深刻，尤其是对革命的残酷性认识不足，缺乏武装斗争的经验，忽视了对武装力量的争取和掌握，为此付出了惨重的代价。革命事业是前进性与曲折性的辩证统一，在急需汲取革命失败教训、调整革命斗争方式的紧要当口，毛泽东在八七会议上及时地抛出了"须知政权是由枪杆子中取得的"①这一重要论断。高度凝练而又苍劲有力的一句话，一针见血地指出了革命失败的症结所在，成功地推动了中国革命向武装斗争的转型。之后，这一重要论断得到不断传承和提炼，发展为"枪杆子里面出政权"的著名口号。无论是党的领导干部及普通党员，还是普通大众都对这一中国化的马克思主义话语留下了深刻的大众印象。

革命的起步阶段总是充满着各种艰难险阻，既有外部的客观条件所带来的困难，也有内部滋生的畏难情绪，甚至有时内外各种困难交织在一起，对革命会造成巨大的威胁。井冈山革命斗争时期，面对敌人的步步紧逼和恶劣的自然条件，有人就产生了"红旗到底能打多久"的疑问，集中反映了党内和革命队伍内出现的悲观主义倾向。针对这样的局面，就需要发扬马克思主义信仰的坚定性和革命乐观主义精神，通过大众的话语方式将革命信仰和大无畏精神层层传导到革命队伍中去，起到稳定人心军心、坚定革命理想信念的作用。著名的马克思主义大众话语"星星之火，可以燎原"就是产生于这样的时代背景。毛泽东有理有据的回答，如和风细雨般润物无声，巩固了红军队伍的革命决心，对于鼓舞中国革命走出苦难和低潮发挥了重要作用。中国共产党人突出"人民"的主体地位，多种场合反复强调"农民则是中国革命的主力军"②，从而形成了"人民战争"这一重要的大众话语，极大地调动了革命主体的积极性，翻身作主、分到田地的广大农民踊跃参军就是马克思主义大众话语体系不断发展的有力佐证。

---

① 《毛泽东文集》第 1 卷，人民出版社 1993 年版，第 47 页。
② 《董必武选集》，人民出版社 1985 年版，第 322 页。

在关于"怎样革命"的深入思考和艰辛探索中，经验与教训的对照使中国共产党人逐渐认识到照搬照抄苏俄的"城市暴动"是教条主义的路线，不仅不会指引革命胜利的道路，很有可能葬送中国革命事业。因此，最终所形成的独具特色的"农村包围城市，武装夺取政权"的中国革命道路和革命经验，是对"怎样革命"的充分回应和科学解答。与之相适应，马克思主义大众话语也从"枪杆子里面出政权""星星之火，可以燎原""人民战争"等形成了"农村包围城市，武装夺取政权"这一系统性回答，进一步完善了马克思主义大众话语体系的内容和结构。

总之，马克思主义大众话语体系在中国第一阶段的构建紧紧围绕"革命"的时代主题和"劳苦大众"的话语主体，始终贯穿马克思主义的立场、观点和方法，又不断结合具体情况进行中国化，形成了"一切为了群众，一切依靠群众，从群众中来，到群众中去的"的党的群众路线。中国共产党用群众路线指导马克思主义大众话语体系的建设，同时兼顾人民大众的思维习惯和话语方式，将这一群众路线积极融入大众话语体系，实现了二者的互动、融合、共进、统一。正如毛泽东曾指出的那样，中国化的马克思主义大众话语体系展现出"新鲜活泼的、为中国老百姓所喜闻乐见的中国作风和中国气派"①，易于在广大人民群众中传播并为他们所接受。因此，把马克思主义的理论话语转化成日常话语，以此来宣传群众，是中国共产党的宣传优势和宝贵经验。

二、"满足人民群众日益增长的物质文化需求"的马克思主义大众话语体系

显然，马克思主义大众话语体系的建设与马克思主义中国化时代化大众化的历史进程相伴而生，协同推进，互动发展。换言之，马克思主义大众话语体系的发展既是继承前人，又是不断与时俱进。在马克思主义中国化时代化大众化实践发展及其话语构建的过程中，邓小平继承了马克思恩格斯面向

---

① 《毛泽东选集》第2卷，人民出版社1991年版，第534页。

"无产者"和毛泽东关注"农民"的大众话语思路，把握"什么是社会主义，怎样建设社会主义"的话语主旋律，围绕"人民群众日益增长的物质文化需要同落后的社会生产之间的矛盾"这一重大判断，立足"满足人民群众日益增长的物质文化需要"的话语诉求，以"解放思想""实事求是""共同富裕"为主要的话语内容，打造符合时代要求的马克思主义大众话语体系，实现了马克思主义大众话语体系由解放大众到发展大众的时代嬗变。邓小平认为："我们讲了一辈子马克思主义，其实马克思主义并不玄奥。马克思主义是很朴实的东西，很朴实的道理。"他反对在马克思主义的研究和阐释上搞"文章太长""内容重复""新的语言并不很多"的形式主义。[①]

在此期间，邓小平突出人民群众的重要地位，喊出了"尊重人民群众首创精神"的时代口号，将满足人民群众的需求作为工作的出发点和落脚点。在马克思主义大众话语体系的打造中，坚持话语主体和话语客体统一于人民大众的逻辑前提，进而从人民大众这一话语主体的需求和特点出发，用大众话语连接马克思主义理论与人民大众，最终有效解决人民大众所关心的切身问题。邓小平指出："社会主义是一个很好的名词，但是如果搞不好，不能正确理解，不能采取正确的政策，那就体现不出社会主义的本质。"[②]实践发展、理论提升与话语表达是马克思主义创新发展的三个基本维度，也是破解"什么是社会主义，怎样建设社会主义"这一中国化马克思主义时代命题的三个角度。

一是"解放思想"的大众话语：社会主义性质之争。从 1956 年社会主义改造完成到改革开放之前，社会主义的实践探索在中国经历了 20 多年的艰辛探索，尽管取得了一定的成绩和进步，但并未能从根本上解决社会主义的一些基本问题，特别是"文化大革命"的影响，致使党和人民对社会主义的认识出现了严重偏差，甚至错误。在这样的历史转折的大背景下，"什么是社会主义"的疑问成为回荡在中国大地、为每个中国老百姓密切关注的热

---

① 《邓小平文选》第 3 卷，人民出版社 1993 年版，第 381、382 页。
② 《邓小平文选》第 2 卷，人民出版社 1994 年版，第 313 页。

点。因此，在正确理论的指导下，用合适的大众话语回答社会主义的性质问题，是破解"什么是社会主义？怎样建设社会主义？"的第一步。邓小平用"贫穷不是社会主义"这一简洁有力的话语表达，揭示了社会主义的根本属性，平息了社会主义性质的争论，为社会主义本质理论的完整提出做了思想铺垫和话语准备。社会主义性质的话语表达将"贫穷"与"社会主义"对立展现，这一否定句式的使用起到了强调和突出的作用，观照了大众脱离贫穷的基本需求，坚定了全党和全国人民走社会主义道路的信心，也为中国特色社会主义的探索奠定了坚实基础。"只有社会主义才能救中国，只有改革开放才能发展中国。"①"社会主义最大的优越性是共同富裕""先富带动后富""社会主义的根本任务是发展生产力""社会主义市场经济体制"等大众话语的广泛使用，进一步完善了"解放思想"的大众话语的系统化。

二是"实事求是"的大众话语：和平与发展之实。40多年前的改革开放始于真理标准问题的大讨论，通过这次讨论，重新恢复并再次强调了检验真理的标准只能是实践，重新确立了"实事求是"的思想路线。"实事求是"来源于中国经典古籍，是典型的中国特色大众话语，具有深厚的文化底蕴和较高的群众基础。"实践是检验真理的唯一标准"，集中体现了马克思主义认识论中认识与实践辩证统一关系的精髓，成为中国改革开放中最响亮的大众话语。今天，"实践是检验真理的唯一标准"仍然是马克思主义大众话语体系的主流话语，频频出现在人们对改革开放的庆祝话语当中。

三是"共同富裕"的大众话语：改革开放之路。解决了"什么是社会主义"的问题后，邓小平又对"怎样建设社会主义"这一重大问题进行了认真思考，形成了一整套关于建设社会主义的科学理论，并用老百姓喜闻乐见的大众话语予以阐释。"摸着石头过河"本是一个生活常识，意指在生活中要大胆尝试才能取得成功。四川方言"黄猫、黑猫，只要捉住老鼠就是好猫"也被称为"猫论"，描述的也是老百姓过日子最为简单的生活经验，意指为了达到理想的目的，可以采取各种各样灵活的办法，不必拘泥于"本本"。用这种

---

① 《胡锦涛文选》第2卷，人民出版社2016年版，第619页。

大众所熟悉的朴素生活经验话语来承载和说明如何推进社会主义建设的重大战略问题，利于深刻、抽象的理论为大众所理解和运用，体现了邓小平伟大的政治智慧和话语艺术，将马克思主义大众话语体系的探索和完善推向了一个新的高度。

三、"代表最广大人民根本利益"的马克思主义大众话语体系

马克思主义是开放的科学真理，需要根据时间、地点和条件的变化不断与时俱进，这也是马克思主义中国化时代化大众化的必然要求。"如果不顾历史条件和现实情况的变化，拘泥于马克思主义经典作家在特定历史条件下、针对具体情况作出的某些个别论断和具体行动纲领，我们就会因为思想脱离实际而不能顺利前进，甚至发生失误。"[①]这一时期，马克思主义中国化时代化大众化的理论创新成果集中体现在"三个代表"重要思想上。马克思主义中国化时代化大众化的新发展需要与此相适应的话语表达。同时，实践的发展也为话语体系的建设和发展提供了必要条件。因此，代表先进生产力的发展要求、代表先进文化的前进方向、代表最广大人民的根本利益的"三个代表"重要思想成为马克思主义新的中心话语，引领马克思主义大众话语体系的发展方向。特别是"代表最广大人民的根本利益"所突出强调的"最广大人民"的中心地位，使其成为新的时代条件下构筑马克思主义大众话语体系的题中应有之义。

苏联亡党亡国的惨痛教训，东欧剧变及国际共产主义运动低潮的到来，加之世情国情党情发生的诸多变化，中国共产党的自身建设面临新的巨大挑战。党的建设新的伟大工程需要回答的首要的基本问题——"建设什么样的党，怎样建设党"即刻摆在了中国共产党人的面前。因此，"建设什么样的党，怎样建设党"成为时代发展的重大课题。能否成功破解这一时代课题，关乎党的生死存亡和马克思主义的前途命运。这既考验着共产党人的政治智慧，也检验着马克思主义的话语艺术。在这一紧要关头，中国共产党人集中

[①]　江泽民：《论"三个代表"》，中央文献出版社 2001 年版，第 165 页。

全党智慧和全国人民的力量，用"三个代表"重要思想成功破解了党的建设新的伟大工程这一时代课题，拓展了马克思主义中国化时代化大众化的新境界，增强了马克思主义大众话语体系的饱满度。

"三个代表"重要思想回答了党的建设新的伟大工程的核心问题。"三个代表"重要思想立足于人民主体地位的唯物史观，在新的世情国情党情下，有针对性地回答了"建设什么样的党"的时代追问，指明了党的建设和马克思主义的发展努力方向。具体要求"每个领导干部都要在工人、农民、知识分子中交一些知心朋友，经常促膝交谈"[①]。在"谈"的过程中，讲群众语言，说大众话语。反之，如果党脱离了人民群众，不能代表最广大人民群众的根本利益，就会导致"垮台"的恶果。"经济搞不好会垮台。经济搞上去了，如果腐败现象泛滥，贪污贿赂横行，严重脱离群众，也会垮台。"[②]"两个垮台"论的使用和对比，充分凸显了党时刻保持与人民群众联系的重要性，使广大党员领导干部对脱离人民群众的危险有了直观深刻的印象。

"三个代表"重要思想回应了中国老百姓所关注的"中国共产党向何处去?"的核心问题。"三个代表"重要思想从经济、文化和人民三个宏大维度阐释了中国共产党的先进性，自成体系，说理明晰。"先进生产力的发展要求""先进文化的前进方向""最广大人民的根本利益"这些核心词汇和短语在日常生活中频现，为中国老百姓所熟知，便于大众理解和接受发展了的马克思主义，使大众对这一马克思主义中国化的理论话语有天然的亲近感。除此之外，"五个始终""立党为公，执政为民"等话语也是"三个代表"重要思想这一核心话语的分话语支撑，成为马克思主义大众话语体系的重要组成部分。

四、"以人为本"的马克思主义大众话语体系

跨入新的世纪，马克思主义在中国的发展也达到了一个新的阶段。与此

---

① 《江泽民论加强和改进执政党建设（专题摘编）》，中央文献出版社、研究出版社 2004 年版，第 501 页。

② 《江泽民论有中国特色社会主义(专题摘编)》，中央文献出版社 2002 年版，第 426 页。

相适应，马克思主义的话语体系也推进到新的高度。尤其是面向广大人民群众的大众话语体系，更需要不断适应新的要求。无论是在推进马克思主义中国化时代化大众化的进程中，还是在完善马克思主义大众话语体系的过程中，中国共产党人始终牢记大众在理论创新和实践发展中的主体地位，在时代话语体系的更新和完善中，坚持马克思主义方向，突出"以人为本"的价值诉求，赋予其大众化的外在语言表达，真正实现马克思主义大众话语内容与形式的内在统一。质言之，以人民群众所习惯接受的话语方式和喜闻乐见的话语形式来表达和维护人民群众的根本利益，是马克思主义具有蓬勃生命力的力量源泉，是中国共产党扎根于人民群众的重要基石。为破解新世纪新发展的时代课题，围绕"实现什么样的发展，怎样实现发展"的核心话语，新世纪的马克思主义大众话语体系在探索中不断丰富和发展。

话语是思想的表达，时代化的马克思主义大众话语总是能够回应时代发展中的人民关切。在新的世纪，中国发展遇到三个层面的问题，即"中国要不要发展""中国实现什么样的发展""中国怎样实现发展"。发展缘由、发展方式、发展目标等一系列关于中国发展根本问题的讨论，既是世界之惑，也是时代之问，更是人民关切。从根本上来讲，中国的发展问题实际上就是马克思主义中国化时代化大众化的问题。因此，必须用坚定、恰当、准确的马克思主义大众话语予以回应。

第一，用"不折腾"强调中国的发展和方向，肯定性地回答"中国要不要发展"的问题。从话语内容上看，"不折腾"意味着一心一意谋发展，中国决不能偏离改革开放的正确道路；从话语形式上看，"不折腾"的表述用否定式的表达结构达到强调肯定的目的，获得坚定有力的话语效果。更为难得的一点是，"不折腾"短短三个字，通俗易懂，向时代和世界传递了中国力量，坚定了中国人民走中国特色社会主义道路的坚强信心。

第二，用"科学发展"阐释中国的发展道路，科学回答"中国怎样实现发展"问题。用什么样的方法实现发展，即发展方式，历来是一个复杂的问题，包含着方方面面的内容。"科学发展"用言简意赅的话语方式，囊括了发展方式的系统性。"发展"是在"科学"理念指导下的破旧立新，摒弃的是为老百姓所深恶痛绝的旧的发展理念和发展方式，坚持的是"以人为本"为核心的中国道路的创新和突破。

第三，用"和谐社会"来定位中国的发展目标，回答"中国实现什么样的发展"的问题。"和谐"来自中国传统文化用语，描述的是一种理想美好的状态。"和谐社会"是马克思主义与中国大同社会理想有机结合的大众话语表达。"生态文明""创新型国家""党的先进性建设"等话语皆是对"和谐社会"这一目标话语的具体分解和强力支撑。值得注意的是，在回答中国发展的一系列基本问题的过程中，坚持的总方针是"以人为本"，从而明确了发展是为了人民，发展成果由人民所共享的理念。"以人为本"既是整个发展问题的核心主题，也是马克思主义大众话语体系的核心话语。因此，这个时期的马克思主义大众话语体系的探索更加注重"以人为本"，在话语内容和话语形式上更加突出面向大众的适应性。

五、"以人民为中心"的新时代马克思主义大众话语体系

经过长期的努力，中国特色社会主义进入新时代。在理论和实践结合上系统回答新时代坚持和发展什么样的中国特色社会主义、怎样坚持和发展中国特色社会主义，建设什么样的社会主义现代化强国、怎样建设社会主义现代化强国，建设什么样的长期执政的马克思主义政党、怎样建设长期执政的马克思主义政党，成为重大的时代课题。围绕这些重大时代课题，我们形成了马克思主义中国化最新成果——习近平新时代中国特色社会主义思想。坚持人民群众的主体地位是唯物史观基本的观点，是习近平新时代中国特色社会主义思想的哲学基础，必然带来实践上坚持以人民为中心的发展思想。坚持以人民为中心是长期的、根本的、全方位的发展思想，使得坚持以人民为中心成为马克思主义大众话语体系发展的思想灵魂，而马克思主义大众话语体系则成为以人民为中心的发展思想名副其实的话语承载。

作为当代中国马克思主义的主要创立者，习近平是新时代马克思主义大众话语体系的主要转化者和构建者。只有心中有人民，才能说话有力量。七年的知青岁月和在正定的日子，习近平每天与基层老百姓朝夕相处。这不仅

奠定了人民群众在习近平心目中的首要地位和十足分量，同时，习近平的马克思主义大众话语体系开始萌芽。在以后的经历中，无论在哪一个岗位上，习近平心中始终秉持以人民为中心的发展思想，嘴上始终讲老百姓愿意听、听得懂的马克思主义大众话语。针对官样文章和马克思主义话语的"八股"现象，他坚决予以反对。习近平早在浙江工作时，就曾深刻批评了部分党员领导干部"失语""乱语""雷语"等现象。他指出，一些党员领导干部"与新社会群体说话，说不上去；与困难群众说话，说不下去；与青年学生说话，说不进去；与老同志说话，给顶了回去"①。这些话语问题的背后是思想松懈、是知识匮乏、是素质不高，更是人民情怀的欠缺。与群众不会说话是表面现象，本质则是对群众的疏远，甚至是对群众缺乏感情。

文以载道，言为心声。党的十八大以来，习近平在不同场合使用"鞋子论""钉子论""补钙论""总开关""打老虎""拍苍蝇""绿水青山就是金山银山""撸起袖子加油干""兄弟同心，其利断金""海纳百川，有容乃大"等脍炙人口的话语来系统化阐释深刻的马克思主义和中国特色社会主义，取得了良好的效果。这些马克思主义大众话语来源于普通百姓非常熟悉的日常话语、传统话语、网络话语，承载着习近平新时代中国特色社会主义思想的理论框架，同时被赋予当代中国马克思主义的科学内涵，已成为中国老百姓甚至是全世界人民耳熟能详的"流行语""时髦话""高频词"，令人印象深刻，更易于被人接受和理解。

特别是在党的十九大和二十大报告中，习近平多次使用了直白朴素的大众话语，深入浅出，既"接地气"又意义深远，充满凝聚力、说服力、感染力，是新时代马克思主义大众话语体系建构的光辉典范。在谈到党的领导地位时，没有从抽象的政党理论出发来论述党的领导地位的重要性，而是开篇便使用了"党政军民学，东西南北中，党是领导一切的"这一俗文俚语，系统、全面、准确地表达了党的领导地位的宽度和广度；在谈到中华民族伟大

---

① 习近平：《干在实处　走在前列：推进浙江新发展的思考与实践》，中共中央党校出版社 2006 年版，第 419 页。

复兴的艰巨性时，指出"中华民族伟大复兴，绝不是轻轻松松、敲锣打鼓就能实现的"。以此将实现中华民族伟大复兴艰巨性的预估与老百姓日常生活中的敲锣打鼓这一消遣行为进行了鲜明的对比，很容易让人理解中华民族伟大复兴的艰巨性；在谈到京津冀协同发展的关键时，强调以疏解北京非首都功能为"牛鼻子"。"牛鼻子"这一形象比喻的使用，将京津冀协同发展的关键表现得淋漓尽致，体现了马克思主义两点论与重点论的辩证统一。在谈到开放战略问题时，使用的是"中国开放的大门不会关闭，只会越开越大"这种聊天拉家常的话语方式，徐徐诉说，娓娓道来，将中国的对外开放这一重要战略的核心思想和未来走向，口语化、形象化地表达展现出来；在谈到中国特色社会主义政治发展中的协商民主时，用"有事好商量，众人的事情由众人商量"，这一表达准确道出了人民民主的真谛。正当西方国家还在用复杂而难懂的巨大篇幅在全世界宣扬和鼓吹自己所谓的现代化民主的时候，"众人的事情由众人商量"的人民民主话语表达回归了民主的本质，无论是在内容上还是话语上全面超越了西式民主，具有深远的历史意义。在谈到民族问题时，强调"促进各民族像石榴籽一样紧紧抱在一起"。既指出了中华民族团结的重要性，又为如何做到中华民族大团结指明了方向。各民族的团结就如同石榴籽一样紧紧抱在一起，比喻恰如其分，通俗易懂。在谈到保障和改善民生时，特别是在阐释策略方针和工作方法时，使用了"一件事情接着一件事情办，一年接着一年干"的大众话语表达，简洁精准，一目了然。在谈到大家关心的房价问题时，再次明确坚持"房子是用来住的、不是用来炒的"科学定位。回应大众迫切关心的热点、焦点问题，是马克思主义大众话语的基本职能之一。"住"是房子的基本属性，"炒"是推高房价的直接原因，抓住了"住""炒"这两个简单的字，就找到了解决房价问题的关键点。"房子是用来住的、不是用来炒的"科学定位运用到党的代表大会的报告中，清新的文风扑面而来，凸显解决民生问题的决心，也反映出自觉接受人民大众监督的信心。在谈到党群关系时，用"人民群众反对什么、痛恨什么，我们就要坚决防范和纠正什么"的话语予以概括，迅速抓住了党群关系的根本——一个政党，一个政权，其前途命运取决于人心向背。在谈到价值观建设时，列举了一些应该摒弃的负面问题，其中既有"个人主义""自由主义""好人主义""宗派主义"等借鉴西方话语中国化的"主义"式话语结构，也有对"圈子""码头""两面派""两面人"等中国传统话语体系的体现。在论及新时代十年的非凡成就取得的原因时，指出"新时代的伟大成就是党和人民一道拼出来、干出来、奋斗出来的！"简朴而有力的话语，揭示出了历史唯物主义的基本规律，凸显了中国共产党人根本的价值立场。

尤其值得一提的是，在突如其来的新冠疫情肆虐全球时，我们党强大的群众动员能力，彰显了战"疫"中的马克思主义大众话语力量。疫情防控是一场人民战争，必须紧紧依靠人民群众的智慧和话语。疫情防控是一场总体战，少不了包括话语在内的各方力量的积极参战。疫情防控是一场阻击战，需要通过话语动员在全社会迅速筑起群防群治的严密防线。战"疫"中，话语展现出的领导力、动员力、引导力、组织力、影响力，最终汇聚成战胜疫情的磅礴伟力。

其一，马克思主义大众话语体系的政治领导力："坚决打赢疫情防控的人民战争、总体战、阻击战"。面对突如其来的疫情，中央政治局多次召开专题会议，研究部署疫情防控工作，发出战"疫"的总动员令，党中央的声音始终指引着全国人民抗击疫情的前进方向。2020 年 1 月 25 日，习近平在中央政治局常委会会议上指出："生命重于泰山。疫情就是命令，防控就是责任。" 2020 年 1 月 28 日，他又在会见世界卫生组织总干事谭德塞时强调："人民群众生命安全和身体健康始终是第一位的，疫情防控是当前最重要的工作。"这些简明有力的话语，既体现了疫情防控的极端重要性，又体现了战"疫"背后的人民逻辑，昭示为了人民、依靠人民"打赢疫情防控人民战争"的初心。"只要坚定信心、同舟共济、科学防治、精准施策，我们就一定能打赢疫情防控阻击战。"这是习近平在 2020 年 1 月 25 日政治局常委会上的自信表达，透露出尽管疫情情况复杂、形势严峻，但党能够带领人民战胜疫情的必胜信念。正如习近平所说，"中华民族历史上经历过很多磨难，但从来没有被压垮过，而是愈挫愈勇，不断在磨难中成长、从磨难中奋起"。随着战"疫"的节节胜利，加之疫情防控的时间战线已达数十日之久，一些麻痹思想和懈怠情绪随之而来。对此，习近平及时提醒："不获全胜决不轻言成功。"这些来自顶层的战"疫"话语，指明了疫情防控的大方向，发出了疫情防控中的领导之声，凸显了主流话语的政治领导力。

其二，马克思主义大众话语体系的社会动员力："疫情不止，我们不散""我是党员，我先上！""我报名，我可以""哪里离危险最近，哪里就是我的岗位"……这些感人至深的话语属于最美"逆行者"，他们是奋笔写下"请战书"的医护工作者，是争分夺秒鏖战在火神山、雷神山医院的施工人员，是为生命接力星夜驰援运送捐赠物资的司机……越是艰难越向前，平凡岗位上的他们是新时代最美的"逆行者"，更是最可敬的时代英雄。"逆行者"，本身就是一个充满温暖和力量的新话语。面对肆虐猖獗的病毒，没有人选择退缩，更多的人以"明知山有虎，偏向虎山行"的勇气逆势而上。正如习近平所说："关键时刻冲得上去、危难关头豁得出来，才是真正的共产党人。"西安援鄂医疗队95后护士郭佳萌，手持自己刚剪落的长发不舍而又坚定地说："头发理了还可以再长出来，等我长发飘飘时，再来看看武汉。"在四川省派武汉医疗援助队伍出发送别现场，一位丈夫带着哭腔大喊："赵英明！记住！平安回来！我包一年家务！"24岁的女军医在电视报道时特意遮住自己的脸庞，因为她说过："不要播我的名字，妈妈看了会担心。"来自沂蒙革命老区的李保民，主动请缨和同伴一起将200吨新鲜蔬菜运往武汉，一句朴实的"没钱可以出力"令人动容。"逆行者"用实际行动昭示初心使命，也用朴实话语传递战"疫"力量。

其三，马克思主义大众话语体系的科学引导力："坚持向科学要答案、要方法"。人类同疾病较量最有力的武器就是科学技术，人类战胜大灾大疫离不开科学发展和技术创新。新冠肺炎病毒来势汹汹，千千万万的普通人应该如何应对，无论是身体上还是心理上都急需专业人士的科学引导，必须坚持向科学要答案、要方法。"戴口罩、勤洗手、少出门、少聚会、不信谣、不传谣"这些每天都会在各种网络媒体、电视广播、墙体标语、社区横幅等反复循环播放的防控常识话语，不断叮嘱着人们要保持对疫情的警惕之心，教会了人们预防病毒的科学方法，恢复了人们通过科学手段战胜疫情的信心，引导人们科学理性地面对疫情。"治愈患者一般不会出现再感染""现在还不是摘口罩的时候""武汉过关了，但还有下一关""没有特效药，但发现一些有效药"……这些出自权威专家的话语一字千钧，通过媒体迅速传播，在不同的战"疫"阶段为全国人民乃至全世界提供了疫情防控的科学武器。

其四，马克思主义大众话语体系的群众组织力："今天到处串门，明天肺炎上门。"疫情防控是一场全民参与的人民战争，必须紧紧依靠人民，充分尊重人民群众的首创精神。基层一线，特别是广大农村地区的医疗知识相对比较薄弱，一开始对疫情防控的重视程度不够，必然成为疫情防控宣传的重点区域。这时，有村干部通过大喇叭苦口婆心喊出的"不聚餐、不聚群""疫区来人，立即报告""喜事延后、白事从简"，也有"少吃一顿饭，亲情不会断""现在请吃饭的都是鸿门宴""老实在家防感染，丈人来了也得撵""串门就是互相残杀，聚会就是自寻短见"等劝阻人们少聚集的"土味"标语，还有更为醒目的"口罩你不戴，病毒把你爱""戴口罩总比戴呼吸机好，躺家里总比躺 ICU 强"等"犀利"横幅。这些来自人民群众的首创又被运用到疫情防控宣传中的"土味"标语、"犀利"横幅及大喇叭的"深情呼唤"，形式活泼多样、幽默风趣，内容简单明了、通俗易懂，却又令人印象深刻、自我警醒，形成了疫情防控中特殊的话语力量，迅速将基层民众的思想和行动统一起来。

其五，马克思主义大众话语体系的国际影响力："团结合作是最有力的武器。"疫情在全球的蔓延再次表明，人类是一个休戚与共的命运共同体。自疫情发生后，中国领导人在多个国际场合发出抗击疫情的"中国之声"。一是讲好中国的战"疫"故事。在同古巴国家主席迪亚斯-卡内尔通电话时，习近平主席介绍了中国"早发现、早报告、早隔离、早治疗的防控要求和集中患者、集中专家、集中资源、集中救治的救治要求"等，及时分享中国疫情防控的相关措施和方法，为全球疫情防控提供了重要参考和借鉴。二是传递中国的战"疫"信心。有"集中力量办大事"的制度优势和"万众一心，众志成城"的坚强意志，习近平主席在会见世界卫生组织总干事谭德塞时自信地指出："我们完全有信心、有能力打赢这场疫情防控阻击战"，向世界传递出战胜疫情的"中国信心",提振了全球战"疫"士气。三是勇担中国的战"疫"责任。在会谈会见和通信通电中,习近平多次强调,中国愿与各方开展合作,共同战胜疫情。给比尔·盖茨回信时指出:"战胜关乎各国人民安危的疫病,团结合作是最有力的武器。"同联合国秘书长古特雷斯通电话时,他又指出:"国际社会必须树立人类命运共同体意识,守望相助,携手应对风险挑战"。没有一个冬天不可逾越,没有一个春天不会到来。在疫情防控的严峻形势下,一些温暖的话语不时会让我们泪流满面,就像明亮的阳光照进心田,给人以负重前行的精神动力。"武汉加油!中国加油!"是整个疫情防控期间听到最多也是最有力量的话语,这既是全国对武汉的鼎力支持,也是国人的自我激励。一句"武汉不愧为英雄的城市,武汉人民不愧为英雄的人民",道出了武汉这座城市的伟大历史和武汉人民的奉献精神。"躺着也是为国家作贡献",虽是疫情期间人们解闷的自我调侃,但也是大国国民心态日趋成熟的表现。日本捐赠物资上的寄语"山川异域,风月同天",更是与人类命运共同体思想的文化契合和疫情时期的特殊表达。凡此种种,不一而足,皆是给人以前进力量的话语。

纵观马克思主义大众话语体系的历史演进,发源于马克思恩格斯时代的面向"全世界无产者"的话语体系,历经毛泽东时代的"劳苦大众"的话语体系,再到邓小平时代的"人民群众"共同富裕的话语体系,再经"代表最广大人民根本利益"的话语体系、"以人为本"的话语体系,直到今天的"以人民为中心"的话语体系。就实践层面而言,在这一漫长的历史演进过程中,由唤醒大众、解放大众到发展大众,再由服务大众、关注大众到引领大众的两次升级和飞跃。其中,最基本的前提是把握时代发展的主题,最主要的经验是突出"大众"的中心地位,最基本的话语范式是紧紧围绕"谁在说话,为谁说话,说什么话,怎样说话"这一根本问题,最重要的逻辑是实现了群众路线与话语体系、历史与现实、内容与形式、继承与发展的统一。与之相反,毛泽东晚年及"文化大革命"期间"左"倾思潮泛滥,"以阶级斗争为纲""大跃进""跑步进入共产主义""人有多大胆,地有多大产"等话语占据了马克思主义话语体系的上风,具有明显的时代烙印。虽然这些话语具备了大众话语的外在形式，但缺乏马克思主义的灵魂，偏离了关注大众的生活这一话语主体的正确方向，难免走向错误。

第三节　马克思主义大众话语体系的价值旨归

马克思主义大众话语体系是在马克思主义中国化时代化大众化的历史进程中逐步形成的。马克思主义大众话语体系建设紧紧围绕党在不同历史阶段的中心任务展开，从五个方面着重用力，即为马克思主义代言，承载理论创新；为党代言，宣示领导地位；为人民代言，回应人民关切；为时代代言，发出时代强音；为中国代言，讲好中国故事。这些构成了我国马克思主义大众话语体系的话语主题和话语特色，积累了丰富的经验，对于今天继续加强我国马克思主义大众话语体系的建设和创新，牢牢掌握社会主义意识形态话语权，具有重要启示。

一、为马克思主义代言：承载理论创新

马克思主义中国化时代化这个重大命题本身就决定，我们决不能抛弃马克思主义这个魂脉，决不能抛弃中华优秀传统文化这个根脉。坚守好这个魂和根，是理论创新的基础和前提。理论创新必须讲新话，但不能丢了老祖宗，数典忘祖就等于割断了魂脉和根脉，最终会犯失去魂脉和根脉的颠覆性错误。我们要拓宽理论视野，以海纳百川的开放胸襟学习和借鉴人类社会一切优秀文明成果，在"人类知识的总和"中汲取优秀思想文化资源来创新和发展党的理论，形成兼容并蓄、博采众长的理论大格局大气象。党的二十大报告在总结历史经验基础上，提出并阐述了"两个结合""六个必须坚持"等推进理论创新的科学方法，为继续推进党的理论创新提供了根本遵循，我们要坚持好、运用好。

为马克思主义代言是马克思主义大众话语体系的"天经地义"。马克思主义理论创新每前进一步，马克思主义大众话语体系建设就要跟进一步。在马克思主义理论创新的过程中加强马克思主义大众话语体系建设，既可以通

过对马克思主义理论创新成果的直接承载得以实现，也可以通过马克思主义理论创新将既往的话语和话语体系予以改造和转化，这都会推动马克思主义大众话语体系的创新与发展。

马克思主义具有与时俱进的理论品格，不断进行理论创新是马克思主义永葆生机和活力的根本原因。自马克思主义传入中国后，理论创新始终伴随马克思主义中国化全部过程。为了满足理论创新的承载需要，马克思主义大众话语体系的建设往往呈现出多种情况，可谓层出不穷。马克思、恩格斯等经典作家只是基于对资本主义社会的分析和批判，描述了未来理想社会的基本特征，如"实行计划经济""生产资料全社会占有"等，实际上对共产主义社会的第一阶段即社会主义社会并未作出系统分析，也不可能有详细具体的话语表达，更不可能预见到中国这样由半殖民地半封建社会进入到社会主义社会的实践案例。因此，将传统意义上共产主义社会的具体特征直接等同于社会主义社会的具体特征并不科学，这就要求在马克思主义中国化理论创新的同时，呼唤与之相匹配的创新性马克思主义大众话语体系。而邓小平基于对中国国情和世界发展趋向的深刻把握，指明了社会主义的本质，使用了"社会主义市场经济""社会主义初级阶段"等新话语，既是对马克思主义的理论创新，也有力地推动了马克思主义大众话语体系建设。

马克思主义大众话语体系建设与理论创新的良性互动关系，还体现在对既有话语体系的继承和发展、对不同话语体系之中的话语内容、话语结构、话语逻辑的再组合，既实现了话语体系的创新，又是对既有理论体系的渐进性完善。这首先体现在马克思主义对于三大理论渊源——德国古典哲学、英国古典政治经济学、法国空想社会主义——的批判性继承与创新性发展上，又体现在十月革命道路对马克思主义经典作家共产主义理论的发展、新民主主义革命道路对于十月革命道路的超越上。从中不难看出，马克思主义大众话语体系建设与马克思主义理论创新有时是对不同话语体系、不同理论资源的重组再创造，符合马克思主义否定之否定的基本规律。邓小平理论的形成，就是基于对教条式的马克思主义——"本本主义"话语体系所竭力批判的资本主义因素的辩证认识和扬弃创新之上，如对"市场经济""追求效率""公平法治"等话语内容在一定层面的肯定，由此转化性建构出"社会主义市场经济""经济社会又好又快发展""社会主义法治"等话语。当然，话语及其体系建构更多地体现在对于已有马克思主义理论及其话语体系的坚持和发展方面，这也符合马克思主义大众话语体系建设的一般性规律，比较有代表性的话语有"坚持党的领导""追求公平正义""群众史观和群众路线"等。以"追求公平正义"的理论创新和话语体系建设为例，中国共产党人革命早期探索开展的农村"土地革命"，追求实现的是不同阶级在土地及其剩余产品分配方面的公平公正，到社会主义初级阶段坚持"按劳分配"原则、完善"按要素分配"，再到新时代中国特色社会主义的"精准扶贫""全面建成小康社会"，尽管每一阶段的具体理论内容和话语承载形式发生了变化，但贯穿其中的马克思主义价值追求并未有根本性变化，从而保证了马克思主义理论创新与话语体系建设在深层次价值逻辑上的一致性。再以"三个代表"重要思想为例，"先进生产力""先进文化""人民根本利益"三个方面均是中国共产党自创建以来一再强调的高频话语，"三个代表"重要思想的提出既是对马克思主义理论认识上的深化，又是对以往不同话语体系之中话语的再组合，由于契合了解决新世纪党的执政面临的考验，在实践中以马克思主义大众话语体系的表达，展现出马克思主义理论创新的磅礴伟力和马克思主义大众话语体系的感召力。

二、为党代言：宣示领导地位

中国共产党是以马克思主义为指导思想的无产阶级政党，马克思主义大众话语体系的不断更新发展是其赢得革命、巩固政权、宣示领导地位的重要手段。为党代言，意味着马克思主义大众话语体系能够不断满足党夺取国家领导权、巩固党的全面领导的中心工作需要。

中国共产党建构起来的新民主主义革命话语体系，终极目标是夺取政权、建立新民主主义共和国。它是马克思主义大众话语体系的重要组成部分，是新中国成立后马克思主义话语体系建设的话语基础和逻辑起点。新中国成立前夕，毛泽东告诫全党："巩固这个胜利，则是需要很久的时间和要

_ 143

花费很大的气力的事情"，全党要警惕"在糖弹面前要打败仗"。① 通过这些形象化的类比话语，体现的是拒腐防变的意识，目的是巩固党来之不易的执政地位。1957 年，毛泽东在探讨"百花齐放、百家争鸣"及其政治主张时提出 6 条标准，并特别强调"最重要的是社会主义道路和党的领导两条"，而民主党派及人民群众对于中国共产党的监督有益于"长期共存"，"主要监督共产党的是劳动人民和党员群众。但是有了民主党派，对我们更为有益"，"以适应新社会的需要"。② 这一时期，诸如"糖衣炮弹""百花齐放、百家争鸣""长期共存"等在今天看来已是脍炙人口的话语表达，反映出新中国成立初期巩固政权的紧迫性和必要性，凸显了马克思主义大众话语体系建设紧跟党的中心工作，时刻为党"鼓"与"呼"的话语担当。

如果说新中国成立初期，关于"巩固党的执政地位"的马克思主义大众话语体系的建设还处于满足客观形势发展基本需要的初级阶段。那么，改革开放之后"巩固党的执政地位"的马克思主义大众话语体系建设更大程度上是一种未雨绸缪的自觉行为。邓小平指出：像中国这样的一个大国，各方面都要靠党的领导，"离开了中国共产党的领导，谁来组织社会主义的经济、政治、军事和文化？谁来组织中国的四个现代化？"至于削弱甚至取消党的领导的倾向"这事实上只能导致无政府主义，导致社会主义事业的瓦解和覆灭"。③这些马克思主义话语对于加强党的领导的强调不可谓不坚决、不可谓不旗帜鲜明，集中体现在坚持改革开放的同时必须坚持四项基本原则。"三个代表"重要思想更是将马克思主义大众话语体系的中心议题聚焦于"建设什么样的党、怎样建设党"，提出"推进党的建设新的伟大工程"的重要战略，将加强党的执政能力建设作为重点，特别是提高"五项能力"。显而易见，"三个代表"重要思想这一简洁有力的马克思主义大众话语体系的提出就是直接对准"巩固党的执政地位"的目标要求，"为党代言"的话语价值取向不可谓不明显。党的十六大之后提出的"全面提高党的建设科学化水

---

① 《毛泽东选集》第 4 卷，人民出版社 1991 年版，第 1438 页。
② 《毛泽东文集》第 7 卷，人民出版社 1999 年版，第 235 页。
③ 《邓小平文选》第 2 卷，人民出版社 1994 年版，第 170—171 页。

平"，同样具有深刻的问题意识，力图解决"党面临的执政考验、改革开放考验、市场经济考验、外部环境考验"，"精神懈怠危险、能力不足危险、脱离群众危险、消极腐败危险"①，用"四大考验"和"四大风险"的马克思主义大众话语体系提出了全面提高党的建设科学化水平的总要求。党的十八大以来，以习近平同志为主要代表的中国共产党人提出"全面从严治党"的更高要求，并将其上升到"四个全面"战略布局的层面。以"党政军民学，东西南北中，党是领导一切的""党的领导是中国特色社会主义最本质的特征""政治建设""自我革命"等极具现代性和感染力的话语，构成了马克思主义大众话语体系在新时代党的建设伟大工程中的最贴切表达，使关于党的建设的话语系统创新步入全新的发展阶段，带来中国共产党管党治党水平的跨越式大幅提升。由此可以看出，从"坚持党的领导"到"推进党的建设新的伟大工程"，再到"全面提高党的建设科学化水平"，以及最新的"全面从严治党"，贯穿其中的一条主线始终是"巩固党的执政地位"。与此相适应，"为党代言"的马克思主义大众话语体系不断与时俱进，时刻跟上党的中心工作和党的自身建设的需要。

三、为人民代言：回应人民关切

（一）话语立场：为人民群众说话

毛泽东指出："为什么人的问题，是一个根本的问题，原则的问题。"②人民群众是历史的创造者，在长期的实践活动中，人民群众创造了社会发展的物质财富和精神财富，同时也创造了话语和话语体系。由此可知，人民群众是话语和话语体系的主体。我国马克思主义大众话语体系是在马克思主义先进理论指导下，结合中国实际，逐渐形成的话语表达系统，为人民群众说话是马克思主义大众话语体系基本的话语立场。一方面，为人民群众说话是我国马克思主义大众话语体系的内在需求。马克思主义来源于广大人民群众所

---

① 《十八大以来重要文献选编》上，中央文献出版社 2014 年版，第 38—39 页。
② 《毛泽东选集》第 3 卷，人民出版社 1991 年版，第 857 页。

创造的伟大实践，马克思主义是人民的理论。我国马克思主义大众话语体系在马克思主义中国化进程中形成，承载的是马克思主义的科学真理。内容决定形式，马克思主义的内容承载决定了我国马克思主义大众话语体系的性质，而马克思主义的人民性决定了我国马克思主义大众话语体系的人民性。因此，我国马克思主义大众话语体系坚持为人民群众说话的话语立场是题中应有之义。早在新中国成立之初，"人民"就已经被纳入我国马克思主义大众话语体系之中。"中华人民共和国""中央人民政府""中国人民解放军""中国人民银行""人民医院""人民警察""人民教师"等等，几乎所有的机构和职业都被冠以"人民"的名义。新中国主流话语体系首先将"人民"培育为高频话语，正体现了我国马克思主义大众话语体系为人民群众说话的根本的话语立场。改革开放以来，我国马克思主义大众话语体系的核心话语历经变化和发展，从"共同富裕"到"代表最广大人民的根本利益"，再到"以人为本"，直到"以人民为中心"，延续了"人民"在主流话语体系中的中心位置，始终坚持为人民群众说话的话语立场。

（二）话语内容：说人民群众的话

为人民群众说话，是话语立场问题。说人民群众的话便是话语内容的设置问题。新中国成立以来，我国马克思主义大众话语体系的内容设置紧紧围绕人民群众所关注的话语问题，坚持问题导向，回应人民关切，维护群众的根本利益。中国特色社会主义经济建设、政治建设、文化建设、社会建设和生态文明建设构成的"五位一体"总体布局的逐步形成，就是我国马克思主义大众话语体系不断满足人民群众话语需求，反映人民群众心声的过程。改革开放前，"左"倾错误一度泛滥，我国马克思主义大众话语体系的内容设置也受到了冲击，偏离了正确的轨道，"人有多大胆，地有多大产""以阶级斗争为纲""政治挂帅"等口号充斥着整个意识形态话语体系，这种话语体系将以"阶级斗争"为中心的政治工作视为一切工作的生命线，严重脱离了马克思主义的经济基础决定上层建筑的基本观点，淹没了人民群众真正的内心话语表达。在彻底批判"左"倾思想及其话语体系的基础上，中国共产党紧紧围绕人民群众对发展经济的迫切需要，决定将工作重心和话语重心转移到经济建设上来，提出了"以经济建设为中心"及后来的"两手都要抓，两手都要硬"的核心话语，形成了服务于物质文明和精神文明"两位一体"建设格局的马克思主义大众话语体系。随着经济社会的发展，人民群众参与政治活动的愿望越来越强烈，中国共产党又将政治建设从精神文明中独立出来，用经济建设、政治建设、文化建设"三位一体"的社会发展布局及话语体系来丰富和发展我国马克思主义大众话语体系。进入新的世纪，社会问题频发，成为一个全球性难题。社会问题与人民群众的生活休戚相关，成为人们茶余饭后谈论的热点话题。针对新的情况，人民群众所关注的社会问题及其解决自然而然地被纳入了马克思主义大众话语体系的范畴，形成了经济建设、政治建设、文化建设、社会建设"四位一体"布局的马克思主义大众话语体系，"和谐社会"成为千家万户的日常话语。在经济发展取得长足进步的同时，雾霾、水污染、土壤污染等生态环保问题成为我国社会发展中暴露出的新问题，引起了人民群众的广泛关注和热烈讨论。在回应人民关切、维护群众根本利益基础上，我们形成了以"绿水青山就是金山银山"为代表的经济建设、政治建设、文化建设、社会建设、生态文明建设"五位一体"总体布局的马克思主义大众话语体系。纵观中国特色社会主义"五位一体"总体布局及其相关话语体系的形成，不难发现，坚持"说人民群众的话"是马克思主义大众话语体系设置话语内容的基本原则。

（三）话语方式：以人民群众的方式说话

习近平在全国宣传思想工作会议上强调：要加强传播手段和话语方式创新，让党的创新理论"飞入寻常百姓家"。话语方式能否创新及创新的程度如何，直接影响着人们接受党的创新理论的实际效果。以人民群众的方式说话是我国马克思主义大众话语体系的基本话语范式，确保了党的创新理论"飞入寻常百姓家"。一是借鉴传统文化中的合理话语，以借古喻今的话语方式保持马克思主义大众话语体系的历史性。我国传统文化中的精华部分是中华民族的文化滋养，培育和影响着中国人的思维方式和话语方式。在我国马克思主义大众话语体系的建构中，大量借助了传统文化中的经典话语来表达马克思主义经典理论和党的创新理论。这种借古喻今的话语方式具有较强的民族感召力，便于人民群众从文化层面对马克思主义理论的深层次认同。习近平善于用传统经典优秀话语来言说时代话题，他用《管子·牧民》中的"政之所兴在顺民心，政之所废在逆民心"来论证"为民"的重要性，又用清代万斯大《周官辨非·天官》中的"利民之事，丝发必兴；厉民之事，毫末必去"来说明"为民"的方法，12集特别节目《平"语"近人——习近平总书记用典》在中央电视台播出后，引发广泛关注，首轮播出覆盖观众规模达4.41亿人次，深得人心。二是借助日常生活中的合理话语，以百姓喜闻乐见的话语方式保持马克思主义大众话语体系的通俗性。从本质上讲，马克思主义来源于实践，党的创新理论来源于人民群众。因此，马克思主义大众话语体系以人民群众的说话方式来呈现马克思主义和党的理论创新是理论发展和话语构建的内在需求。马克思主义大众话语体系在尊重人民群众话语习惯的基础上，深入学习人民群众的话语方式，积极借助人民群众所熟知的言说方式来叙述马克思主义和党的创新理论，才能在内容和话语两个方面博得人民群众的双重认可。三是借助网络新媒体中的合理话语，以与时俱进的话语方式保持马克思主义大众话语体系的时代性。随着时代的发展和科学技术的进步，"互联网+"已经成为社会发展的新模式，深深地影响着人们的生产生活方式与思维方式。在信息化推动下，人们积极拥抱互联网，中国已成为世界上网民数量最多的国家。在虚拟的网络交往中，广大网民尤其是青年网民群体日益形成了网络话语和新的话语方式，为马克思主义、党的创新理论的传播及其话语体系的建构带来了机遇和挑战。新的传媒方式催生新的话语方式。马克思主义大众话语体系积极融入"互联网+"的大潮，主动观照青少年群体的话语诉求，批判性借鉴网络话语，努力适应网络新媒体时代的话语方式。在坚持马克思主义基本方向的前提下，马克思主义大众话语体系借助信息技术新手段，整合文字、图片、音频、视频等丰富的话语资源，不断打造"互联网+马克思主义""互联网+党的创新理论"等新的话语方式。

为人民群众说话、说人民群众的话、以人民群众的方式说话也是永葆我国马克思主义大众话语体系生命力的奥妙所在。马克思主义来源于实践、来源于人民，需要回到实践进行检验，并将丰富的实践经验上升为新的理论，如此才能保证马克思主义不断地螺旋式上升发展。同样的道理，来源于实践和人民的马克思主义大众话语体系一刻也离不开实践和人民，它也必须充分回到实践和人民之中，为人民群众代言，被人民群众所掌握，才能源源不断地汲取新的话语养分，从而永葆马克思主义大众话语体系的青春和活力。

四、为时代代言：回答时代之问

中国特色社会主义进入新时代，中国的发展有了新的历史方位。新时代，从理论和实践结合上系统回答"新时代坚持和发展什么样的中国特色社会主义、怎样坚持和发展中国特色社会主义"这个重大时代课题，这也为马克思主义大众话语体系的建设提出了更高的要求。马克思主义大众话语体系建设的目标之一是必须系统回答"新时代坚持和发展什么样的中国特色社会主义"，通过深刻阐释中国特色社会主义的总目标、总任务、总体布局、战略布局和发展方向、发展方式、发展动力、战略步骤、外部条件、政治保证等基本问题，为新时代中国特色社会主义正名。马克思主义大众话语体系建设的另外一个目标是必须系统回答"新时代怎样坚持和发展中国特色社会主义"，通过深刻阐释中国特色社会主义经济、政治、法治、科技、文化、教育、民生、民族、宗教、社会、生态文明、国家安全、国防和军队、"一国两制"和祖国统一、统一战线、外交、党的建设等各方面的方法论探索，为确保新时代坚持和发展中国特色社会主义而发声。诚然，新时代坚持和发展中国特色社会主义是一个复杂的系统工程，不可能一蹴而就。与之相适应，围绕这一庞大系统工程展开的马克思主义大众话语体系建设也是一个长期的历史过程，需要不断地丰富发展。当前，马克思主义大众话语体系在回答新时代重大课题的过程中，紧紧抓住"中国特色社会主义"这一核心话语，以宏大的叙事线索和宽广的话语视域，形成了"用数字言说"的话语特色，从历史方位、基本内涵和科学方法三个维度准确回答了"新时代坚持和发展什么样的中国特色社会主义、怎样坚持和发展中国特色社会主义"的重大时代课题。

"四个伟大"立方位。"四个伟大"的表述是新时代的马克思主义话语。"伟大斗争"是指具有许多新的历史特点的伟大斗争，"伟大工程"是指中国共产党正在深入推进的党的建设新的伟大工程，"伟大事业"是指中国特色社会主义事业，"伟大梦想"是指实现中华民族伟大复兴的中国梦，它们紧密联系、相互贯通、相互作用。党的十九大明确指出：实现伟大梦想，必须推进伟大事业。马克思主义大众话语体系把中国特色社会主义事业凝练为"伟大事业"，将其置于"四个伟大"的逻辑关系中予以考察，从而确立了中国特色社会主义的历史方位及其在实现中华民族伟大复兴中的重要作用。

　　"十个明确"定内涵。深刻地而不是浅显地、清晰地而不是模糊地展示中国特色社会主义的基本内涵是马克思主义大众话语体系的主要职能，也是系统回答"新时代坚持和发展什么样的中国特色社会主义"的必然要求。党的十九大报告从八个方面分别明确了"总任务""总体布局""战略布局""四个自信"等一系列关于中国特色社会主义的基本问题，可以简单概括为"八个明确"，党的十九届六中全会将"八个明确"进一步拓展为"十个明确"。"十个明确"中的"五位一体"总体布局、"四个全面"战略布局及坚定"四个自信"的表达方式，以数字为索引，话语精练但内容丰富。它们是中国特色社会主义伟大事业不同层面的构成要素，相辅相成、缺一不可。统筹推进"五位一体"总体布局是发展基调，协调推进"四个全面"战略布局是重点方向，坚定"四个自信"则是精神动力，三者共同统一于中国特色社会主义伟大事业之中。

　　"十四个坚持"明方法。针对新时代"怎样坚持和发展中国特色社会主义"的方法论问题，习近平新时代中国特色社会主义思想从党的领导、人民地位、改革发展等重点领域进行了广泛探索，并将这些探索概括总结为"坚持党对一切工作的领导""坚持以人民为中心""坚持全面深化改革""坚持新发展理念""坚持人民当家作主""坚持全面依法治国""坚持社会主义核心价值体系""坚持在发展中保障和改善民生""坚持人与自然和谐共生""坚持总体国家安全观""坚持党对人民军队的绝对领导""坚持'一国两制'和推进祖国统一""坚持推动构建人类命运共同体""坚持全面从严治党"等十四个方面的马克思主义核心语句予以呈现，既全面准确，又重点突出，构成了新时代坚持和发展中国特色社会主义的基本方略。为全党全面贯彻党的基本理论、基本路线、基本方略，提供了坚强的马克思主义大众话语体系支撑。

纵观新时代马克思主义大众话语体系，"四个伟大""十个明确""十四个坚持""五位一体""四个全面""四个自信""四个意识""两个维护""两个确立"等一个个简单的数字话语串联起新时代马克思主义大众话语体系，准确把握了新时代中国特色社会主义的主体框架和核心内容，让人耳目一新。

五、为中国代言：传播中国声音

（一）讲好中国特色社会主义道路的故事

中国特色社会主义道路是实现社会主义现代化、创造人民美好生活的必由之路。讲好中国特色社会主义道路的故事，就要使用马克思主义大众话语体系讲清楚道路的由来、道路的依据、道路的内涵、道路的走向等基本问题，从而展现这条道路的科学性和开放性，赢得更加广泛的认可，进一步坚定我们走中国特色社会主义道路的决心和信心。关于道路的由来，即中国特色社会主义道路从哪里来的问题。习近平指出：这条道路既不是"传统"的，也不是"外来"的，更不是"西化"的，而是我们"独创"的。如果没有中华五千年文明，哪里有什么中国特色？如果不是中国特色，哪有我们今天这么成功的中国特色社会主义道路？只有立足波澜壮阔的中华五千年文明史，才能真正理解中国道路的历史必然、文化内涵与独特优势。从话语层面讲，在肯定与否定的话语体系对比中，清晰地展现了这条道路的准确来源。更为重要的是，在内容层面，他以历史唯物主义和辩证唯物主义的眼光，将这条道路放置于古今中外的宏大视域中进行考察，为中国特色社会主义道路的独创性找到了坚实的依据。关于道路的依据，即我们为什么要走中国特色社会主义道路的问题。党的十九大明确指出："我们走中国特色社会主义道路，具有无比广阔的时代舞台，具有无比深厚的历史底蕴，具有无比强大的前进定力。"①这是对中国为什么要走中国特色社会主义道路的强有力的回答。党的十九大报告从历史维度、现实维度、未来维度三个方面来论证我们走中国特色社会主义道路的必然性，采用排比重叠的话语形式，突出强调了这条道路的合理性依据。关于道路的内涵，即中国特色社会主义道路是一条什么样的道路问题。早在党的十八大报告中，就对其科学内涵给予了界定，认为中国特色社会主义道路是"在中国共产党领导下，立足基本国情，以经济建设为中心，坚持四项基本原则，坚持改革开放，解放和发展社会生产力，建设社会主义市场经济、社会主义民主政治、社会主义先进文化、社会主义和谐社会、社会主义生态文明"②。这是对中国特色社会主义道路的科学内涵进行了专门的概念界定和话语表达，通过"党的领导""以经济建设为中心""四项基本原则""改革开放""市场经济""民主政治""先进文化""和谐社会""生态文明"等严谨的核心话语，将道路的科学内涵所囊括的关键词一一展现出来，把抽象复杂的道路内涵问题标识化，一目了然。

（二）讲好中国特色社会主义理论的故事

党的二十大指出：我们从事的是前无古人的伟大事业，守正才能不迷失方向、不犯颠覆性错误，创新才能把握时代、引领时代。我们要以科学的态度对待科学、以真理的精神追求真理，坚持马克思主义基本原理不动摇，坚持党的全面领导不动摇，坚持中国特色社会主义不动摇，紧跟时代步伐，顺应实践发展，以满腔热忱对待一切新生事物，不断拓展认识的广度和深度，敢于说前人没有说过的新话，敢于干前人没有干过的事情，以新的理论指导新的实践。③中国特色社会主义理论体系是指导党和人民实现中华民族伟大复兴的正确理论。讲好中国特色社会主义理论的故事就是借助马克思主义大众话语体系，向世界传播中国特色社会主义的相关理论，凸显中国理论的魅力和张力。新中国成立后尤其是改革开放以来，在中国特色社会主义理论体系的指导下，经济社会发展取得了举世瞩目的伟大成就，综合国力和世界地

① 《习近平著作选读》第 2 卷，人民出版社 2023 年版，第 58 页。
② 《十八大以来重要文献选编》上，中央文献出版社 2014 年版，第 9—10 页。
③ 《习近平著作选读》第 1 卷，人民出版社 2023 年版，第 16—17 页。

位日益提升，中国已经成为世界第二大经济体，在国内外享有盛誉。然而，一个时期以来，人们在肯定中国实践发展成就的同时，对中国理论步入了一个误区，即轻视甚至是无视中国理论的进步。在这样的情形下，我们更应该利用好马克思主义大众话语体系，讲好中国特色社会主义理论的故事，发出理论的中国之声。马克思主义大众话语体系既承担了讲述中国特色社会主义理论与科学社会主义理论渊源的话语重任，又承担了讲述中国特色社会主义理论体系时代内涵的话语重任，还承担了讲述各学科、各领域、各方面具体理论的话语重任。在世界范围内，以中国共产党的领导人的故事带动党的创新理论传播全面铺开，是马克思主义大众话语体系讲好中国特色社会主义理论故事的主要方式。马克思主义大众话语体系将1956年以后中国共产党对社会主义的探索穿插于毛泽东等历史人物的故事中，将中国特色社会主义理论体系的传播穿插于邓小平等人物的故事中，增强了中国理论的吸引力和说服力。党的十八大以来，习近平借助各种外交活动和国际平台，通过演讲、发表署名文章、座谈、即兴讲话等方式，讲述一个又一个精彩的中国特色社会主义理论故事。

（三）讲好中国特色社会主义制度的故事

中国特色社会主义制度是当代中国发展进步的根本制度保障。习近平曾指出："当代中国的伟大社会变革，不是简单延续我国历史文化的母版，不是简单套用马克思主义经典作家设想的模板，不是其他国家社会主义实践的再版，也不是国外现代化发展的翻版。"①中国特色社会主义制度是一个庞大而系统化的制度体系，具有科学性、层次性、开放性等基本特征。马克思主义大众话语体系只有从对丰富内涵和基本特征的准确把握出发，才能讲好中国特色社会主义制度的历史故事、现实故事和世界故事。一是从历史视角出发，用史实阐释中国特色社会主义制度的科学性。在阐释中国特色社会主义制度科学性时，必须将史实作为马克思主义大众话语体系的核心话语，多讲

---

① 习近平：《在纪念马克思诞辰200周年大会上的讲话》，人民出版社2018年版，第26—27页。

中国近代以来的历史故事。用马克思主义大众话语体系讲好"师夷长技以制夷"的故事、"洋务运动"的故事、"戊戌变法"的故事、"辛亥革命"的故事，让人们明白：无论是器物层面的"西学东渐"，还是思想文化的"全盘西化"，抑或是效仿西方的"民主革命"，都不能救中国。用马克思主义大众话语体系讲好马克思主义指导下的中国共产党领导中国人民取得新民主主义革命胜利的故事、建立新中国的故事、实行社会主义制度的故事，让人们明白：马克思主义和社会主义是历史的选择、实践的选择、人民的选择。用马克思主义大众话语体系讲好以实事求是起家的中国共产党在意识到苏联高度集中的政治经济体制的弊端后开始独立探索社会主义发展道路的故事、改革开放后中国特色社会主义制度日渐成熟的故事、第一个社会主义国家苏联亡党亡国的故事，故事的对比告诉人们：中国特色社会主义同样是历史的选择、实践的选择、人民的选择。二是从现实视角出发，用事实说明中国特色社会主义制度的优越性。社会制度发展的相关理论发源于西方，评判社会制度优劣的标准和话语权也牢牢掌握在西方国家手中。1989 年，美国学者弗朗西斯·福山抛出了著名的"历史终结论"，认为资本主义制度是"人类最后一种统治形式"。一时间，资本主义制度优于社会主义制度的论调甚嚣尘上。然而，事实总是胜于雄辩，社会发展的事实和故事最能打动人，最有说服力。社会制度不能脱离特定社会发展条件和历史文化传统来抽象评判，不能定于一尊，不能生搬硬套外国社会制度模式。在诠释中国特色社会主义制度的优越性时，我们将中国发展的事实作为马克思主义大众话语体系的核心话语，把制度建设的故事作为马克思主义大众话语体系的话语主线，用事实说话，在比较中凸显中国特色社会主义制度的优越性，为中国的制度自信和中国制度的世界信任打下了坚实基础。三是从全球视角出发，用发展诠释中国特色社会主义制度的开放性。新中国成立以来特别是改革开放后，中国共产党领导中国人民依托中国特色社会主义制度，经过长期且艰苦的努力奋斗，取得了全方位、开创性、历史性成就。因此，在诠释中国特色社会主义制度开放性时，必须将发展作为马克思主义大众话语体系的核心话语，多讲中国的发展故事。作为最大的发展中国家，中国的发展进步本身就是一个"励志故事"，我们正在用马克思主义大众话语体系呈现"中国故事"的全球性示范效应。中国特色社会主义制度开辟了人类社会发展制度史的新时代和新空间，我们正在用马克思主义大众话语体系诠释"中国制度"的开放性，为发展中国家走向现代化拓展了途径，给世界上那些既希望加快发展又希望保持自身独立性的国家和民族提供了全新选择，为解决人类问题贡献了中国智慧和中国方案。

（四）讲好中国特色社会主义文化的故事

文化是一个国家、一个民族的灵魂。文化兴，国运兴；文化强，民族强。没有高度的文化自信，没有文化的繁荣兴盛，就没有中华民族伟大复兴。文化自信是一个国家、一个民族发展中更基本、更深沉、更持久的力量。中国特色社会主义文化是激励全党全国各族人民奋勇前进的强大精神力量，用马克思主义大众话语体系讲好中国特色社会主义文化的故事，才能展现真实、立体、全面的中国，提高国家文化软实力。一是用历史故事言说中华优秀传统文化。中国特色社会主义文化，源自中华民族五千多年文明历史所孕育的中华优秀传统文化。中华优秀传统文化是人类文明的智慧结晶，是全球文化发展的瑰宝。中华优秀传统文化内涵丰富，许多思想与马克思主义有天然的文化相通性，如中华优秀文化中的"大同"思想与马克思主义的"共产主义"理想有着价值诉求的一致性。这种文化的相通性和包容性为马克思主义中国化提供了可能。我国马克思主义大众话语体系正是以文化相通性为切入口，不断借鉴吸收中华优秀传统文化的思想和表达，挖掘中华优秀传统文化背后承载的历史故事，用讲故事的方式将马克思主义与中华优秀传统文化相结合的道理展现给世人。二是用奋斗故事言说革命文化。中国特色社会主义文化，熔铸于中国共产党领导人民在革命中创造的革命文化，是对革命文化的继承和发展。中国的革命文化是中国共产党在领导中国人民进行伟大的新民主主义革命和社会主义革命过程中形成的宝贵的精神财富，集中反映在不同革命时期的革命精神中。在不同革命时期所形成的"建党精神""红船精神""井冈山精神""长征精神""延安精神""西柏坡精神""沂蒙精神"等是革命文化的主题和灵魂。马克思主义大众话语体系通过讲述革命时期的奋斗故事加深人们对"建党精神""红船精神""井冈山精神""长征精神""延安精神""西柏坡精神""沂蒙精神"等的认知和理解，进而把握革命文化的主题和灵魂，充分展示中国革命文化的特色和魅力。三是用时代故事言说社会主义先进文化。中国特色社会主义文化，植根于中国特色社会主义伟大实践。在中国特色社会主义长期的探索和建设过程中，各行各业涌现出一大批先进事迹和先进人物，成为发展的标签和时代的弄潮儿。这些先进事迹是时代故事最好的素材，这些先进人物是社会主义先进文化的直接代言人。我国马克思主义大众话语体系正是依靠时代典型烘托时代故事，向全世界诉说和推介社会主义先进文化。

第五章

马克思主义大众话语体系转化性建构的学理追问

中国共产党人深刻认识到，只有把马克思主义基本原理同中国具体实际相结合、同中华优秀传统文化相结合，坚持运用辩证唯物主义和历史唯物主义，才能正确回答时代和实践提出的重大问题，才能始终保持马克思主义的蓬勃生机和旺盛活力。从本质上讲，马克思主义大众化与马克思主义中国化时代化是内在统一的。从话语体系建设的角度而言，从马克思主义传入中国开始，转化性思维就伴随着马克思主义中国化时代化大众化的整个过程。将马克思主义大众化的主体性价值诉求付诸话语体系，使其具备明确的马克思主义属性和大众化使命。只有这样，话语体系在达到马克思主义大众化这一预期结果上实现了结构与功能、工具与价值的统一。系统论的基本观点、主要原理为马克思主义大众话语体系内涵的把握理解、外延的准确界定及转化性建构，提供了哲学基础和基本的理论支撑。

第一节　马克思主义大众话语体系转化性建构的理论基础

万事万物是相互联系、相互依存的。只有用普遍联系的、全面系统的、发展变化的观点观察事物，才能把握事物发展规律。系统是由若干相互依存和互相制约的子系统组成。分析系统的要素组成是整体性把握系统的认识和逻辑的起点。从系统论的角度理性审视，话语体系的体系化、层次性、多维式及其内在逻辑统一的基本特性，俨然构成了一个复杂的庞大系统。系统论认为，每一系统都会处于不同的级别和层次中，承担着系统与子系统的双重角色。质言之，高级系统中包含着若干更低级的子系统，高级系统又被更高级的系统所包含而成为子系统。马克思主义大众话语体系也是一个身兼两职的系统结构，它既是马克思主义话语体系、中国话语体系乃至人类话语体系大背景下的子系统要件，又是推进马克思主义大众化具体语境中完整的一级话语系统结构。话语体系的根本价值更倾向于工具的属性。以工具与价值理论审视，它是为达到某种宣传预期或传播效果所进行的载体、方式、方法与途径的系统化整合。从这个意义上讲，单纯的话语体系具有了工具的理性与结构的完整，缺少的是主体性的价值倾向与追求。也就是说，虽然话语体系是一个完整的结构体系，但没有自身的独立属性，需要赋予特定的主体性价值诉求。

一、系统的基本理论

"系统（System）"是在自然科学、社会科学和日常生活中被广泛使用的一个术语。人们从各种角度来研究系统，按照不同的标准对"系统"的定义不下几十种。商务印书馆出版的《现代汉语词典》（2016 年第 7 版）对"系统"一词的定义是，"同类事物按一定的关系组成的整体"。"系统"一词发源于西方的语言环境，在《新英汉词典》中的释义内容相对比较详细。（一）系统、体系；（二）制度、体制；（三）方法、方式；（四）秩序、规律；（五）分类法；（六）宇宙、世界；（七）身体，全身；（八）总乐谱表。我国著名科学家钱学森在其 2001 年出版的《创建系统学》一书中指出：系统是由相互作用和相互依赖的若干组成部分合成的具有特定功能的有机整体，而且这个系统，本身又是它所从属的一个更大系统的组成部分。一般系统论的奠基人、奥地利生物学家路德维希·冯·贝塔朗菲认为："系统可以定义为相互作用着的若干要素的复合体。"①同时他又特别指出："系统应如何定义和描述的问题没有明显和简单的答案。可以同意，星系、狗、细胞和原子都是实际系统。这是可以观察、感知或推断的实体，它不依赖观察者而存在。另一方面还有例如逻辑、数学（也包括音乐）这样的概念系统，它们主要是符号性思维的产物；它的子类是抽象系统(科学)，即同实际对应的概念系统。"②尽管系统的定义如此难以把握，在集合古今工具书对"系统"一词本身含义的静态解释及中外学者对"系统"所包含要素关系动态考察的基础上，我们尝试着将"系统"的概念作了如下界定：系统反映的是本质属性的思维方式，是自然界、人类社会和思维的一种普遍现象，表达了事物的某种存在方式及其相互关系。

"系统"一词一直被广泛地应用到日常生活各个方面，也越来越多地出现在自然科学技术研究和哲学社会科学研究领域。现代系统思想的兴起和发展，吸收和借鉴了大量传统系统的早期思想。西方古代哲学中传统的系统逻辑是现代系统思想形成的首要源流。"系统"一词来源于古希腊语和古希腊哲学思想，是由部分构成整体的意思，带有整体、集合和有序的含义。系统思想在西方哲学思想中占据了重要的地位。客观唯心主义哲学家莱布尼茨继承和发展了古希腊哲学中的系统思想，后又被德国古典哲学所吸收。随着近代科学在西方的产生和发展，系统思想、系统逻辑在实践中与系统技术相结合，为近代系统理论和系统科学的诞生奠定了物质基础。中国古代朴素唯物主义的系统思想是现代系统理论的又一重要思想来源。中国古代关于系统的思想资源非常丰富，最早可以追溯到春秋战国时期成书的《周易》"八卦"思想及后来衍化出的"阴阳五行"说。中国古代将整体世界的构成要素分为八卦或者五行来认知；再如中医学领域的《黄帝内经》，把阴阳五行的平衡视为一个和谐整体的前提条件，生病的原因就是阴阳失调所致；中国现存最早一部完整兵书《孙子兵法》，也是从战略全局的高度，运用动态系统的思

① ［美］冯·贝塔朗菲：《一般系统论：基础、发展和应用》，林康义、魏宏森等译，清华大学出版社1987年版，第51页。
② ［奥］L.贝塔兰菲：《一般系统论》，秋同、袁嘉新译，社会科学文献出版社1987年版，第10页。

想来分析战争局势。马克思主义哲学中关于系统的论述也对现代系统论产生了深远影响。恩格斯指出："当我们深思熟虑地考察自然界或人类历史或我们自己的精神活动的时候，首先呈现在我们眼前的，是一幅由种种联系和相互作用无穷无尽地交织起来的画面"[1]。普遍联系的观点是马克思主义唯物辩证法一个基本的特征，甚至可以将唯物辩证法规定为"关于普遍联系的科学"[2]。系统论的理论基点和前提便是从联系出发，联系的观念始终贯穿于系统的各方面和全过程。一定意义上，当代系统论是对马克思主义唯物辩证法中关于整体与部分观点的具体化发展。通过历史溯源不难发现，中国古代朴素唯物主义的系统思想、近代西方的科技进步与系统逻辑及马克思主义奠基人的系统思维成为现代系统理论的三大思想来源。在如此丰厚的传统系统思想资源的温床上，加之现代科学技术的进步与统计学、管理学等新兴学科的兴起，时代的需要呼唤系统论应运而生。而现代系统论则是关于系统思想的观点、方法和理论的总称，是近代科学技术发展过程中产生的伟大成就。

现代系统论兴起于 20 世纪 40 年代。当前学界一般认为是奥地利生物学家路德维希·冯·贝塔朗菲在其代表作《一般系统论》一书中，第一次提出了比较完善的系统论的基本原理，由此现代系统论科学诞生。因此，现代系统论也被称为一般系统理论。系统论开创以后首先在自然科学领域得到推广，取得了许多成就，极大地促进了近代科学技术的进步和发展。之后，美国社会学家塔尔科特·帕森斯用系统论的观点和理论来分析和研究社会结构，将系统论引入社会学领域。塔尔科特·帕森斯在其大作《社会系统》和《社会行动的结构》中，归纳总结了三种相互渗透的社会行动系统，即文化系统、社会系统及人格系统。塔尔科特·帕森斯的弟子卢曼在继承其社会系统理论的同时，从目的论的视角来思考系统问题，将系统论的发展又向前推进了一步。系统理论传入中国以来，国内学者也在致力于系统理论的学习和系统方法的探讨，取得了不小的成就。杰出科学家钱学森对系统理论与系统

---

① 《马克思恩格斯选集》第 3 卷，人民出版社 1995 年版，第 733 页。
② 《马克思恩格斯选集》第 3 卷，人民出版社 1995 年版，第 259 页。

科学的创立有独特的贡献。随着科技的发展，各个科学研究领域的分支日益细化，但与此同时，各学科之间相互渗透的现象越来越明显。适应这一趋势，系统论、控制论、信息论这三门边缘学科几乎同时产生。它们的出现对科学技术和思维的发展起到了巨大的推动作用，为现代多门新学科的出现奠定了坚实的基础。20世纪80年代以来，我国学界在继承一般系统论基本精神的基础上，对系统论进行了深入的研究和探索，提出了"三论归一"的广义系统论。所谓"广义系统论是把对象作为组织和自组织复杂系统进行专门的科学技术哲学研究的一般系统理论，是综合现有的一般系统理论、信息论、控制论、耗散结构、协同学和超循环论等现代复杂性系统理论中的科学技术哲学问题的横断科学，是系统科学与辩证唯物主义联系的桥梁，它研究系统科学中的哲学问题，是属于科学技术哲学的范畴"①。具体而言，广义系统论是坚持用辩证系统观来观察世界，超越自然学科和哲学社会学科的习惯标准，划分出宇宙系统、生命系统、精神系统、生态系统和社会系统五大类型的系统模式，并将它们一一囊括其中。

现代社会学中的结构功能主义崛起于二战之后的美国，是在以往功能主义的思想基础上形成和发展起来的。结构功能主义的思想渊源有一大部分是来自于系统论，是对系统论基本原理的具体化深入和实践应用，也是系统论思想在社会学研究领域的广泛发展。塔尔科特·帕森斯和罗伯特·默顿是结构功能主义的两位主要代表人物。塔尔科特·帕森斯最早将系统理论引入到社会学领域开展研究工作，20世纪40年代在批判和继承斯宾塞、涂尔干、韦伯、拉德克利夫-布朗、马林诺夫斯基等知名社会学理论家思想的基础上，提出了结构功能主义这一著名理论，成为结构功能分析学派的开山之人。塔尔科特·帕森斯把结构功能主义的社会理论基点放在社会"行动系统"上，在其代表作《社会系统》及《社会行动的结构》中，将社会结构分为社会系统、行为有机体系统、人格系统和精神文化系统。而为了维持社会结构行动的有效性，每一子系统结构都要发挥一定的功能，即适应功能、目标达成功

---

① 魏宏森、曾国屏：《系统论——系统科学哲学》，清华大学出版社1995年版，第3页。

能、整合功能和潜在模式维系功能。塔尔科特·帕森斯说："我以为所有的社会系统结构无论怎样复杂，都可以按照结构形式的方案进行分析。这个方案有四个功能'问题系统'或维度，即'维模'、'整合'、'达标'和'适应'。宏观的复杂系统是以这些问题为特征的，并且是通过围绕这些问题系统组织起来的结构和机制来管理的；而子系统则是用类似的术语在各种不同的层次组织和文化综合体中被组织起来的。"① 四种功能的发挥使社会系统达到结构均衡，增强系统的相对稳定性，从而缓解社会变迁和冲突。另一位结构功能主义的大师级人物是美国著名社会学家罗伯特·默顿。在继承塔尔科特·帕森斯结构功能理论的基础上，又将此理论的发展向前推进了一步。与塔尔科特·帕森斯的宏观视角不同，罗伯特·默顿注重微观的研究和经验主义的接入，因此又被称为经验功能主义。据此提出了一系列重要的相关概念和基本原理，如"显功能与潜功能"概念。前者指那些有意造成并可认识到的后果，后者是那些并非有意造成和不被认识到的后果；"正功能与负功能"观点，即功能有正负之分，对群体的整合与内聚有贡献的是正功能，而推助群体破裂的则是负功能；还有所谓"功能选择"的基本原理，即认为某个功能项目被另外的功能项目所替代或置换后，仍可满足社会的需要。搁置结构功能主义崇尚的共享价值观等争议暂且不论，仅从方法论借鉴的意义上而言，结构功能主义中关于结构划分、结构整合、功能类型及功能选择的概念和观点，一定程度上为当前马克思主义大众话语体系的逻辑转化提供了分析方法和理论支撑。当然，马克思主义唯物辩证法中关于整体与部分的思维方法，对马克思主义大众话语体系的转化性建构也具有哲学高度上的重要指导意义。

二、系统论的方法论启示

系统论既是自然科学的研究方法，也是哲学社会科学的思维方式，还是将自然科学研究方法与哲学思维方法连接和沟通起来的桥梁与中介。在进行

---

① ［美］帕森斯：《现代社会的结构与过程》，梁向阳译，光明日报出版社 1988 年版，第132 页。

哲学思维及社会科学的研究时，应该具备交叉学科意识，更多吸收自然科学研究的精神和方法。因而，系统论被广泛地应用到哲学社会科学的研究领域，并发挥着巨大的方法论作用。马克思主义大众话语体系本身就是由一个标准系统组成，它的构建和运行离不开系统论观点的指导，需要借鉴系统论的方法视域和理论框架来进行深度剖析。系统论是以系统及其机理为研究对象的一门科学，注重对系统外部影响因素、系统本身的整体性、系统要素的运转机理及相互关系的考察。由此可见，系统论所阐发的系统理念，在思维方式上对马克思主义大众话语体系的转化性建构具有深层次的指导价值和借鉴意义。

系统理念的思维引导。所谓的系统思想、系统理念，都是对特定思维方式的客观描述。系统理念从普遍联系的哲学基础出发，经过自然科学技术研究的检验，逐步过渡到对人类社会及人的精神世界的关怀。系统理念首要的一点便是其一贯坚持的整体观念的态度，首要将事物作为一个相互紧密联系的整体来对待，强调大局观。因此，古今中外的学者们无论对"系统"一词如何进行理解和界定，但任何真正的系统理念都必须将自身建立在联系与整体这两个基点上。需要指出的一点是，系统是具体的系统而非抽象的系统，每个系统都会处于一定的外部环境中，这种综合性的环境因素又是系统外围更大的系统，它们之间又会存在着千丝万缕的联系。简言之，每一事物都是系统与构成要素的辩证统一。按照系统理念的引导来认识和解析马克思主义大众话语体系，可以明确的是，在推进马克思主义大众话语体系及其转化性建构中，要树立整体意识和大局观念，将马克思主义大众话语体系视为一个完整的系统单位，在注重其内部逻辑联系的基础上，将马克思主义大众话语体系的转化性建构整体性地向前推进，而绝不允许机械式条块分割。

广义系统论的超越性贡献。追本溯源，系统是根据统计学、机械逻辑学等自然科学技术研究中所采用的具体方法和途径衍生而来。系统思想的逐步发展催生了现代系统论的产生，同时伴随着控制论和信息论的诞生。随之而来的是系统论、控制论和信息论的大发展和大繁荣。系统的思想理念已经逐渐深入到各个学科和研究领域，发挥着巨大的引导作用。系统论提出系统概念并揭示其一般规律，控制论研究系统演变过程中的规律性，信息论则研究控制的实现过程。信息论是控制论的基础，控制论是信息论的发展，二者共同成为系统论的研究方法。在"三论归一"的发展大势中，广义系统论适时将"三论"进行整合，并将耗散结构、协同学和超循环论等现代复杂性系统理论中的科学技术哲学问题囊括其中，建立起系统横断科学与辩证唯物主义沟通的桥梁。马克思主义大众话语体系的转化性建构研究则属于哲学社会科学研究的范畴，而广义系统论是专门的科学技术哲学研究的一般系统理论。用自然科学的思维和方法来分析和研究诸如马克思主义大众话语体系转化性构建、马克思主义大众化等人文社会科学等问题，一些难题就会迎刃而解，甚至取得飞跃性的成功。这既得益于系统论自身的发展，更是广义系统论诞生所带来的福音。

系统论基本原理的具体指导。关于系统论的内容丰富、庞杂，既包括整体性原理、层次性原理、开放性原理、目的性原理、突变性原理、稳定性原理、自组织原理和相似性原理等八大基本原理，还包括结构功能相关律、信息反馈律、竞争协同律、涨落有序律及优化演化律等五大基本规律。① 在马克思主义大众话语体系转化性建构的过程中，并非系统论的每一基本原理和基本规律都会对其发生同等的作用和影响，但系统理念的渗透和潜在的影响会伴随着整个过程的完成，有的基本原理或规律还会起到至关重要的指导作用。一定意义上，系统论的基本原理和基本规律能够为马克思主义大众话语体系的转化性建构提供多重视野和理论进路。

三、话语体系转化的基本问题

依据马克思主义的观点来观察，话语体系乃是变动的、发展的、创新的。学术研究中不存在固定不变的话语体系。任何现存的话语体系都不可避

---

① 当前学界对系统论基本内容的说法较多，出于研究的需要和权威性的考虑，笔者主要以清华大学魏宏森和曾国屏的相关观点为基础，同时兼顾其他观点。

免地具有时代局限性，这种局限性总体上说是由社会发展的基本状况及其社会所处的阶段所决定的，同时与人们的认识能力的有限性相联系。认识的有限性是一个客观的事实，诚如恩格斯所言："事实上，世界体系的每一个思想映象，总是在客观上受到历史状况的限制，在主观上受到得出该思想映象的人的肉体状况和精神状况的限制。"[①] 因此，话语体系作为认识成果也是具有有限性的。但是，随着社会知识体系的全面进步，学术研究共同体的更新换代，研究工作的不断推进，学科体系、学术体系的更大发展，作为认识成果的话语体系也就有着不断进步的趋势，因而实现话语体系的转化势在必行。从学术研究创新的角度来看，不断地推进话语体系的转化，不仅能够使研究工作不断地创新，从而推进知识生产方式的变革。在这种意义上说，话语体系的转化乃是话语体系研究的重要内容，并且在话语体系中占有极为重要的位置。

话语体系是由相关的语词而形成的，并且在具体的句子中也是以基本范畴为基础的。范畴亦即我们通常所说的概念，它是具有客观性的。因为它包含有因果性的联系，因而也就内在地包括了人们关于规律性的认识。列宁指出："（抽象的）概念的形成及其运用，已经包含着关于世界客观联系的规律性的看法、见解、意识。把因果性从这个联系中分出来，是荒谬的。否定概念的客观性、否定个别和特殊之中的一般的客观性，是不可能的。"[②] 正是因为范畴具有客观性，因而在实现话语体系的转化目标时，就必须在新范畴的使用上有所体现，或者可以说，新的范畴的运用也就成为话语体系转化的关键环节。我们注意到，党的十八大报告在话语创新上有着极为显著的特色，新范畴的使用乃是重要的表征。譬如，党的十八大报告首次系统阐述"中国特色社会主义制度"这个新范畴，并科学地阐述了中国特色社会主义道路、中国特色社会主义理论体系、中国特色社会主义制度的内涵及其相互关系。关于"中国特色社会主义制度"这个范畴的基本内涵，党的十八大报告是这

---

① 《马克思恩格斯选集》第 3 卷，人民出版社 1995 年版，第 376 页。
② 《列宁专题文集》，人民出版社 2009 年版，第 136 页。

样说明的：中国特色社会主义制度，就是人民代表大会的根本政治制度，中国共产党领导的多党合作和政治协商制度、民族区域自治制度以及基层群众自治制度等基本政治制度，中国特色社会主义法律体系，公有制为主体、多种所有制经济共同发展的基本经济制度，以及建立在这些制度基础上的经济体制、政治体制、文化体制、社会体制等各项具体制度。"中国特色社会主义制度"这个新范畴的提出，使"中国特色社会主义"这个概念的内涵更为丰富、更为完善了，中国特色社会主义不仅包括道路和理论，而且还包括制度，这标志着党对中国特色社会主义的认识上升到一个崭新的阶段。又譬如，在党的建设问题上，党的十八大报告不仅提出了要牢牢把握加强党的执政能力建设、先进性和纯洁性建设这条主线，而且第一次创新性地提出了党建工作"五位一体"的新范畴，这就是"思想建设、组织建设、作风建设、反腐倡廉建设、制度建设"，其目的就是增强自我净化、自我完善、自我革新、自我提高能力，建设学习型、服务型、创新型的马克思主义执政党，确保党始终成为中国特色社会主义事业的坚强领导核心。根据新时代的新特征和党的建设的迫切需要，习近平在党的建设上提出了"政治建设"战略举措，强调"党的政治建设是党的根本性建设，决定党的建设方向和效果"，确认"保证全党服从中央，坚持党中央权威和集中统一领导，是党的政治建设的首要任务"，并系统地论述了加强党的政治建设的实践要求，这就是严格遵守政治纪律和政治规矩、严格执行新形势下党内政治生活若干准则、完善和落实民主集中制的各项制度、不断提高政治觉悟和政治能力等等。"政治建设"这个范畴的提出及其论证，是党的建设理论的重大创新，最显著的特色是构建党建的新布局，并形成了"政治建设、思想建设、组织建设、作风建设、纪律建设"的新格局。习近平强调：以加强党的长期执政能力建设、先进性和纯洁性建设为主线，以党的政治建设为统领，以坚定理想信念宗旨为根基，以调动全党积极性、主动性、创造性为着力点，全面推进党的政治建设、思想建设、组织建设、作风建设、纪律建设，把制度建设贯穿其中，深入推进反腐败斗争，不断提高党的建设质量，把党建成为始终走在时代前列、人民衷心拥护、勇于自我革命、经得起各种风浪考验、朝气蓬勃的马克思主义执政党。这话语表述所承载的党建思想，标志着党的建设总体布局的重大创新。中国共产党在民主革命时期在党的建设上主要是强调思想建设、组织建设和作风建设，改革开放后开始认识到在党的建设中"反腐倡廉"的重要性，在新的历史时期党又进一步认识到"制度建设的极端迫切性"，因而也就有党建工作"五位一体"的新范畴；而党的十九大报告提出的"政治建设"，形成党建工作中"政治建设、思想建设、组织建设、作风建设、纪律建设"的新布局，从而将党的建设推进到了一个新的历史高度，实现了党的建设总体布局的重大创新。由此可知，话语体系与其所使用的基本范畴是紧密联系在一起的，范畴作为凝聚学术共识、表现思想内涵、体现价值指向的基本单元，在话语体系中有着基础性的意义；新范畴在事实上成为表现新思想、新主张、新观点的基本载体，而新范畴的有效建构与充分使用乃是话语体系转化的关键。

除此之外，话语体系的转化有着多层次性的显著特征，同时亦有可能在多个层面上进行话语的转化。要撼动整个话语体系、推进整个话语体系的更新，就必须从最低的层面开始，即从实现的路径、逻辑谱系及达到的目标这个层次起步，逐步地进入到第二个层次，即基本理论假设、关注的主要问题及基本范畴所构成的第二个层次，方能有限度地逼近第三个层次，即历史观与方法论所构成的最高层次。话语体系转化的层次性源于话语体系本身的结构性及其内容上的复杂性。由于话语体系具有结构性特征及内容上的复杂性，不仅有着严密的逻辑架构，而且有着价值体系、传承体系及逻辑谱系，涉及方方面面的要素或环节，故而只有在话语体系中的各个方面要素或环节的逐步转化中，才能实现话语体系整体上的转化。而话语体系在转化过程中，也不是一蹴而就的，而是一个不断行进、不断深入的过程，并受制于当时的社会历史条件及学术研究条件。因而，在这个过程中，只能先行地在不同的层面上进行部分的转化，实现转化上量的相关积累，最后才能实现话语体系的彻底转化。

诚然，话语体系转化的多层次性，也只是就总体而言的。事实上，每一个层次间有着相互的联系与交错关系。"公有制为主体"这个理论命题，原来主要是指公有制所占的比例占主体，现在可以解读为"公有制在控制力上占主体，不必在公有制成分所占比例占主体"。"实事求是"这个基本命题不可动摇，但可以依据形势变化纳入"解放思想"的内容，还可以进一步补充"与时俱进、求真务实"的内容。"关注的主要问题"虽不能立即更改，但对于其中的"主要问题"可以有新的解读。"革命"作为既有的"关注的主要问题"不可抛弃，但"革命"可以从原来的"变革生产关系"，解读为"解放和发展生产力"；而当"改革"被解读为"改变不适应生产力、生产关系及上层建筑中的某些环节"时，也就与"革命"这个"关注的主要问题"不相矛盾，这样"改革"也就被纳入广义的"革命"之中。"基本范畴"是可以不断扩展的，现在使用的"经济新常态""全面从严治党""新发展理念""一带一路"等就是新近使用的；现在使用的"中国特色社会主义整体布局"，由原来的"经济建设、政治建设、文化建设、社会建设"四位一体，变成现在的"经济建设、政治建设、文化建设、社会建设、生态文明建设""五位一体"，这里的"生态文明建设"是一个新范畴。由此可知，话语体系转化虽然具有层次性的特征，但所谓的层次也并不是绝对不可逾越的。

进而言之，话语体系的转化乃是一个历史性的进程，不是可以一蹴而就的，因而也不是短时期之内可以为之的。故而，由话语体系的转化到话语权的最终确立，更具有长期性、艰巨性和复杂性。作为一个变动性的历史性进程，话语体系的转化在根本上取决于社会实践的积累、时代的进步和社会知识体系的更新。话语体系的建设和转化需要高扬研究者的主体性、创新性和创造性，同时也需要在提振民族自信心的基础上，不断增强学术自信力和创造力。从批判和反思的眼光来看，话语体系的转化所面临的巨大障碍，不是当今学者在学术研究上的不努力，也不是既有的中华学术资源的不足，更不是当今中国学者没有学术的创新意识与学术眼光，而主要是社会上一些非学术因素长期渗透、长期以来所形成的巨大惰性力量等。当然，尽管话语体系的转化任重道远，但也不是没有实现的希望。①

---

① 吴汉全：《话语体系初论》，人民出版社 2020 年版，第 106、132 页。

第二节　马克思主义大众化的要素论析

从系统论视角审视，马克思主义大众化是一个复杂系统。这一系统由使动主体、受众客体、内容主题、实现载体及外部环境等基本要素构成，整体性、层次性、互动性是其内在逻辑。作为实现载体的话语和话语体系是马克思主义大众化的重要构成要件之一，马克思主义大众化推进的情况如何是检验马克思主义大众话语体系及其转化性建构实际效果的直接指标。面对当前马克思主义大众化深入推进的现实困境，解构马克思主义大众化的内部要素，厘清马克思主义大众化的内在逻辑关系，发挥系统的整合功能，通过要素与要素、要素与整体、整体与环境等微观、中观、宏观的三观整合，进一步推进马克思主义大众化向更高层次发展。

当前，全国持续掀起推进当代中国马克思主义大众化的热潮，马克思主义大众化的相关研究也日益兴盛。在充分肯定大众化成绩的同时，必须清醒地认识到，目前的马克思主义大众化依然存在理论与实践方面的诸多问题，推进速度有放缓的迹象。究其原因，对马克思主义大众化的系统性及其构成要素认识不到位，未能准确把握马克思主义大众化的内在逻辑，特别是对马克思主义大众化的实现载体创新和拓展不足，是影响马克思主义大众化实际效果的重要因素。因此，系统解构要素、明晰内在逻辑、整合内外资源，成为推进马克思主义大众化深入发展的题中应有之义。

一、马克思主义大众化的要素解构

尽管当前学界对马克思主义大众化的概念有不同的认识和表达，但核心思想基本一致。所谓当代中国马克思主义大众化，就是把马克思主义基本原理、基本观点通俗化、具体化，使之更好地为人民大众所理解、所接受。①系统是由若干相互依存和互相制约的子系统组成，分析系统的要素构成是整

---

① 秋实：《大力推进马克思主义中国化时代化大众化》，《求是》2010 年第 23 期。

体性把握系统认知的逻辑起点。系统论视域下，马克思主义大众化成为一个有机整体，其构成要素可以分为使动主体、受众客体、内容主题、实现载体、外部环境 5 个重要部分。

一是使动主体要素。一般来讲，主体与客体是一对相互对应的哲学范畴。主体是指在社会实践中，起到能动性、主动性和创造性作用的人，是客体的存在意义的决定者。主体是对客体有认识和实践能力的人，在此宏观概念下，依据主体涵盖范围的大小，主体可以分为个人主体、群体主体、人类主体三个不同层次的分类主体。[①] 然而，并非所有的人都能成为范畴意义上的"主体"，它需要具备一定的条件，即社会性。严格地讲，只有具备了一定实践技能、经验和科学文化知识，并实际地从事认识和实践活动的人，才能成为真正意义上的主体。[②] 在马克思主义大众化的语境中，使动主体必然是人的因素，具有相当的主动性。使动主体是马克思主义大众化的源头和发起，控制着大众化的整体节奏，决定着大众化发展的方向。

二是受众客体要素。客体是与主体相对应的范畴，是主体在进行认识和实践过程中，发挥能动性、主动性和创造性所施加影响和指向的外界对象。主体与客体是一组相对的概念，只有二者发生关系，主客体间的关系才能成立。在社会实践的前提下，主体的活动是一种对象性的活动，主体对客体具有认识和改造的能动性、主动性和创造性；反过来，客体作为一种对象的存在，即使精神客体为人类主体所创造，但是一旦创造出来，精神客体同物质客体一样对主体能起到约束与限制的能动反作用。需要指出的是，马克思主义大众化的受众客体是人的因素，而非物的所指。因此，在马克思主义大众化的进程中，受众客体与使动主体不仅具备哲学范畴上的辩证统一关系，还存在实际内容上的一致，二者经常相互转化。

三是内容主题要素。内容主题是马克思主义大众化的基础元素之一，是使动主体对受众客体作用发挥的基本内涵所指。笼统地讲，马克思主义大众

[①] 郭湛：《主体性哲学——人的存在及其意义》，云南人民出版社 2002 年版，第 13—14 页。

[②] 董耀鹏：《人的主体性初探》，北京图书馆出版社 1996 年版，第 129 页。

化的主题内容当然是马克思主义而非其他的任何东西，即实现马克思主义这一主题的大众化、普及化、通俗化。然而，当前大众化的主题内容受一般意义马克思主义惯性思维的束缚，仅仅表现为对马克思主义外在理论形式的学习、研究和传播，致使马克思主义大众化的主题内容陷入单一、僵化、抽象的不利境地，未能突出大众化主题内容的实践特色、时代特色、民族特色，与大众化的价值诉求背道而驰。马克思主义大众化本身是一个具体的历史的过程，不能简单地模仿和一味地停留在所谓抽象概念的层面，其内容主题同样不能仅仅拘泥于马克思主义纯粹理论的机械形式。事实上，马克思主义大众化的内容主题异常丰富和具体，它应该至少是包含马克思主义基础理论的传播、马克思主义指导下的实践学习等几个层面紧密联系的科学体系。

四是实现载体要素。在马克思主义大众化进程中，路径与载体的作用就是将主体的所予、客体的所需及主题的内涵紧密联系起来，按照一定的逻辑建立顺畅的关系。大众化的实现路径是指通过一定的形式、途径或方法，使马克思主义理论在动态过程中被主受众客体所接受，实现马克思主义大众化的目标；大众化的载体多指一些具体的、物质的媒介或桥梁，一般为马克思主义理论体系提供受众群体所喜闻乐见的外在表现形式，其发挥作用的机理是静态的、可视的。具体而言，作为马克思主义大众化主客体的人的要素与大众化内容主题的科学理论体系之间，缺乏必要的联系，主体使动功能的发挥、客体对理论的渴求及马克思主义理论自身掌握群众的诉求无法实现统一。在此背景下，某种非固定形式的实现路径，或者某种不确定的物质载体，又或者二者的复合体形式恰恰满足了这种需要，将主体性的人与主题性的理论紧密联系起来，在人掌握理论的需求与理论掌握人的诉求间建立起联系的桥梁与纽带，从而迸发出马克思主义大众化传播的巨大潜能。从这个层面上说，马克思主义大众话语体系是马克思主义大众化最为直接的载体，必须以马克思主义大众话语体系的创新发展深入推进马克思主义大众化。

五是外部环境要素。环境是围绕在人类主体周围，且能够对人类主体产生影响和作用的一切自然、社会、文化条件的总和。任何人和事都处于一定的环境中，虽然所处的环境不尽相同，但任何人和事都无法完全抛开环境的影响。马克思主义大众化同样不能例外，它也是被置于一定的人文社会环境氛围中。依据不同的标准可以将环境划分为不同的类型，如自然环境、政治环境、经济环境、文化环境和社会环境等等。这里所说的环境"通常是指社会环境包含的内容，具有开放性、自在性、复杂性、泛化性、变动性、可利用性的特点"①。马克思主义大众化的环境要素是一个相对复杂的体系范畴，也是大众化不可或缺的外在影响因素，具体是指马克思主义在学习、传播、研究、运用过程中所能涉及到的氛围软环境及硬件配套设施等所有起作用的影响因素的总和。

二、马克思主义大众化的内在逻辑

一是整体性逻辑。整体性原理是系统论最为本质、最为鲜明的基本原理，整体性与系统性实质上是统一的。钱学森认为："系统就是由许多部分所组成的整体，所以系统的概念就是要强调整体，强调整体是由相互关联、相互制约的各个部分所组成。系统工程就是从系统的认识出发，设计和实施一个整体，以求达到我们所希望得到的效果。"②作为系统存在的马克思主义大众化，本身散发着整体性和系统性的特质。使动主体、受众客体、内容主题、实现载体等要素遵循一定的规律有机结合在一起，在相互竞争与不断融合的机制下运转，构筑起马克思主义大众化的完整系统。作为整体存在的马克思主义大众化，具备各个下属要素所不能具备的性质与功能，从而形成新的系统的规定性。马克思主义大众化的全局视野，是内部各个要素所无法比拟和企及的，它所表现出来的整体性功能也绝非各个要素的简单相加，而是系统性的有机融合。因此，马克思主义大众化的系统整合，首先要确立整体逻辑和全局理念。

二是层次性逻辑。层次性是一切系统最普遍的基本特征之一，任何系统都是由不同等级系列的子系统按照一定的序列有机组成的，因而表现出纷繁

---

① 张世欣：《思想教育规律论》，浙江大学出版社 2008 年版，第 135—136 页。

② 钱学森等：《论系统工程》，湖南科学技术出版社 1982 年版，第 204 页。

的多样性和层次性。所处的层次不同，其属性、结构、功能、行为等均不相同。任何系统都身兼系统与要素两个角色。因此，马克思主义大众化的层次逻辑可以从内系统和外系统两个方面来理解。一是内系统。所谓内系统，也就是系统内部，具体是指构成这一系统下一级的各个子系统。当马克思主义大众化作为高一级的系统时，使动主体、受众客体、内容主题、实现载体等就成为低一级形式存在的子系统要素。这时的层次性主要体现在各个子系统平台地位的差异上，按照它们在高一级系统中的地位，将其分为不同的等级和层次。大多时候，使动主体作为马克思主义大众化的发动者，居于主要层级，而其他形式的平台则居于次要的层级。二是外系统。马克思主义大众化外部系统的层次性，是相对于其所担负的要素角色而言的。马克思主义大众化相对于内部要素居于高级系统的地位，但将其放在整个外部大环境中，它又成为低一级的子系统，主要承担起构筑大系统要素的责任。系统与要素、高级系统与低级系统的角色转换，正是体现了马克思主义大众化的层次性逻辑。另外，马克思主义大众化的层次逻辑，还表现在受众客体的差异性上。受众客体的性格智力、学历背景、知识储备的不同，在对马克思主义的认知和理解上存在不同程度的差异，就构成了马克思主义大众化受众客体的结构性差异。

三是互动性逻辑。马克思主义大众化的互动性逻辑有三个方面的内容。一是使动主体与受众客体的互动。无论是主体还是客体，都是人的因素。邓小平曾经说过："人是生产力中最活跃的因素。"[1]同样，人也是马克思主义大众化进程中的活跃因素，这里的人既是主体的人，也是客体的人。使动主体与受众客体的互动，主要体现在人的统一性上，二者甚至存在着较大的重合。使动主体与受众客体的互动逻辑是马克思主义大众化的基础逻辑。二是主客体与内容主题的互动。马克思主义大众化的过程，既是用马克思主义理论引导、教育、激励、塑造广大受众客体的过程，也是将马克思主义理论广泛传播和普及的过程，兼顾"内化"与"外化"的双重任务。主客体与内容

---

[1] 《邓小平文选》第2卷，人民出版社1994年版，第88页。

主题的互动逻辑主要反映在"两个掌握"上，即马克思主义理论掌握人民群众与广大人民群众掌握马克思主义先进理论。主客体与内容主题的互动逻辑，是马克思主义大众化的常态逻辑。三是马克思主义大众化与外部环境的互动。马克思主义大众化处于一定的社会环境中，这是推进大众化的现实基点。马克思主义大众化不是纯粹的理论问题，具有较强的实践性，这取决于马克思主义的实践特色和大众化的实践需求。在马克思主义大众化的实践中，不断与外界进行能量的交换，同时也以自己的方式影响环境的改变。马克思主义大众化与外部环境的互动逻辑是马克思主义大众化的发展逻辑。

三、马克思主义大众化的系统整合

整合，原意是指把杂乱无章的个体通过资源共享和协同工作等方式彼此衔接，最终形成有价值、有效率的系统整体。在马克思主义大众化语境中，结构的整合与功能的发挥是辩证统一的。一方面，只有通过内部各要素功能的充分发挥，才能完成整体性结构整合；另一方面，结构的整合是为推进马克思主义大众化主题性功能的发挥创造条件，以利于大众化宏观功能及内部各要素微观功能的实现。要素的整合，以推进马克思主义大众化主题性功能的实现为导向，重点考察大众化宏观意义下各构成要素结构的相互作用原理及其在整体化语境下效能发挥的状况。鉴于内部要素构成的复杂性和层次性，将马克思主义大众化的结构功能整合放到不同的理论维度进行考量，在微观、中观、宏观的三观视角下考察各要素之间、要素与系统之间、系统与环境之间的构建与整合。

（一）微观整合：要素与要素的协调

马克思主义大众化要素之间的微观整合涵盖了使动主体、受众客体、实现载体、内容主题间关系的协调和相互间的融合。毋庸置疑，上述罗列的要素形式都在以自己特有的方式，或多或少地为推进马克思主义大众化这一主体性价值诉求发挥作用。既然每个要素都是处于整体性环境中，那么它们就是处于同一层次、地位不同而相互间发生着千丝万缕联系的个体单位。从积极的角度来分析，它们之间的紧密联系会促使良性化学反应的发生，形成相互促进、共同发展的态势，主要表现在主客体的统一、主客体对主题的自觉认同、实现载体纽带作用的发挥上。从消极的方面来考察，马克思主义大众化的各个要素都有自身独特的行为方式和活动空间，一方的发展未必会引起另一方的兴趣和协助，甚至会挤压对方的生存空间。因此，除了相互融合外，要素之间还存在着大量的彼此孤立、相互排斥的情况，导致许多无谓的功能抵消和能量内耗。

规避无谓内耗，引导马克思主义大众化的和谐发展，是要素与要素之间整合的目的，而目的的达成需要依靠载体发挥特殊性元素的作用。微观层面整合的突破口在于要素与要素之间的相通之处，即主客体的相通和主客体与主题的相通。实现载体凭借其在使动主体、受众客体及内容主题的连接作用，在一定程度上进行马克思主义大众化资源的重新分配和合理配置，发扬要素间关系的积极方面，将消极影响降到最低，开创要素间新型的和谐关系，最终实现微观整合的目标。

（二）中观整合：要素与系统的融合

使动主体要素、受众客体要素、主题内容要素及实现载体要素与马克思主义大众化的关系，属于哲学意义上部分与整体、要素与系统的范畴，它们之间关系的协调与优化同时被赋予了中观整合的含义。作为整体存在的大众化整合的目标是要达到构建系统并在此基础上发挥推进马克思主义大众化的整体性特有功能。马克思主义大众化的中观整合处于整合过程的特殊位置，起到上承微观整合、下启宏观整合的中枢纽带作用。

然而，处于整体结构下的要素组成并非天然的合作者和顺从者。微观整合需要借助实现载体元素。同样地，中观整合也离不开其特殊作用的发挥。载体是马克思主义大众化的组成元素，是将大众化内部主体要素、客体要素、主题要素串联起来形成网络的关键节点。载体具有先天的实践性特征，把中观整合中各要素的基本情况及时反馈到马克思主义大众化系统中，据此进行系统调整、优化和选择。一是关注要素的显性功能效果，更应准确预判和认识潜在功能可能带来的结果与影响；二是发扬要素之于系统群体内聚的正功能和显性功能，激发潜在功能中利好趋势，摒弃和抑制要素之于系统导致群体破裂的负功能的发挥；三是根据整体的需要进行要素功能选择、代替和置换不适宜的功能。通过中观整合，优化马克思主义大众化的整体结构，加强系统的内聚力和向心力，促进其整体性特有功能的极致发挥。

（三）宏观整合：系统与环境的互动

宏观整合主要是指马克思主义大众化从所处的复杂环境吸收和释放能量，从而实现自身系统功能的过程。科学把握发展规律，主动适应环境变化，是宏观整合过程中系统需要遵循的基本守则。宏观整合语境下的环境具有非常宽泛的定义种属，按照不同的标准会有不同类型的划分，如局部环境与全局环境、利好环境与恶劣环境等。根据宏观整合研究的需要，将马克思主义大众化所处的环境分为两大类。一是软环境，即马克思主义的价值诉求。离开了马克思主义的主题性环境，马克思主义大众化就迷失了方向，失去了存在的基点。马克思主义是大众化推进的灵魂所在，决定着整合的性质和命运。因此，大众化宏观整合首要任务是及时适应和满足马克思主义发展和创新的新变化与新要求，实现与马克思主义中国化时代化的同步骤、同节奏发展。二是硬环境，即社会氛围。马克思主义大众化既是一个亟待解决的问题，也是全社会广泛关注的现实热点问题，应当将马克思主义大众化放置到当代中国社会的大环境中进行考察。中国社会既是马克思主义大众化的外部环境，也是马克思主义大众化的实现载体。马克思主义的大众化与社会大环境的宏观整合是双向互动的能量交换过程。一方面，当代中国马克思主义大众化只有经历社会环境的影响，适应社会发展的需要，才能向前推进；另一方面，中国社会的良性发展，必须依靠当代中国马克思主义大众化的不断推进。大众化的实现既引领着中国社会的健康发展，又是社会主义社会建设的重要部分。

进而言之，马克思主义大众化微观、中观、宏观三个层面的整合是相互联系、相互依托、相互促进的关系。微观整合是根本立足点，中观整合是关键切入点，宏观整合是战略着眼点。它们之间不断进行层际间的资源共享与能量交换。三个层面整合的关注点不尽相同，但又是紧密联系、相互观照，统一于马克思主义大众化整体整合的宏观进程中，达到了要素、系统、环境三者之间互通、开放、接轨、融合的预期。

马克思主义大众化是马克思主义普遍真理与价值需求不断整合，并逐渐走向统一的实践过程。如何推进马克思主义大众化，即实现科学真理与现实价值相统一的路径问题，则成为马克思主义大众化首要和基本的问题。马克思主义大众化既是一个学习、研究马克思主义并将其传播和普及开来的系统理论工程，又是一个将科学理论指导实践、付诸实践检验并不断取得螺旋式理论提升的协调发展过程。"条条大道通罗马。"任何单一的方式都无法满足实践的需求，实现马克思主义大众化的路径也是多种方式的集合。在理论视野的拓展中，将传统路径资源与探索、发现的新成果资源进行创新性整合，形成系统性的多维路径平台。观照各方因素，多角度、多层次、跨领域探寻马克思主义大众化的路径资源，最终形成立体化、模式化、网络化和整体化的传播路径系统。现实路径的多重探索为以大众话语体系的建构来推动马克思主义大众化提供资源素材。

第三节　马克思主义大众话语体系的逻辑转化

马克思主义大众话语体系的逻辑转化及其建构是内部各要素的基础建构与系统的整体性转化有机统一的过程，特别是在内部构成要素完成建构的前提下，系统整体性的有效转化则成为问题的关键环节。塔尔科特·帕森斯在分析"诸如此类的许多社会单位行动如何实现以规则有序地协调"问题时指出，社会秩序是一些特定的社会系统的产物，这些社会系统为行动者提供了共同的价值取向，行动者用于对情境做出回应；而这种提供本身又有赖于向个体行动者具体指明共享的价值模式，以适当的方式激发他们的动机。[①] 系统具有相关性，它是指构成系统的各要素之间、要素与系统之间及系统与环境之间都是相互依存与制约的关系，任何要素发生变化都会给其他要素、整

---

① ［英］布赖恩·特纳编：《BLACKWELL 社会理论指南》，李康译，上海人民出版社2003年版，第142—143页。

个系统乃至系统所处的外部环境带来震动和影响。功能概念的引进，主要特指微观层面各个要素发挥的作用。结构功能主义在论及"功能"含义时，主要是强调部分对于整体构建、要素对于系统整合作用的发挥；与一般结构功能主义强调的功能概念有所不同，结构功能分析框架下马克思主义大众话语体系的建设，功能概念的含义更加饱满。结构与功能的关系紧密，不同的系统结构，其功能也不尽相同。

马克思主义大众话语体系的转化性构建，以推进马克思主义大众化主题性功能的实现为导向，重点考察马克思主义大众话语体系整体意义下各构成要素结构的相互作用原理及其在整体化语境下效能发挥的状况。鉴于内部要素构成复杂性的现实及其带有明显的层次性特征，因而将马克思主义大众话语体系放到不同层次的思考维度进行分析，即在微观层面、中观层面、宏观层面的视角下分别考察马克思主义大众话语体系在不同角色和层面之间的转化与建构。

一、马克思主义大众话语体系转化性建构的基本原则

第一，方向性原则。坚持正确的方向，是马克思主义大众话语体系转化性建构必须坚持的首要原则。方向性原则是指为达到事前预定的目标，事物的发展坚持某种道路的走向或者顺延某种特定的发展趋势。就这一特定语境而言，马克思主义大众话语体系转化性建构的方向性原则也就是政治性原则或马克思主义党性原则。在当前积极推进马克思主义中国化时代化大众化的主流意识形态背景下，方向性原则的含义被赋予了政治性原则的色彩，坚持正确的方向性与坚持马克思主义的意识形态性具有一致性。马克思、恩格斯很早就建立了科学的意识形态理论，指出："占统治地位的思想不过是占统治地位的物质关系在观念上的表现，不过是以思想的形式表现出来的占统治地位的物质关系；因而，这就是那些使某一个阶级成为统治阶级的关系在观念上的表现，因而这也就是这个阶级的统治的思想。"[①]物质决定意识，主流

———————

① 《马克思恩格斯选集》第 1 卷，人民出版社 2012 年版，第 178 页。

意识形态是主流物质关系的观念反映，因而当前马克思主义的主流意识形态是先进生产力的代表，顺应社会发展的趋势，因而具有强大的生命力和感召力。那么，存在于主流意识形态环境下的思想与行为为了谋求发展而不至于为历史所淘汰，就必须与先进的主流意识形态保持根本基调上的一致。因此，马克思主义大众话语体系转化性建构需要遵循政治的方向性原则。马克思主义方向性原则反映了马克思主义大众话语体系转化性建构的目的性和政治性，揭示了其根本性质和主要目的。

第二，时代性原则。时代性原则是指，马克思主义大众话语体系转化性建构要适应实践和时代发展的需要，反对守旧和僵化。马克思主义大众话语体系转化性建构的根本目的和重要意义是推进马克思主义大众化的彻底实现。马克思主义学习、研究和传播的发展历史表明，马克思主义及其大众化是马克思主义大众话语体系存在的唯一原因。因此，马克思主义大众话语体系转化性建构必须服从和服务于马克思主义发展的主题任务和传播的基本规律。马克思主义具有与时俱进的理论品质。江泽民曾指出："一切从实际出发，实事求是，理论联系实际，是我们党的优良作风和思想路线，也是党校教育的指导方针。"[①]认清当前所处的时代环境，顺应时代发展的要求，是马克思主义发展和创新的重要前提。同样地，时代性的要求也是马克思主义大众话语体系转化性建构的重要前提。时代性原则成为马克思主义大众话语体系转化性建构的行动准则。历史地看，马克思主义大众话语体系的每一次创新发展都离不开当时的历史背景，都是时代发展的需要。在马克思主义大众话语体系转化性建构中坚持时代性原则的根本原因在于理论和实践的不断发展。这就要求在马克思主义大众话语体系转化性建构的进程中，时刻认清变化了的实践形势和马克思主义大众化所需要的理论指导和路径支持，不断探索马克思主义大众话语体系转化性建构的新方法和新模式。

第三，科学性原则。科学性的要求源于对事物本质的追求，其内涵包括实事求是的态度，崇尚严谨的科学精神，先进的方法理念。"实事求是的态

---

① 《十三大以来重要文献选编》中，人民出版社 1991 年版，第 1145 页。

度"就是"马克思主义的态度","就是党性的表现，就是理论和实际统一的马克思列宁主义的作风"。^①"理论与实际相结合"的原则是马克思主义一条基本的原则，也是马克思主义大众话语体系转化性建构科学性原则的具体要求。一言以蔽之，科学性原则就是将求是的态度、严谨的精神与科学的方法统一于马克思主义大众话语体系转化性建构的进程中。科学的理论指导和科学的实践践行，是马克思主义大众话语体系转化性建构的两条主要途径。在马克思主义科学理论的指导下，综合各学科优势，制定出一整套完备的转化方案和合理的构建程序，是马克思主义大众话语体系转化性建构中科学性原则首要和前提性的要求；然而，"真理的标准只能是社会的实践"^②。科学理论的指导只能通过科学的实践活动才能发挥效用。唯有坚持科学性原则，将科学理论与科学实践相结合，才能规避马克思主义大众话语体系转化性建构误入歧途的风险。

第四，时效性原则。时效性原则主要体现在马克思主义大众话语体系转化性建构的后续阶段，是对前期转化性建构准备工作、转化性建构方案制定、转化性建构具体过程、转化性建构实际运行效果的全面检验。实质上，时效性原则就是要求通过对马克思主义大众话语体系转化性建构，达到话语体系之于马克思主义功能的最大发挥，实现推进马克思主义大众化的最终效果。在时效性原则的要求下，马克思主义大众话语体系转化性的建构既要调动各个要素的积极性，实现它们对推进马克思主义大众化单独功能的最大发挥；又要协调相互关系，减少相互间恶性的生存竞争、无谓的功能抵消，发扬互相促进、互相激励、取长补短、互利共赢的和谐发展模式。就马克思主义大众话语体系的构成要素而言，需要充分尊重和发扬话语体系的原有功能，同时挖掘新兴话语要素的巨大潜能；就马克思主义大众话语体系的整体而言，积极协调话语要素之间的关系，适当进行整体的结构调整，追求良性运行机制的达成。换句话说，马克思主义大众话语体系

---

① 《毛泽东选集》第 3 卷，人民出版社 1991 年版，第 801 页。
② 《毛泽东选集》第 1 卷，人民出版社 1991 年版，第 284 页。

转化性建构的时效性原则便是追求功能的最大发挥，不仅追求每一个话语要素最大功能"1"的发挥，更加注重整体性功能发挥"1+1>2"效果的实现保证。

第五，整体性原则。整体性作为一种辩证的观察原则和分析方法，是把一定的对象、存在视为内容和结构完整的有机整体，坚持整体对于部分的决定性观点。马克思主义大众话语体系转化性建构的整体性原则的理解和运用可以通过马克思主义大众化自身的整体性、马克思主义大众话语体系的整体性及构建过程中整体性的原则体现等问题来说明。其一，推进马克思主义大众化的整体性原则。马克思主义大众化的内容主题和价值主体无疑会体现在马克思主义理论本身特别是大众化的效果方面。马克思主义是一个相互联系、逻辑严密的科学体系和有机整体，整体性是马克思主义固有的本质属性。马克思主义的整体性既是马克思主义理论本身基本内容、理论创新、经验总结方面的整体性特征，也特指马克思主义中国化时代化大众化等理论创新过程的整体性要求。因此，整体性是马克思主义理论本身的基本特质，也是达到马克思主义中国化时代化大众化理想预期的基本要求。其二，马克思主义大众话语体系的整体性。话语平台是展示特点、建立关系、发挥作用的承载。将多个不同类型的话语平台囊括在相同的主题或目标下，在相互竞争中逐渐融合，最终形成一个整体性的结构，这就是马克思主义大众话语体系。尽管每一个话语体系平台都会处于不同等级的整体系统中，但当其处于高级系统结构中时，整体性便是话语体系平台的内在属性。其三，构建中整体性原则的体现。马克思主义大众话语体系转化性建构是一个复杂的系统工程，这就需要将大众话语体系平台看作一个整体，转化中树立全局观念，才能实现整体构建。

马克思主义大众话语体系带有多角度、全方位、立体化的特点，其转化性建构的指导性原则亦是复杂而系统的。方向性原则为其提供了理论基点，时代性原则为其提供前提上的准备，科学性原则始终贯穿于转化性建构的整个过程，时效性原则体现在转化性建构结果的评估上，而整体性恰恰表明转化性建构的目的与归宿。方向性、时代性、科学性、时效性、整体性之间既互相依存又互相竞争，在相互博弈的过程中形成了一个基本原则的有效整体，引导和斧正马克思主义大众话语体系转化性建构。

二、马克思主义大众话语与其他话语体系间的微观转化

微观转化是指为了完成系统的整体性构建，内部组成要素与要素之间的协调和融合，是一种最基本的转化方式。微观层面的转化是转化发生的逻辑起点，也是后续中观转化与宏观转化的前提，处于基础性的地位。话语是话语体系的构成单位，话语体系是话语的系统化。就马克思主义大众话语体系的微观转化而言，就是处理好大众话语与政治话语、学术话语、传统话语、大众的话语之间的关系，通过微观转化科学构建马克思主义大众话语体系。

一是大众话语与政治话语的科学转化，即处理好大众话语与政治话语的内在一致性关系。所谓政治话语是国家政治生活中占统治地位的话语，可以通俗地理解为官方话语。政治话语带有浓烈的意识形态色彩，是统治阶级意志和统治方式的体现，具有权威性、方向性、稳定性的特征，反映的是话语权立场问题。在中国特色社会主义国度里，人民是国家的主人。人民民主专政的国家政权保证了政治话语的人民性，政治话语代表的是人民群众的利益和中国大众的心声，这正是大众话语应有的题中之义。因此，中国的政治话语与大众话语具有内在的一致性。话语权与政治话语、大众话语可谓"一体两翼"的关系。政治话语从国家层面主导了话语权的马克思主义立场，大众话语则在人民层面为马克思主义话语权奠定了深厚的群众基础。一方面，政治话语为大众话语指明了方向，是大众话语形成的合法性根基。话语权的意识形态性首先需要通过政治话语表现出来。我国的马克思主义话语权同样是通过中国特色社会主义等政治话语得以实现。政治话语从宏观角度为大众话语的构建指明了前进的方向，在国家层面规定了大众话语的基本范畴和领域，任何超出或者违背马克思主义政治话语的大众话语都将迷失方向，甚至误入歧途。另一方面，大众话语是对政治话语的认同、阐释和巩固。政治话语权威性、方向性、稳定性的基本特征主要体现在国家意志层面，强调的是宏观维度的表达。当前，我国马克思主义指导思想、中国特色社会主义道路、中华民族伟大复兴、中国梦等重要政治话语皆是战略性的要求。只有将这些契合时代主题的政治话语具体化为人民群众所熟知的大众话语，才能真正达到入脑入心的实际效果，实现政治话语与大众话语的有机结合，切实掌握和提升马克思主义意识形态话语权。早在 2012 年访美期间，几乎每到一地，习近平都会用最朴实的民间语言讲述一个故事或阐述一个复杂的道理。这种"官话民说""有话直说"的独特话语风格，充满故事性和人情味，是为大众话语方式的典范。

二是大众话语与学术话语的科学转化，即促进大众话语与学术话语的积极转化。学术话语也叫知识话语或精英话语，是由固定的概念、词组、逻辑等构成并形成一定体系的话语。学术话语能为马克思主义话语权的巩固和提升，提供科学依据和智力支持。学术话语带有规范性、理论性和完整性的基本特征，与随性、零碎、多样的大众话语显得格格不入，二者更谈不上转化的问题。然而，学术话语向大众话语的转化是双方内在属性的本质需求，存在逻辑上的合理性和必然性。大众话语需要从学术话语中找寻学理支撑，以使自身获得理性和深度；同样的道理，学术话语需要从大众话语中汲取原始养分，作为提炼和升华的素材，否则就会成为无源之水、无本之木，丧失群众基础和实践检验的机会，沦为形而上学。积极转化成为大众话语与学术话语关系中的主要方面，尤其是学术话语向大众话语的转化更是关键。只有将深刻、理性、前瞻的学术话语真正转化为通俗、易懂、扼要的大众话语，学术话语才能真正被人民大众理解、认同、掌握，从而获得蓬勃生机。大众话语是联系学术话语与人民群众的桥梁和纽带，只有将学术话语转化成大众话语，才能发挥其在马克思主义话语权中的引导功能。学术话语向大众话语的转化，重点在三个方面。一是话语主体的转化。话语主体即是掌握该话语的人，学术话语的主体主要是知识分子群体，而大众话语的主体则是包括知识分子和大众群体在内的复合型主体。两类主体虽然存在一定程度的重合，但群体性差异较大。这就需要学术话语主体认清自身定位，主动加入、深入、融入人民群众的大集体中，在保持知识分子特质的同时兼顾自身的大众身份。二是话语内容的转化。学术话语与大众话语关注的领域和感兴趣的点会有不同。一般而言，学术话语的话题集中在科学和理性两个方面，大众话语的内容突出的是实践和感性。实践需要科学的指导，科学需要实践的检验。感性离不开理性的规范，理性同样离不开感性的土壤。就话语内容而言，无论是学术话语，还是大众话语，都需要满足社会实践的需要、反映人民群众的生活实际、为大众代言。三是话语方式的转化。话语方式是话语主体在表达话语内容时所运用的语言形式及其形成的言语风格。学术话语的主体是知识分子，所表达的话语内容本身具有一定的理论性和系统性。因此，其话语方式难免带有一定程度的抽象和思辨色彩，有时甚至晦涩难懂。马克思主义话语权的人民性要求学术话语必须向大众话语积极转化，将学术话语方式中的抽象化为通俗、晦涩化为易懂。

三是大众话语与传统话语的科学转化，即合理借鉴传统话语中的"营养元素"。"传统"在《辞海》中的解释是世代相传、从历史沿传下来的思想、文化、道德、风俗、艺术、制度以及行为方式等。传统话语则是针对传统内容而形成的话语方式、话语习惯、话语风格。传统话语是历史发展继承性的表现，在阶级社会里，传统话语具有阶级性和民族性。传统话语同样是话语权的重要维度之一，以其深厚的文化资源和惯性力量对人们的社会行为产生无形的影响和控制作用，进而渗透到意识形态领域的方方面面。努力提升马克思主义话语权，同样需要妥善处理大众话语与传统话语的关系。传统话语是历史发展的产物，人民群众是历史的创造者，同样是传统话语的应然主体。大众话语与传统话语存在一定程度的内在联系，这成为二者关联的基点。在马克思主义意识形态话语权视域中，传统话语主要包括马克思主义传统话语、中国传统话语和西方传统话语等三个方面的内容。要积极、科学、合理地借鉴传统话语，努力完善和丰富大众话语，把握和提升当前我国马克思主义意识形态话语权。对于马克思主义传统话语，要学习和发扬。马克思主义传统话语是整个传统话语的主导，是马克思主义经典作家和中国化马克思主义者在长期的革命、建设和改革实践中逐渐形成的话语方式。从马克思、恩格斯揭露封建的社会主义的虚伪时描述的"发现他们的臀部带有旧的封建纹章，于是就哈哈大笑，一哄而散"①，到毛泽东"一切反动派都是纸老虎"的著名论断，再到邓小平"不管黑猫白猫，能捉老鼠的就是好猫"的家喻户晓，一直到习近平的"鞋子合不合脚，自己穿了才知道"的恰当比喻，无不显示出马克思主义者的智慧和马克思主义传统话语"接地气""亲大众"的格调。在继承这些优良传统的基础上，不断与时俱进，将马克思主义传统话语的风格强势注入大众话语。对于中国传统话语，要继承和吸收。中国传统话语是整个传统话语的主流，是大众群体的话语遗传和文化基因。许多耳熟能详的主流话语，都带有中国传统话语的烙印，马克思主义的精髓——"实事求是"便是其中一例。弘扬中华优秀传统文化，也应注重中国传统话语的继承和吸收。用中国传统话语承载时代诉求，对于中国的大众具有天然的熟悉感和亲近感，是大众话语的旨趣所在。对于西方传统话语，要批判和借鉴。尽管西方传统话语脱胎于西方社会，大都依附于资本主义的意识形态，与大众话语及马克思主义话语权相去甚远，但我们不能一棍子打死，采取全盘否定的态度。在保证意识形态安全的前提下，单就话语而言，古希腊、古罗马等西方文明中的传统话语也有许多大众话语值得借鉴的地方。同时，对西方传统话语的包容与开放也是全球化发展的必然要求，是在国际上考验中国话语能力、提升中国话语权的需要。

四是大众话语与大众的话语的科学转化，即大众话语与大众的话语科学互动。大众话语与大众的话语都是围绕"大众"这一关键词而展开的话语构造，在话语内容、语言风格、言语形式、话语效果等方面具有某些相通之处。虽然只有一字之差，但二者之间不能等同，大众话语与大众的话语分属两组不同的概念，不能混为一谈。首先，二者的概念属性不同。大众话语是面向大众的话语，是为大众的话语，具有引导示范功能和意识形态功能。而大众的话语明确是指人民群众在日常生活和社会实践中自发形成的语言风格、言语习惯和表达方式，具体可以分为日常话语、网络话语、民间话语、公共话语、工农话语等，具有自发性、随意性、复杂性。其次，二者的涵盖

---

① 《马克思恩格斯文集》第 2 卷，人民出版社 2009 年版，第 55 页。

范畴不同。大众话语属于意识形态话语权的组成部分，具有特定的范畴界定和明确的指向性，超出话语权需要的部分都不属于大众话语的范畴。大众话语与大众的话语在范畴上有很大程度的交集，但大众的话语涵盖的面要更广一些，除了大众话语的内容外，外延更加丰富、生动、鲜活。最后，二者的主体构成不同。话语的主体是掌握和运用该话语的人。大众的话语这一概念的主体显然只能是大众，而大众话语的主体并非只有大众本身。大众话语是复合型主体，其构成的主要方面包括政府工作人员、理论工作者、知识分子等等。虽然大众在大众话语中具有主体性与客体性相统一的特点，但大众在该话语中居于被动接受的客体地位的色彩更浓一些。厘清大众话语与大众的话语间的区别与联系是处理好两者关系的逻辑起点。在此基础上，最大化发挥二者的相通性，实现大众话语与大众的话语的良性互动。从大众话语的角度看，需要尊重大众在话语中的主客体相统一的地位和原创精神，从大众的需求与利益出发，积极吸收大众在日常生活、社会实践、网络世界等领域中的话语热点和言语习惯，并善于将这些一手材料融入和转化为大众话语，才能保持大众话语旺盛的生命力，让大众话语真正为大众代言。在向人民大众学习语言方面，毛泽东是我们的典范。他认为："人民的语汇是很丰富的，生动活泼的，表现实际生活的。"因此，我们"要向人民群众学习语言"。①从大众的话语的角度看，需要与大众话语相结合，摒弃自身话语中诸如语言粗俗、话语暴力等糟粕，不断提高大众的话语水平，实现国民素质的普遍提高，实现大众的话语的健康发展。

三、马克思主义大众话语体系与马克思主义话语体系间的中观转化

中观层面的转化是指系统整体与系统内部要素之间关系的协调与交流，也就是如何正确处理整体与部分之间关系的问题。系统与要素、整体与部分的关系历来被看作是一对既相互对立又相互依存的辩证法范畴，中外古代的朴素哲学思想都对此进行过论述。黑格尔在《逻辑学》中主张整体与部分

---

① 《毛泽东选集》第 3 卷，人民出版社 1991 年版，第 837 页。

这对范畴"是互为条件的","整体是从部分组成的";而"这个整体构成它们的关系；没有整体便没有部分"。① 毛泽东在论述整体与部分、全局与局部关系范畴时，更有针对性和实用性。他指出："全局是由它的一切局部构成的。"② 有时局部会对全局起到决定性的作用。因此，我们就能得到整体与部分、系统与要素之间的准确定位，二者是相互依存、相互包含、相互转化和互为条件的关系。

就话语体系的转化与建构而言，马克思主义话语体系与马克思主义大众话语体系虽然分别都是一个自成体系、封闭运行的话语系统，但就二者的关系角度进行考察，马克思主义大众话语体系显然是低于马克思主义话语体系一个层次的二级话语系统。换言之，马克思主义大众话语体系是马克思主义话语体系的重要组成部分。因此，马克思主义大众话语体系与马克思主义话语体系的关系就是哲学意义上的部分与整体、要素与系统的范畴，它们之间关系的协调与优化同时被赋予了中观转化的含义。作为整体存在的马克思主义话语体系是马克思主义的话语承载形式体系，是在马克思主义长期历史实践中形成和发展的。就马克思主义话语体系的内容进行分类，它内在地包含着马克思主义经典话语体系、马克思主义政治话语体系、马克思主义时代话语体系、马克思主义大众话语体系等承载不同功能侧重的组成部分。同时需要强调的是，尽管马克思主义话语体系内涵丰富，可以划分为不同的话语体系承载类别，但它始终是一个整体的不同侧面，首先要从整体上来把握和认识马克思主义话语体系。如上所述，马克思主义大众话语体系是马克思主义话语体系的一个侧重面，二者的关系是密不可分的。一方面，马克思主义话语体系与马克思主义大众话语体系的相通性为中观转化提供了可能性。无论是马克思主义话语体系，还是马克思主义大众话语体系，都坚持马克思主义的根本方向，承载马克思主义的科学内容，具备话语体系的基本特征。这为现有马克思主义话语体系向马克思主义大众话语体系的中观转化提供了便利

---

① ［德］黑格尔：《逻辑学》下卷，杨一之译，商务印书馆 1976 年版，第 158、162 页。
② 《毛泽东选集》第 1 卷，人民出版社 1991 年版，第 175 页。

条件和通畅渠道。另一方面，马克思主义话语体系与马克思主义大众话语体系的差异性为中观转化提供了必要条件。尽管二者关系紧密，具有诸多相通之处，但二者仍然存在差异性，这也是马克思主义大众话语体系建构过程中实现中观转化的逻辑依据。马克思主义话语体系与马克思主义大众话语体系的差异性主要体现在二者所处的话语体系层次和话语体系的侧重面两个方面。实现马克思主义大众话语体系与马克思主义话语体系的中观转化，既要从马克思主义话语体系这一"母体"中汲取理论资源和话语资源，还要不断加强自身的特色，突出"大众"导向这一特点，实现马克思主义大众话语体系与马克思主义话语体系的积极转化与良性互动。

四、马克思主义大众话语体系与实践理论发展间的宏观转化

系统为了保证自身的维持和存在，就必须从自身所处的环境中获得所需资源，并在系统内加以分配、消化和吸收。宏观层面的转化是系统转化的高级阶段，它是指系统与外部环境关系的处理，主要是指系统如何适应外部环境的变化，与之进行能量的交换和吸收，从而形成和谐共存的发展局面。此时的系统概念排除了要素的影响，更多强调其作为整体性概念的身份意义。

实践是理论之源，也是话语及话语体系的根本来源。马克思主义大众话语体系的宏观转化主要是指作为理论传播手段和桥梁的马克思主义大众话语体系在与所处的实践环境、时代环境中吸收、释放能量，从而实现自身连接理论与实践、理论与群众功能的过程。科学把握发展规律，主动适应实践变化，是宏观转化过程中系统需要遵循的基本守则。宏观转化语境下的实践发展具有非常宽泛的定义种属，按照不同的标准会有不同类型的划分，如局部实践与全局实践、社会发展实践与自然科学实践、利好实践与恶劣实践等。根据宏观转化研究的需要，将与马克思主义大众话语体系相关的实践发展划分为三大类。首先，时代实践。时代是思想之母。时代的发展为马克思主义提供发展的可能性和必要性，同时也规定了马克思主义大众话语体系建构的基本范畴。马克思主义大众话语体系的转化性建构必须迎合时代实践的发展，回应时代之问，发出时代之声，才能立足时代，不为时代所淘汰。具

体而言，马克思主义大众话语体系的转化性建构必须自觉置于大的时代背景下，把握时代脉搏，突出时代特征，彰显时代特色，用时代语言言说时代，不断增强马克思主义大众话语体系的时代性，进而推动马克思主义时代化。其次，人文实践。人民群众是历史的创造者，人民群众主导的人文实践是马克思主义理论发展的重要依据，也是马克思主义大众话语体系建构的人文资源。只有持续不断吸收来自人文实践的思想资源，才能完成马克思主义大众话语体系的不断转化和动态建构，实现马克思主义大众话语体系服务大众的初衷，从而真正推进马克思主义大众化。比如在高校中，马克思主义大众话语体系建构面对的人文实践就是以青年大学生为主导、囊括大学校园的硬件设施及在此基础上形成的校园文化等多方面的人文实践，这是转化的对象。因此，在建构针对高校的马克思主义大众话语体系时，必须在尊重青年大学生的群体特征、借助大学校园现代化硬件设施优势及吸收优秀大学校园文化价值的基础上，将青年大学生的价值追求、心理趋向、兴趣所在统一于马克思主义大众话语体系的转化性建构中，进而统一到马克思主义大众化的主体性价值诉求上。最后，社会实践。马克思主义大众化是一个全社会共同关注的热点问题，同样也是需要在实践发展中解决的重点问题。马克思主义大众话语体系建构的实践不仅仅拘泥于某一个领域或范畴，应当将其放置到社会实践的大环境中进行考察。社会实践发展是理论进步的基础。就马克思主义大众话语体系建构这一问题而言，社会实践既是影响马克思主义大众话语体系宏观转化的重要外部环境，也是马克思主义大众话语体系建构中吸取养料的肥沃资源，维系着马克思主义大众话语体系的持续健康发展。马克思主义大众话语体系的建构与社会实践间的宏观转化逻辑是双向的互动过程，具体体现在二者相处关系的模式上。一方面，马克思主义大众话语体系只有经历社会环境的历练、适应社会发展的需要、调整自身的不足，才能在马克思主义理论的实践传播、大众传播中发挥稳定桥梁和纽带作用；另一方面，社会实践的发展，尤其是马克思主义指导下社会实践的良性发展和积极成果，在丰富马克思主义理论的同时，也为马克思主义大众话语体系的建构提供了雄厚的物质支撑和全面的话语素材。

微观层面、中观层面和宏观层面的转化不是相互孤立、相互割裂、相互封闭的独立个体和过程，而是同一事物的不同角度进行考察的结果，始终统一于马克思主义大众话语体系转化性建构的全局进程中。进而言之，微观、中观、宏观三个层面的转化是相互联系、相互依托、相互促进的关系，相互之间不断进行层际间的资源共享与能量交换。这也是马克思主义大众话语体系转化性建构过程能够顺利进行，并实现整个马克思主义大众话语体系动态稳定、多样平衡、共同发展的重要原因之一。就马克思主义大众话语体系的转化逻辑而言，微观转化是根本立足点，中观转化是关键切入点，宏观转化是战略着眼点。三个层面转化的关注点不尽相同，三个层面的转化又是紧密联系、相互观照，统一于马克思主义大众话语体系转化性建构的实际进程中，达到了马克思主义大众话语、马克思主义大众话语体系、时代和实践发展三者之间互通、开放、接轨、融合的转化预期。同时，在完成马克思主义大众话语体系三级转化的过程中，形成了以马克思主义大众化为目的、以大众话语体系建构为线索、以广大人民群众为受众对象的"马克思主义话语——马克思主义大众话语——马克思主义大众话语体系——马克思主义大众化"这一马克思主义"大众化"的全新马克思主义话语体系建设模式。一言以蔽之，马克思主义大众话语体系的转化性建构，形成了以马克思主义为方向、大众话语及其体系为纽带桥梁、人民大众为主体的交互作用、彼此影响、良性互动、协调共进的人民群众掌握马克思主义、马克思主义掌握人民群众的话语体制机制，极大地推动了马克思主义的学习、研究、传播、实践，以此推动马克思主义和党的理论创新成果"飞入寻常百姓家"，夯实马克思主义的话语基础、实践基础和群众基础，永葆马克思主义的生机和活力。

第六章

马克思主义大众话语体系转化性建构的实践探索

时代是思想之母，实践是理论之源。我们推进理论创新是实践基础上的理论创新，而不是坐在象牙塔内的空想，必须坚持在实践中发现真理、发展真理，用实践来实现真理、检验真理。要注重从人民群众的创造中汲取理论创新智慧，决不能闭门造车、坐而论道、流于空想。要尊重人民首创精神，注重从人民的创造性实践中总结新鲜经验，上升为理性认识，提炼出新的理论成果，着力让党的创新理论深入亿万人民心中，成为接地气、聚民智、顺民意、得民心的理论。

思想既要通过语言表达而得以形成，又要借助于语言将内在理论逻辑与外在世界联系起来。正如马克思和恩格斯所指出的，语言作为一种实践，即为现实的意识，它的形成和发展与意识一样长久，它是意识的一种外在的表现方式。① 因此，思想、理论学说的形成和发展是与语言紧密相连的。同时，它们的传播也同样借助语言、依靠语言，方能为他人所掌握。马克思主义作为一种科学的理论学说，它的传播和发展也同样需要以一系列特定的语言，

① 《马克思恩格斯选集》第 1 卷，人民出版社 1995 年版，第 81 页。

即话语作为媒介。从实际作用的角度来看，话语作为思想表达的产物，是使马克思主义中国化时代化大众化的重要依托。因而，在马克思主义大众化的历史进程中又伴随着特定话语体系的建构和转化。马克思主义大众话语体系的转化性建构，就其本质而言，主要是通过多渠道、多样化、宽领域的宣传教育逐步实现马克思主义核心思想从抽象到具体的过程，其目的在于使广大人民群众易于接受、便于掌握、利于理解，进而使之转变为广大人民群众思想指导与行为指导的工作模式和工作方法。

第一节　马克思主义大众话语体系转化性建构的历史经验

马克思主义在中国传播和发展的历程，也自然包含着马克思主义大众话语体系的转化性建构的过程。事实而言，马克思主义中国化的过程从一定程度上来说也是马克思主义大众化的过程，在这一大众化的进程中包括了大众话语体系的历史建构。其中，从历史发展来看，它的构建和转化有着丰富的历史经验。

一、明确大众话语体系的马克思主义方向

意识形态工作是党和国家工作的重要组成部分，在中国特色社会主义事业总布局中具有重要地位。我们必须牢牢掌握意识形态工作的领导权和话语权。习近平也曾多次指出，要牢牢掌握意识形态工作领导权，建设具有强大凝聚力和引领力的社会主义意识形态。

（一）意识形态领域内的斗争纷繁复杂

意识形态领域的斗争长期存在并呈现复杂特征。伴随改革开放日益深入，在国际环境日益复杂、国内各种矛盾更加凸显的背景下，各种非马克思主义、反马克思主义思潮的加紧渗透，对社会主义意识形态构成了严峻挑战。具体而言，各种思想观念相互交织，社会意识呈现多样化趋势。思想理论界杂音、噪音、外音若隐若现，其中还不乏错误认知。之所以会出现这种状况，主要是两个方面的原因。一方面，改革开放前三十年特别是十年内

乱，社会主义意识形态建设从内容到形式的错误造成了民众的逆反心理，改革开放以来意识形态宣传教育有效性不足，使这种逆反心理影响至今还未完全消除。现实中党和政府工作与民众的期望还有一定的差距，特别是党内腐败现象的滋生蔓延等，都是产生这种疏离感的重要原因。同时，淡化意识形态倾向也构成了对社会主义意识形态的严重挑战。另一方面，改革开放后，以经济建设为中心的发展思路使人们对经济的关注超过了对意识形态的关注，特别是加入 WTO 以来经济运作方式与国际接轨，全球一体化客观上淡化了不同意识形态间的差异。这种经济运作方式影响了人们的思维习惯，淡化意识形态的倾向在悄然形成，加速民众对社会主义意识形态的疏离感。①

从外部的因素来看，西方敌对势力仍对我国进行"别有用心的图谋"，西化、分化的政治博弈还很激烈。其不可告人的目的是要通过否定马克思主义阶级观点和阶级分析方法等具有时代性的观点来否定马克思主义的指导地位，否定人民民主专政，否定中国共产党的领导，否定中国特色社会主义道路。西方文化渗透造成了"去意识形态化"的思想倾向，亦构成了意识形态领域的新挑战。各种思潮异常活跃，尤其是西方引领的思潮加以包装、替代和偷换来影响人民大众，甚至有组织、有预谋、不间断地"精准性"诱导和误导特定人群，继而对社会产生更广泛的消极影响。

"内忧外患"不同程度的存在和表现，使马克思主义大众话语体系及其主导权面临挑战。能不能更好地引领多元化社会思潮、把全党全国人民的思想和力量凝聚起来，众志成城地为建设中国特色社会主义事业作贡献，是对中国共产党执政合法性和执政能力的双重考验。面对争夺大众话语主导权日益激烈的新情况和新形势，我们必须坚定地站出来捍卫马克思主义，澄清种种模糊和错误的认识。

（二）牢牢掌握大众话语主导权的重要经验

习近平曾指出："社会上也存在一些模糊甚至错误的认识。有的认为马

---

① 李宝艳、叶飞霞：《中国特色社会主义文化建设问题研究》，厦门大学出版社 2013 年版，第 63 页。

_193

克思主义已经过时，中国现在搞的不是马克思主义；有的说马克思主义只是一种意识形态说教，没有学术上的学理性和系统性。实际工作中，在有的领域中马克思主义被边缘化、空泛化、标签化。"① 习近平指出这些现象的目的，就是要求广大马克思主义理论工作者要增强使命感，担负起改变这些状况的历史责任，做到结合实际，构建起既能遵循马克思主义基本理论、原理和方法，又能为广大人民群众所认同、所掌握、所运用的具有广大民众言语特色和风格的马克思主义大众话语体系，牢牢掌握大众话语主导权，凸显马克思主义话语的人民性和时代性。

马克思主义话语可以划分为文本话语、理论话语和大众话语。文本话语是指马克思主义经典作家的著作和文稿中所呈现的经典论述的话语，是马克思主义融合为理论话语和大众话语的基础。理论话语，是指在马克思主义文本话语的基础上，通过运用概念、判断、推理所凝练而成的由学术概念、范畴和语言组成的理性话语，是通过对马克思主义文本话语的全面深入阐释而形成的理性话语。大众话语，是指根据马克思主义的文本话语和理论话语，结合不同历史时代特点和人民大众的语言风格而形成的既反映马克思主义文本和理论话语内容，又符合人民大众言语特点、风格和习惯的通俗性话语。马克思主义大众话语主导权建设不能离开马克思主义文本话语和理论话语，否则马克思主义大众话语主导权建设就会失去"根基"，就会对马克思主义认识和理解产生偏离或偏差。这三种话语各有其特点，但又内在地存在着本质联系。因此，加强马克思主义大众话语主导权建设必须正确处理马克思主义文本话语、理论话语和大众话语三者之间的内在逻辑关系，打通其间的壁垒，使之融为一体。

第一，马克思主义者在加强马克思主义文本话语和理论话语建设中，特别重视加强马克思主义大众话语体系的建设。马克思指出："理论一经掌握群众，也会变成物质力量。"② 这里的理论说服人，其实质就是通过运用大众

---

① 《习近平谈治国理政》第 2 卷，外文出版社 2017 年版，第 329 页。
② 《马克思恩格斯全集》第 3 卷，人民出版社 2002 年版，第 207 页。

话语来阐释事物的本质，理论才能被人民群众掌握和运用，并变成改变世界的物质力量。此外，列宁也十分重视马克思主义大众话语体系的建设，并提出一系列关于马克思主义大众话语主导权建设的理论、观点和方式方法。他指出："不把我们的学说变成干巴巴的教条，不是光靠书本来教这种学说，而是还靠无产阶级的这些最不开化和最不开展的阶层参加日常生活中的斗争。"[①]他还指出："在传达这种思想时，要善于用通俗易懂的语言，并且能够借助于日常生活中他们所知道的事实。"[②]这表明，马克思主义理论要被广大人民群众所掌握和自觉运用，需要将理论融入广大人民群众日常生活和大众话语之中。

马克思主义传入中国后，中国的马克思主义者在不同历史时期传播马克思主义理论过程中，也十分重视马克思主义大众话语的创新发展，形成了一系列带有鲜明时代特征和民族特色的大众话语体系。新民主主义革命时期，以毛泽东同志为主要代表的中国共产党人创造性地提出"新民主主义革命""推翻三座大山""农村包围城市""枪杆子里面出政权"等人民大众喜闻乐见的大众话语，代替了马克思主义"消灭资本主义""无产阶级社会主义革命"等文本话语，使马克思主义话语凸显中国化、具体化的特点。改革开放后，邓小平提出的"摸着石头过河"的探索精神、"一个中心、两个基本点"的党的基本路线、"翻两番""三步走""小康社会""三个有利于"等大众性话语，是中国共产党的方针政策与马克思主义大众话语相结合的重要产物。党的十八大以来，以习近平同志为核心的党中央在推进马克思主义中国化时代化和大众化的伟大实践中创造性地发展了马克思主义理论和话语，形成了具有鲜明中国元素标识的马克思主义大众话语体系，如"中国梦""新时代""中国道路""中国精神""治国理政""中国方案"和共商共建共享的"一带一路""人类命运共同体"等人民大众喜闻乐见的大众话语形态。马克思主义大众话语体系虽然在不同历史时期展现出不同的语言风格、叙述方式

---

① 《列宁全集》第 10 卷，人民出版社 2017 年版，第 336 页。
② 《列宁全集》第 4 卷，人民出版社 2013 年版，第 279 页。

和表现形式，但其核心思想内容始终是马克思主义立场、观点和方法的运用和体现。

第二，明确大众话语体系发展的马克思主义方向需强化的三个方面和需避免的两个误区。加强马克思主义大众话语体系建设，就是要坚持用马克思主义大众话语讲好马克思主义故事、传播好马克思主义声音，让人民大众在听好马克思主义故事和声音中自觉认同和选择马克思主义理论、立场、观点和方法，确立起马克思主义在大众话语领域的主导权。进入新时代，进一步明确大众话语体系的马克思主义主导权应不断增强马克思主义在大众话语领域的指导力、吸引力和感召力，以巩固其引领、引导、指引的话语支配地位。

马克思主义大众话语体系的建设和主导权的加强，主要应从三个方面进行强化：一是说服力和影响力。这种说服力和影响力来源于满足大众需要的程度、是否得到广大人民大众认同、能否指导人民大众开展社会实践。正如马克思所指出的，理论在一个国家的实现程度，总是决定于理论满足这个国家的需要的程度。二是引导力。大众话语领域中拥有各种不同类型和不同层次的话语形态，其引导力，一方面来源于话语本身是否反映人民大众话语发展的规律以及发展的趋势，是否体现话语的科学性和价值性；另一方面是能否得到非主导性的话语的认同，能否在大众话语领域形成价值共识。三是指导力，即掌控话语发展的方向。作为主导权话语最为重要的问题是解决在大众话语中的导向和调控话语能力的问题。在中国，明确和巩固马克思主义话语主导权地位需要进一步明确马克思主义在大众话语领域的指导地位，有限度地调控或引导各种非主导性话语的发展，进而达到巩固马克思主义在大众话语领域的主导权。

值得注意的是，加强马克思主义大众话语体系建设需要避免两个误区。一是把庸俗话语等同于大众话语，即不因为一时的效果，用庸俗化言语来"解读""呈现"马克思主义文本和理论。二是把西式外来话语"包装"成马克思主义大众话语。我们应坚持以中国的、民族的、科学的、大众的话语来阐释马克思主义文本和理论，形成具有中国大众语言风格和思维习惯的马克思主义话语体系。

二、突出大众话语体系的时代特色

马克思主义及其话语体系是时代发展的产物。在国际化的时代背景下，打造独具中国特色、中国风格、中国元素的新概念、新表述、新范畴的马克思主义大众话语体系，需进一步契合时代需要，突出时代特征，回应时代关切。

时代的变化和发展对马克思主义中国化时代化大众化不断提出新的更高要求。如何根据时代的推进科学准确地将马克思主义基本理论运用于指导实践，这是当代中国马克思主义亟待解决的重大问题。每个时代都具有其特定的历史背景、实践基础，因而需要不断赋予马克思主义以时代特色，体现时代精神，把握时代脉搏。正如恩格斯所指出的那样："每一个时代的理论思维，包括我们这个时代的理论思维，都是一种历史的产物"①。

自马克思主义诞生以来，之所以能够永葆生机活力，其根源在于：它能够随着时代发展不断完善，进而实现与时俱进。这既是 170 余年的理论和实践的经验总结，也是马克思主义大众话语体系建构的突出特点。从历史维度来看，自马克思主义传入中国之时，有志之士便开始用东方话语和表达方式诠释马克思主义核心思想。当马克思主义在与其他社会思潮的斗争中脱颖而出，并逐步成为中国主导话语时，马克思主义大众话语的时代特色显得更为突出。无论中国处在发展的哪一个阶段，马克思主义大众话语体系的建构都以突出时代特色为重要目标。特别需要指出的是，在拨乱反正后，中国共产党从本国国情和现实出发，实行改革开放，把马克思主义基本原理与和平与发展这一时代主题统一起来，这个伟大创举突出了马克思主义大众话语建构的时代特色。在这期间，为适应时代的发展，党的工作重心转移到经济建设上来，不断丰富和发展了马克思主义，进而探索出"中国特色的社会主义"这一核心话语。在后来的社会主义实践中，又不断创新理论话语、政治话

---

① 《马克思恩格斯选集》第 3 卷，人民出版社 2012 年版，第 873 页。

语和大众话语，提出了"科技是第一生产力""小康社会""和谐社会""人类命运共同体""中国梦""四个全面""四个自信""两个维护""两个确立"等时代感较强的话语概念，增强了马克思主义话语的时代特色和理论说服力。

马克思主义具有与时俱进的理论品质。回眸历史，马克思主义之所以能够永葆活力的主要原因就是其理论内容符合时代发展，能够体现时代精神。因此，在创新和发展马克思主义理论体系的同时，我们应该紧随时代发展的步伐，不断增强马克思主义理论的时代话语感，从信息话语、网络话语中汲取养分，将时代气息融入马克思主义大众话语体系的建构中，以马克思主义大众化推动马克思主义中国化和时代化的发展进程。

科学回答和解决时代问题是马克思主义大众话语体系建设的中心任务。随着互联网＋时代的来临，虚拟空间中的网络话语、外来话语对人们的价值观及生产生活产生了重要的影响。因此，在推进马克思主义大众话语体系建构和转化的过程中，理论研究者、宣传工作者既应注意吸收时代语言，又应注意避免虚拟空间话语的弊端和挑战。应在准确把握马克思主义基本原理的基础上，吸取新的时代元素，补充新的时代内涵，为马克思主义理论宝库增添时代活力，从而使中国化的马克思主义反映时代特点、紧贴时代特色、富有时代气息。同时，马克思主义在中国运用的过程中，也不能盲目地追求时代特色，而忽视了具体的中国国情，落后、超越、脱离时代特征的话语都会影响马克思主义的传播和发展。因此，探寻时代特征与马克思主义大众话语体系建构的弥合及其有机结合的途径是当前增强马克思主义大众话语时代性的重要着力点，也是推进马克思主义大众话语体系建构和转化的重大理论问题。

三、突出马克思主义大众话语体系的实践特色

实践的观点是马克思主义首要的和基本的观点。马克思主义是实践基础上的科学理论，实践特色是马克思主义的本质特征，是马克思主义中国化时代化大众化的价值诉求，也是马克思主义大众话语体系建构的重要目标。马

克思、恩格斯最初创立马克思主义理论就是从工人阶级的实践出发，探索能够指导工人阶级运动和实践的科学理论。善于从实践、社会生活和人民群众中汲取经验并升华为理论成果是马克思主义的宝贵历史经验。从实践中来再到实践中去，从实践发展的需要出发，准确把握马克思主义的科学精髓是新时代马克思主义大众话语体系建构的价值归旨。坚持理论与实践的结合，回答并解决实践中的重大现实问题，是中国化马克思主义的使命所在。努力发展马克思主义，逐步将其转化为各级党员干部、广大人民群众的内在思想、外在话语和自觉行动，是马克思主义大众话语体系实践特色的内在要求。由此，在马克思主义大众话语体系建构的进程中，立足中国革命、建设、改革的实践，思考、研究、宣传马克思主义，才能贴近人民群众的实践，亲近人民群众的生活，使马克思主义内化为自身的话语内容，从而使之大众化。

实践是理论之源。在当代中国，马克思主义大众话语体系转化性建构的进程中，我们已经取得了一些实效。如，毛泽东的一些著作《中国社会各阶级的分析》《实践论》《矛盾论》《新民主主义论》等都大量使用了大众话语，用中国特色的大众化的语言和表达方式，去阐释理论、分析现实并揭示中国革命步步深入的深刻道理，使中国共产党的路线纲领、方针政策贴近人民生活。延安整风期间，毛泽东在这方面有过专门论述，坚决主张使用简明通俗的语言，提倡清新朴实的文风，尖锐深刻地批评教条主义和形式主义，反对抽象空洞说教和烦琐死板的"党八股"，强调多一些事实分析和真情实感，努力做到内容生动、易于接受。再如，"改革开放""科学发展观""和谐社会"等话语不仅出现在正式场合，而且被运用于大量的非正式场合和人民群众的日常生活中。这种话语已经逐步渗透到群众的各种生活场合中去，并有效地指导群众的物质生活和精神生活。时至新世纪，中共中央宣传部理论局编撰出版的《理论热点面对面》等通俗读物系列丛书，正是马克思主义大众话语转化中的突出代表，该系列丛书着眼于现实问题，贴近百姓民生民情，缩小了马克思主义理论同普通百姓间的差距，有效地帮助人民群众用马克思主义立场、观点、方法去认识和解决现代化进程中出现的种种实际问题和现实矛盾，马克思主义大众话语体系的传播效果十分明显，积累了丰富的成功经验。

四、突出马克思主义大众话语体系的民族特色

马克思主义产生于 19 世纪中叶，发源地在自由资本主义迅速发展的欧洲大陆，其文化底蕴、思想内涵和话语方式都带有明显的西方特色。俄国十月革命后，马克思主义传入中国，中国的马克思主义者们在已有理论宣传的基础上，不断对其话语表述进行转化和润色，使其积极适应东方文化、具有中国特色。在马克思主义本土化、民族化的过程中，马克思主义信仰者们力图不断探寻中国传统文化、民本思想与马克思主义的契合点，试图以马克思主义大众话语体系的转化和建构，切实推进马克思主义中国化时代化大众化。

以马克思主义为信仰的中国共产党人首先深浸民族文化之中的卓越的中华民族代表，无不立足于中华民族的实践需要和文化本色去接受、消化、传播和运用外来输入的马克思主义。马克思主义与中华民族优秀文化的交融也因而首先发生于这些民族精英的精神世界之中，并自然而然地把马克思主义话语转换为民族语言及其相应的思想主张和文化形态，使马克思主义大众话语体系的转化和建构过程中呈现出鲜明的民族风格和民族特色。

马克思主义大众话语体系转化性建构中凸显民族特色，主要体现在这一过程中采用中华民族的语言逻辑形式及其体现民族习惯、风格和特点的流行方式，去翻译、介绍、传播和阐释马克思主义的基本理论和核心思想。用中国传统文化中的概念和语言通俗地描述马克思主义，以文化借喻的方式实现话语的转化与建构。中国共产党优秀的马克思主义理论家不仅能够在民族文化的基本范式框架内为普及马克思主义对原创马克思主义进行民族化转换，而且在总结民族实践经验、推动马克思主义在中国的发展时，也总是尽可能地开发利用民族文化资源，采用民族语言，不失中国风格、不离民族文化基因进行理论创新。中国共产党人善于用生动形象、通俗易懂、耳熟能详的民族语言文化表达方式去阐释、宣传、运用和发展马克思主义。如"实事求是""知行统一""群众路线""摸着石头过河""多难兴邦"等话语，用"万

里长征第一步""愚公移山"来表示社会主义建设事业的艰巨性和实现这一宏伟目标的决心等等，促进马克思主义唯物辩证法及其认识论向大众话语的转换，这些都是马克思主义民族化的经典范例，实现了马克思主义与中华优秀传统文化的连通。以中国传统文化的语言形式去传播和发展马克思主义并使其大众化，是中国共产党有效传播、持续发展马克思主义的重要特征，是马克思主义在中国实现大众化、民族化的重要表现，也是马克思主义大众话语体系转化和建构的基本经验。由此，在创新中实现中国文化与马克思主义的内在结合，使马克思主义在思想内容和表述形式上具有了中国的民族特色、民族风格和民族气派。

五、马克思主义大众话语体系的历史典范

成书于 20 世纪 30 年代，出版不到 5 个月就 4 次再版，短短 10 多年创下连续出 32 版的纪录，至今已高达 50 多版，堪称出版界的一大奇迹。这本"奇书"就是艾思奇的《大众哲学》。艾思奇的《大众哲学》用大众话语阐释哲学本质，让哲学回归生活，是一本"把哲学还给民众"的奇书。因此，艾思奇也被赞誉为"人民的哲学家"。这本书在宣介马克思主义的过程中，充分展现出大众话语的力量，为推进我国马克思主义大众化作出了不可替代的贡献。2020 年 1 月，在云南考察期间，习近平专程来到和顺古镇深处的艾思奇纪念馆。在这里，他对艾思奇予以高度评价："我们要传播好马克思主义，不能照本宣科、寻章摘句，要大众化、通俗化。这就是艾思奇同志给我们的启示。"

"一卷书雄百万兵，攻心为上胜攻城，蒋军一败如山倒，哲学尤输仰令名。"这是艾思奇纪念馆的一首诗，出自蒋介石和蒋经国的高级幕僚马壁之手。一本《大众哲学》足以抵过百万兵，充分彰显了思想的力量、话语的力量和大众的力量。《大众哲学》何以抵过百万兵？马克思有句名言：理论一经掌握群众，也会变成物质力量。20 世纪 30 年代的中国时局动荡复杂，马克思主义的真理价值尤为珍贵。科学真理只有接近大众、走进大众并为大众所掌握，才能真正成为大众"批判的武器"，变成"物质力量"。年仅 24 岁

的艾思奇以大众需求为导向，以大众话语为载体，大胆创新马克思主义哲学的阐释之道。在《大众哲学》中，艾思奇用大众话语承载哲学道理，将深奥抽象的哲学理论以通俗易懂的大众话语予以表达，迅速圈粉无数。《大众哲学》中的大众话语直接满足了众多文化水平不高的人渴望了解马克思主义的愿望，切实推动哲学回归大众，帮助大众认识进而认可马克思主义，启蒙了成千上万青年人的革命初心。老一辈革命家宋平同志在回忆自己走上革命道路的往事时提到，最早就是受了艾思奇《大众哲学》的影响，"这本书将深刻的哲理寓于生动的事例之中，通俗易懂，使我从中受到了马克思主义的启蒙教育"。就连蒋介石在败退台湾后，也将《大众哲学》放在案头时时翻阅，还推荐蒋经国也要读，说自己不是败给共产党的军队，而是败给了艾思奇的《大众哲学》。蒋介石在反思失败的原因时，也曾感叹道："一本《大众哲学》冲垮了三民主义的思想防线。"

为《大众哲学》作序的李公朴，总结了此书的鲜明特点，给予了这本书高度评价："用最通俗的笔法，日常谈话的体裁，溶化专门的理论，使大众的读者不必费很大气力就能够接受这种写法，在目前出版界还是仅有的贡献。"一是用通俗化语言言说马克思主义哲学的原理。贯穿生动活泼的语言风格和喜闻乐见的行文方式是《大众哲学》的鲜明风格，真正做到用大众话语向大众讲哲学。用"为什么会有不如意的事""岳飞是怎么死的""追论雷峰塔的倒塌"等带有趣味性的大众话语来表达辩证唯物论、对立统一规律、质量互变规律等基本哲学原理。二是用形象化比喻揭示马克思主义哲学的真谛。比喻是大众话语传播的重要形态，特别是当具有西方文化背景的马克思主义哲学与中国老百姓"碰到一起"，以"熟"喻"生"就成为马克思主义通往大众的话语"捷径"。比如以"七十二变"隐喻现象与本质的关系，"用照相机作比喻"揭示认识论及其本质，借助"卓别麟和希特勒的分别"帮助人们认识感性认识与理性认识的矛盾等，让马克思主义哲学由抽象的文字表述转喻为直观感受的形象，拉近了大众与理论的心理距离。三是用生活化举例支撑马克思主义哲学的科学。"果树林里找桃树""一块招牌上的种种花样""牛角尖旅行记""猫是为吃老鼠而生的""鸡蛋孵化成小鸡"等多个章节的小标题，皆是以生活中的小事例佐证哲学的大道理，既便于大众理解，更利于大众记忆和运用。《大众哲学》的话语风格与大众产生了话语共鸣，也引起了毛泽东的兴趣。毛泽东称赞《大众哲学》是"通俗而有价值的著作"，评价艾思奇是"党在理论战线上的忠诚战士"。毋庸置疑，作为语言大师的毛泽东，在阅读《大众哲学》之前，也很注重话语的大众化，但是艾思奇用大众话语承载马克思主义哲学的做法，对他的话语习惯产生了诸多积极影响。此后，毛泽东也越来越多地用生动的话语和鲜活的事例来说明哲学原理，如在解释事物的变化发展时，毛泽东就借用了《大众哲学》中提到的"鸡蛋孵化成小鸡"的例子。

第二节　马克思主义大众话语体系转化性建构的现实困境

马克思主义是一个博大精深的开放理论体系，随着时代的进步，马克思主义也在不断丰富和发展。开辟马克思主义中国化时代化新境界的重大任务，是当代中国共产党人的庄严历史责任。今天的中国发生了许多新的变化，也出现了许多新的问题。因此，在进行马克思主义大众话语体系转化性建构的过程中，必定会面临不少现实困境。

一、人民群众主体地位的忽视

"大众"，从字面上理解即为广大人民群众，有着丰富而深刻的内涵。从其质的规定性来看，"大众"既是指马克思主义大众话语体系的接受者，也是这一话语体系建构的主体；从其量的规定性来看，"大众"有内涵数量庞大、涉及范围广等基本特征。因此，马克思主义大众话语体系中的"大众"超越了年龄、职业、性别、阶级、地域、政治、教育等的界限，是具有积极性、创造性、实践性的普遍意义上的人民群众。

对于马克思主义大众话语体系转化性建构存在认识上的偏差，其中一点是仅仅将马克思主义大众话语体系的建构主体看作是"大众"的范围之内，而忽视了马克思主义大众话语的接受者。从本质而言，马克思主义大众话语体系的建构离不开两个方面的主体：一是马克思主义的权威宣传者、理论研究者、话语主导者；二是人民群众，即马克思主义大众话语体系转化性建构的真正受益者和承载主体。其中后者所列"大众"是比前者"权威宣传者""理论研究者""话语主导者"更为重要的主体。因为大众话语转化和建构的根本目的就是使群众理解、掌握和自觉运用马克思主义。假如认识不到这一点，或者说看不到这两个思想主体和话语主体，那么，马克思主义仍然是被少数人理解和掌握的"本本"或者"教条"，就不可能存在大众话语转化。片面地掌握马克思主义大众话语转化的主体，必然导致对人民群众这一主体的忽视，导致对实践本身和实践主体的否定。由此，马克思主义大众话语体系的转化性建构实际上是一个理论与人民群众互动的实践化过程，不仅包括理论掌握群众，而且包括群众自觉地掌握理论，在实践过程中自觉地运用理论，并及时在实践中总结经验，不断地丰富和发展理论。

马克思主义大众话语体系的转化性建构是一个大众不断参与和实践的过程，从马克思主义理论的宣传、教育、研究，到人民群众理解、掌握、运用理论，用理论指导实践，在实践中丰富发展理论，整个过程都体现了人民群众的主体地位及其重要性。但在现实转化的过程中，还存在着以下问题：一是只有少数人理解、掌握、传播马克思主义，没有群众的真正参与，或者说群众掌握了理论，却没有自觉运用于实践；二是党员干部在马克思主义大众话语体系的转化性建构过程中，不乏出现话语"八股"问题。就其本质而言，某些党员干部表现出来的话语"八股"现象的背后，反映的恰恰是人民情怀的欠缺。

目前，部分宣传工作者和理论工作者在马克思主义大众话语体系的转化性建构过程中不去掌握人民群众的所思所想所需，仅凭主观意愿去进行话语转化，所形成的话语及其体系难以与人民群众的理论需求对接，自然也就难以激发和调动人民群众的传播热情、难以产生与人民群众自身话语的共鸣，难以提高人民群众对马克思主义的认同度，这些都使得马克思主义的话语承载形式难以普及开来、难以深入人心。部分理论工作者并没有深入到人民群众中去做深入细致的调查研究，去收集掌握人民群众真实可靠的思想动态资料，就难以了解人民群众遇到的理论困惑，进而无法弄清人民群众关注的热点问题，自然也就很难将马克思主义用大众话语进行积极推广普及。因此，在现实生活中，马克思主义大众话语体系的转化性建构往往成了宣传和理论工作者的"独角戏"。不能使马克思主义大众话语体系转化性建构后的"话语模式""话语表达方式"切实符合人民群众的需要，就难以取得实际的工作成效。离开人民群众这一真正的马克思主义话语主体需求，也就不能把长期实践中积累的经验和各种分散的意见集中起来，也就无法经过分析与综合，形成符合实际情况的新的马克思主义大众话语体系。

二、单向线性习惯思维的禁锢

倾向单向灌输，阻碍了马克思主义大众话语转化的受众反馈渠道。当前，马克思主义大众话语体系建构的人员和阵地，主要集中在两部分：一是党政系统，包括党政机关，主要是宣传部门；二是教育系统的思想政治教育战线。习惯性的建构思维基本都是单向线性"灌输"。其实，我们对列宁的灌输理论存在误读，列宁所主张的"灌输"并不是简单的填鸭，而是需要讲究科学的方法和技巧，才能真正促进广大人民群众对马克思主义的认同。

在马克思主义大众话语转化中，尤其应该注重的是"理论灌输"的方式转变。这种推进的方法总体存在着简单化、粗线条和"一刀切"等突出问题。换言之，即是缺乏对信息接收群体的专业性分析和专门性研究。一些官方文件、官方媒体、学校教育是以自说自话的语言风格，以带有严重形式主义色彩的话语内容进行宣传教育，客观上造成了忽视接受者需求的现象发生，弱化甚至是歪曲了理论本身的真理性和说服力。

此外，推进马克思主义大众话语转化，不仅需要以"大众"日常话语、以深入浅出的话语方式把马克思主义理论传播出去，而且需要通过反馈把这个过程的相关信息输送回来，根据对这些信息的分析，对下一轮理论传播活动进行调整，以确保传播效果的不断提升。但是，在实际操作中，单向线性习惯思维的存在往往忽视了信息反馈这一重要环节，难以收集受众思想、形成有效互动。

一个完整而成功的马克思主义大众话语转化，应该是"话语转化——话语传播——话语反馈——话语再传播"的完整模式，即大众话语的传播不仅仅是传统意义上的以"传播者"为中心的单向的信息灌输过程，而且应该是一个双向反馈、不断完善、积极主动交流与沟通的过程。马克思主义大众话语转化的实效是以受众者的需要和兴趣等去设计整个话语的"大众性"转化和传播过程。但是，受众者的话语习惯是什么呢？这不仅需要话语转化主体的主观判断，还需要来自受众者的最真切声音。这就需要在马克思主义大众话语转化的过程中，充分尊重受众者的话语习惯、话语风格，尽可能汇聚受众的信息反馈。只有通过信息反馈，让受众真实地表达自身需要，传播者在搞清受众的现实需要，以及这些需要的迫切性，才能做到有的放矢地"激发"马克思主义大众话语转化的积极性，使之成为提高创造性的驱动力。由此可见，马克思主义大众话语转化是一个双向互动过程，单向线性习惯思维的禁锢亟待破除。若受众的信息反馈这一环节有所迟滞，一切无异于纸上谈兵。

三、观照社会现实的能力不足

马克思主义创始人早就注意马克思主义传播中的大众化、通俗化和现实化问题。因此，观照社会现实是马克思主义大众话语体系转化性建构的关键。观照社会现实内在地包含着：一是要求在马克思主义大众话语建构中要对各种社会现实问题给出哲学的和政治的回答；二是要求通过思想向现实迈进，努力参与现实生活，尽可能通过马克思主义理论的指导改变和改造现实生活；三是要求坚持从实际出发，坚决反对教条主义和本本主义。这些都为马克思主义大众话语体系的建构和转化指明了方向，即通俗易懂的马克思主义理论与中国社会现实相结合，用以解决中国问题。

理论源于实践，高于实践并最终落脚在指导实践。马克思主义从来不是束之高阁的学院理论，它致力于回到实践，解决问题。从历史的纵向逻辑来看，马克思主义善于总结过去、善于展望未来，但是更加注重着眼当下。因此，马克思主义大众话语体系转化性建构的最终目的和着力点就是解决现实问题。现实生活是观念的基础，一切社会意识都是社会生活在人们观念中的反映，生活成为马克思主义大众话语体系赖以生存的真实根基。推动马克思主义大众话语体系转化性建构的关键问题，在于其话语内容能否贴近实际、贴近生活、贴近受众，走生活化的道路。所谓脱离生活，主要是指话语内容、话语风格存在着过于追求形式化、理想化、教条化，脱离了与之休戚相关的现实生活。

需求是传播的前提，靶向提供需求的内容才能够真正意义上达到传播的目的。马克思主义理论要掌握群众，就需要满足群众关切的理论诉求、现实要求和利益渴求，就需要让群众深度认同只有掌握了马克思主义理论，才能维护和实现自己实实在在的现实利益。因此，推进马克思主义大众话语体系的转化性建构，必须增强这一话语内涵对现实社会矛盾的破解能力。对于广大人民群众而言，只有解决身边具体问题和实际困难的理论才能够说服他们去认同，吸引他们去信仰。正如邓小平所指出的："空讲社会主义不行，人民不相信。"①马克思主义大众话语体系中的话语风格和话语内容必须结合广大群众基本实际，既司空见惯、言简意赅，又形式新颖、意味深长，既脍炙人口、通俗易懂，又宏观大气、发人深省。

当前，随着我国经济社会快速发展，人民群众高层次需求日益增长，尤其是改革开放的深入发展，由历史积累下来的深层次问题逐步显现，使我国处于社会矛盾凸显期，各种社会矛盾愈益突出，人民群众遇到的现实问题层出不穷。而当前马克思主义大众话语体系的转化性建构过程中存在着一个突出的问题，即对社会转型期所出现的新变化、新问题反应不灵敏，出现理论上的"空洞区域"。中国正日益走近世界舞台中心，这为推动21世纪马克思主义的发展创设了一个前所未有的"处境"，也为正确理解经典马克思主义，以及结合实践创新马克思主义提供了无限的可能性。在马克思主义大众话语体系的转化性建构过程中，我们必须直面解决社会公平正义、党风廉政建设等关乎国计民生的热点难题。

---

① 《邓小平文选》第 2 卷，人民出版社 1994 年版，第 314 页。

但从现实情况来看，"政治化""学院派"的倾向仍然存在，一些对马克思主义的学习、阐释和解读或多或少地存在着形式主义和偏重说教的弊端。无论是单纯将其理解为工具，还是将其教条理解为理论，都不利于马克思主义中国化时代化大众化，不利于科学的理论体系被群众系统性地掌握。

中华人民共和国成立以来，马克思主义得以迅速有效传播。但不可否认，马克思主义大众话语体系的转化性建构仍处于以政治话语和理论灌输为主的阶段，马克思主义话语传播主要依靠的是政府的推动，并以组织传播为主要形式。从总体上来说，这种教育方式为马克思主义大众话语体系的形成和发展发挥了重要的积极作用。但理论传播不分对象、不分领域，在话语上曾存在不少"宏大叙事"的结构，主要赖以强势教育资源采取带有运动式色彩的方法，把一个大众化、通俗化的阐述文本进行普及。在特殊的时代场域和客观情景下，这种方式是有效的并且是快速见效的。但是，改革开放40多年来，中国经济社会发生深刻变化，人们的思想观念业已发生了深刻转变。新的社会生活方式在一定程度上得以重构，人们日常生活选择多样的常态化，经济态势的上升和政治态势的扁平化使得大规模政治运动被摒弃，自上而下强态势粗线条的宣传方式被摒弃。尤为值得关注的是，社会急剧转型的同时，一些新的社会领域、新的社会阶层、新的社会群体等逐渐出现。在这里，人们关注的焦点开始发生转移，传统政治社会的热点日益冷却，关系生活幸福的小叙事越来越受到广大群众的重视和关注。"因为他是具有感性的、单个的、直接存在的人，而政治人只是抽象的、人为的人，寓意的人，法人。"①因此，现实生活的变迁需要关注日常生活、关注幸福指数的马克思主义大众话语体系的承载。而我们不得不承认，当前马克思主义话语体系的转化并未完全突破"政治话语模式"和"传统话语模式"，在现有的马克思主义话语体系中，政治话语、主流话语、官方话语、公共话语遮蔽了边缘话语、个体话语。这种话语状态往往与现实的社会生活脱节。长期以来，对马

---

① 《马克思恩格斯全集》第3卷，人民出版社2002年版，第188页。

克思主义话语传播、宣传中存在的公式化、形式化、概念化、说教化等弊病，使得马克思主义成为"飘在云间"的空洞符号，与现实生活中民众的实际思想高度相差甚远，大众化仅仅变成了口号。①

四、指标体系和把握标准的模糊与缺失

当代中国马克思主义大众话语体系的转化性建构存在外部保障和内在转化体系模糊的问题。从其外部保障机制来说，一是缺少有效的传媒载体。话语体系的建立不仅需要有较高的马克思主义理论素养的工作者，对马克思主义理论体系和科学精神有一个完整、准确的理解把握，充分研究了解人民群众的现实性要求，如不同群体、不同阶层的思想情感、价值追求、认知水平等，以实现话语的大众化转向。同时，话语体系构建后还需要积极运用多种传媒载体把深奥的理论传播转化为人民大众喜闻乐见的通俗化形式，在实践中总结人民群众创新的大众化方法和手段。二是缺少科学的评价反馈机制。这种机制是评价机制和反馈机制的综合，它是对实践过程中实施马克思主义大众话语体系转化性建构的成效进行评估，但就目前而言，这种评价指标体系仍是零散的，尚未形成系统的标准体系。其评价的具体内容应包括对评价对象的实效性、人民大众的满意度等评估。建立当代中国马克思主义大众话语体系转化性建构的评价反馈机制，要避免单一化、简单化。为此，一是要建立一个覆盖面广、健全完善的当代中国马克思主义大众话语转化的评价反馈工作网络，各级各类信息工作部门要加强联系沟通，畅通自下而上的信息沟通渠道；二是要采用多种方式、通过多种渠道收集社会实践中马克思主义大众话语转化的信息，更多、更准确地把握人民群众在推进马克思主义大众话语转化进程中的思想状况、应用状况，了解比较人民群众在这一过程中的思想变化以及在这一过程中产生的新问题；三是要在全面收集信息的基础上，对调查反馈结果进行科学的定量分析和定性分析，总结经验，发现问

---

① 刘维兰：《马克思主义大众化实现路径研究》，中国社会科学出版社 2015 年版，第104 页。

题，保证马克思主义大众话语体系转化性建构的良性运行；四是要重视和分析人民群众对马克思主义大众话语体系转化性建构的反映，建立反馈机制，畅通反馈渠道，重视反馈内容，尊重和落实人民群众的意愿和要求，从而增强人民群众接受和理解马克思主义理论的积极性和主动性；五是要因地制宜地制定马克思主义大众话语体系转化性建构的评价机制，正确评价不同阶段、地区、群体中推进马克思主义大众话语转化的成效，及时修正失误和偏差，更加有针对性地提高不同群体、不同阶层对马克思主义大众话语转化的认同度和接受度。

从内在逻辑来看，马克思主义大众话语体系转化性建构的方法、原则、途径、机制等都较为单一，尚未形成一个完整的把握标准，体系化建构和量化标准尚需完善。从转化的内容来看，存在着政治话语与学术话语的分离、官方话语与民间话语隔阂、对内话语与对外话语的差别这三类问题。

第一，政治话语与学术话语分离，削弱了马克思主义话语的学理支撑。政治话语是统治阶级在统治过程中使用的话语，隐含着统治阶级的价值观念和利益诉求，并通过一定的政治活动和制度保障来实现。学术话语指理论研究和学术探讨中使用的话语，具有鲜明的专业性、批判性和反思性。虽然，政治话语和学术话语分别居于社会的政治权力中心和知识权力中心，但在我国马克思主义大众话语体系的转化性建构过程中，有的"话语"没有跳出革命思维窠臼，话语内容滞后于当下政治发展；有的"话语"标榜价值中立，力求远离政治，脱离实践，试图"纯学术化"；有的"话语"削足适履地述说中国实践。这些都使马克思主义大众话语体系的转化性建构因缺乏坚实有力的学术支撑而遭遇认同弱化的危机。

第二，官方话语与民间话语隔阂，消解了马克思主义话语的政治功能。就场域而言，话语有官方话语和民间话语之分。官方话语以政治生活为主要内容，表现为官方发布的事关国家经济社会发展的大政方针、政策制度、法律法规等，具有政治性、严肃性和程式化的特点。民间话语则以日常生活为主要内容，是个人现实生活与利益需求的思想表达，掺杂大量的民间社会思潮，往往比较随意，具有零碎性、偶发性以及情绪化表达的特征。伴随着现代信息技术发展，特别是随着以智能手机、互联网为代表的新媒体和传播工具的兴起，民间话语日益强势。民间话语是一种重要社会话语构成，它会在客观上产生对官方话语的冲击，进而消解官方话语的严肃性和权威性。官方话语与民间话语的矛盾和冲突，源于这两种"话语"之间的隔阂。当代中国马克思主义大众话语转化中因民间话语与官方话语的内在冲撞，其意识形态功能不断弱化，与"大众化"之目标似乎渐行渐远。

第三，对内话语与对外话语的差别，影响了马克思主义大众话语的认同。从受众角度而言，话语分在国内传播的对内话语和在国际传播的对外话语。以政治传播为实质内容的马克思主义话语体系，长期以来存在的一个明显的特征就是内外区分，往往将受众按地区、种族、文化等加以划分，并对其讲述和传播不同的政治话语。从维护国家意识形态安全角度而言，这在信息闭塞条件下可以达到增强国民对国内主流意识形态认同的效果。但是，全球化时代的今天，人际交往国际化，信息传播全球化，这套"内外有别"的话语体系已经难以奏效，相反还会带来对内话语与对外话语的矛盾和冲突。比如，"对外话语指责西方应摒弃'冷战思维'，对内话语则始终强调防止西方的'和平演变'。对外话语强调'不划线'，更不以意识形态划线，对内话语则依然坚持'西方敌对国家'的话语。"[1] 这在很大程度上削弱了当代中国马克思主义大众话语传播及其认同的效果。

马克思主义意识形态的指导地位能否在当代中国得到进一步巩固和发展，很大程度上取决于各种话语力量博弈并达成一致。其中，关键还在于马克思主义话语体系自身的变革与融通，不断汲取各种话语资源的精髓，从而永葆先进性，在时代变迁中不断地彰显自己的话语魅力和话语优势。立足当代中国马克思主义话语生态，重塑主体，革新话语，转换范式，是走出马克思主义大众话语体系转化性建构困境的必然选择。

---

① 陈锡喜：《马克思主义：意识形态和话语体系》，华东师范大学出版社 2011 年版，第 261 页。

第三节　马克思主义大众话语体系转化性建构的实践出路

习近平在二十大报告中明确指出：问题是时代的声音，回答并指导解决问题是理论的根本任务。坚持和发展马克思主义，必须同中国具体实际相结合。我们坚持以马克思主义为指导，是要运用其科学的世界观和方法论解决中国的问题，而不是要背诵和重复其具体结论和词句，更不能把马克思主义当成一成不变的教条。我们必须坚持解放思想、实事求是、与时俱进、求真务实，一切从实际出发，着眼解决新时代改革开放和社会主义现代化建设的实际问题，不断回答中国之问、世界之问、人民之问、时代之问，作出符合中国实际和时代要求的正确回答，得出符合客观规律的科学认识，形成与时俱进的理论成果，更好指导中国实践。

马克思主义大众话语体系转化性建构的经验和困境要求我们必须不断创新优化马克思主义大众话语的核心内容和表达形式，对话语内容、话语主体、话语方式、话语场域、话语交往、话语逻辑进行全面性转化和创新性建构，使之更符合大众心理、大众认知、大众需求，真正实现马克思主义的大众化，为民众所认同、内化与践行。

一、话语主体的统一转化

人民群众是历史的创造者，创造了丰富的物质财富，也创造了包括话语在内的丰富的精神财富。从根本上讲，马克思主义大众话语体系及其转化性建构的主体只能是广大的人民群众。因此，我们应冲破原有思维关于马克思主义大众话语体系及其转化性建构主体的禁锢，由以马克思主义理论为主导转变为以受众主体为根本，在转化中实现话语主客体的统一。具体而言，强调和突出马克思主义理论工作者在构建话语体系时，应该注重全方位考虑受众需求，坚持以人民为中心，用接地气、时代性和民族化的语言消弭历史与现实、理论与实践、话语与大众之间的张力，真正推动马克思主义中国化时代化大众化。从党的百年历史来看，善讲大众话语是我们党的传统和优势。

一是用大众话语阐释革命理想。以毛泽东同志为主要代表的中国共产党人是语言大师，擅长用大众话语讲述革命道理、阐释革命理想、团结革命力量。对于古老的中国和中国的老百姓来说，"革命"并不是一个常用的词汇。历代新旧王朝的更迭甚至是农民起义都没有以"革命"相标榜，大都把自己的行动称为"造反""起义"或"光复"等。为了方便人民大众的理解和接受，毛泽东用中国化时代化大众化的话语，呈现马克思主义的阶级斗争等相关理论。在谈到"革命"所指向的具体内涵和理想目标时，他使用贴合中国数量最多的人民大众——农民的生活而又非常口语化的表达。他努力用中国老百姓自己的话给中国老百姓讲述革命缘由、革命道路、革命目标等根本问题，真正赢得了人民大众对革命的认可。在革命过程中，毛泽东和朱德共同概括的"敌进我退，敌驻我扰，敌疲我打，敌退我追"的十六字诀，用大众话语准确提炼了游击战术的精髓，曾在革命战争史上创造了巨大奇迹，为革命胜利和革命理想的实现发挥了重要作用。

二是用大众话语展现探索智慧。新中国刚刚成立，百废待兴。中国共产党带领中国人民在摸索中前进，通过一系列大众话语，将时代的需要、实践的发展和党的政策有效地传递给广大人民群众，达到了团结一切可以团结的力量来建设新中国的目标。为了巩固新生的人民政权、肃清国内敌对势力的残余，我国开展了"三大运动"——抗美援朝、土地改革和镇压反革命，同时在党政机关开展"三反""五反"运动。通过对农业、手工业、资本主义工商业的社会主义改造，社会主义制度在中国确立并开始发展。社会主义在中国的发展，从我们积极学习苏联的社会主义模式开始。然而，以实事求是起家的中国共产党很快就认识到苏联社会主义模式的弊端，开始独立地探索中国社会主义的建设之路。毛泽东在《论十大关系》《关于正确处理人民内部矛盾的问题》等讲话和报告中，逐步阐发对中国社会主义发展道路的思考和探索。在全党酝酿的基础上，经过李富春和周恩来的提议，中央提出了全面建设社会主义时期恢复与发展国民经济的"八字方针"，即"调整、巩固、充实、提高"。从新中国成立到改革开放的这段时期，"抗美援朝""土改""三反五反""社会主义三大改造""合作社""十大关系""八字方针"等成为最为流行的大众话语，彰显了时代探索的实践智慧和话语力量，迅速掀起了人民群众保卫新中国、建设新中国、探索社会主义的行动高潮。

三是用大众话语汇聚建设力量。"文化大革命"结束后，"什么是社会主义"的疑问回荡在中国大地，成为每个中国人密切关注的热点话题。这时，急需在正确理论的指导下，用合适的大众话语回答社会主义的性质问题，及时破解人民群众对"什么是社会主义，怎样建设社会主义"的困惑。以邓小平同志为主要代表的中国共产党人用"贫穷不是社会主义""共同富裕"等简洁有力的话语，揭示了社会主义的根本属性，平息了关于社会主义性质的争论，为社会主义本质理论的提出做了思想铺垫和话语准备，坚定了全党和全国人民继续走社会主义道路的信心，也为中国特色社会主义的探索打下了坚实基础。"怎样建设社会主义"是紧跟"什么是社会主义"之后的重大时代课题，邓小平给出的答案是"改革开放"。他指出："如果现在再不实行改革，我们的现代化事业和社会主义事业就会被葬送。"①改革开放置于关乎社会主义生死存亡的高度予以认识，便于人们理解改革开放对于社会主义的意义。1984 年，邓小平提出了"把改革当作一种革命"的认识。之后，又提炼出"改革是中国的第二次革命"的表述，向人民群众说明了改革开放的历史定位。苏东剧变后，社会主义建设面临世界性危机。这些大众话语的使用，统一了人们的思想，凝聚起建设中国特色社会主义的磅礴力量。

四是用大众话语宣示复兴决心。习近平是讲好大众话语的示范者和开拓者。党的十八大以来，"中华民族伟大复兴的中国梦"成为人民群众津津乐道的话题。习近平用大众话语直白的方式告诉国人"我们比历史上任何时期都更接近中华民族伟大复兴的目标"，增强了人民群众实现这一伟大目标的信心。同时，他又用大量老百姓所熟知的语言阐释实现中华民族伟大复兴的困难，以此凝聚人民群众为之奋斗的决心和毅力。他指出"中华民族伟大复兴，绝不是轻轻松松、敲锣打鼓就能实现的"，以此将实现中华民族伟大复兴艰巨性的预估与老百姓日常生活中的敲锣打鼓这一娱乐活动进行了鲜明的

---

① 《邓小平文选》第 2 卷，人民出版社 1994 年版，第 150 页。

对比，很容易让人理解中华民族伟大复兴的艰巨性，为号召全体人民接力奋斗打下了基础。面对实现中华民族伟大复兴的困难和挑战，需要用大众话语阐明应对策略和方法。在谈到开放战略时，他使用的是"中国开放的大门不会关闭，只会越开越大"这种聊天拉家常的话语方式，娓娓道来，徐徐诉说，将中国的对外开放这一重要战略的核心思想和未来走向，用口语化、形象化表达展现出来。

二、话语对象的分众转化

具体问题具体分析是马克思主义重要的基本原则，也是中国共产党人在长期实践过程中宝贵的经验总结。分众化是一个传播学的概念，是指根据不同的受众群体采取不同的传播内容、手段、方式和策略，通过分众的方法来达到传播大众化的目的。马克思恩格斯指出："我们的阐述自然要取决于阐述的对象。"① 分众化理念是马克思主义大众话语体系转化的理论支撑和实践需求，对马克思主义话语对象按照不同的群体性特征进行科学有序的层级化区分，以此为标准划分马克思主义话语体系的大众化等级和程度，根据不同群体的年龄结构、知识背景、实践经历、话语习惯、接受喜好等方面施以不同的话语内容。根据领导干部、普通党员、知识分子、青年学生、基层群众等不同话语对象的自身定位和接受能力，施以不同大众化等级的马克思主义话语，切忌一刀切。针对领导干部特别是"关键少数"而言，马克思主义学习教育的主要内容是经典原理及其方法论等相关内容，必须原原本本学原理悟思想，做到学思用贯通、知信行统一，因此这一群体的话语体系大众化程度是最低的，原汁原味原话占据了比较大的比重。针对普通党员群体而言，马克思主义学习教育的主要内容是马克思主义中国化最新成果等，因此这一群体的话语体系大众化程度是处于第二层级的，需要适当增加通俗化话语方式。针对知识分子群体而言，马克思主义学习教育的主要是中国特色社会主义共同理想等相关内容，以此实现在中国特色社会主义伟大实践中的团结统

---

① 《马克思恩格斯文集》第 1 卷，人民出版社 2009 年版，第 253 页。

一，传播中对这一群体的话语体系大众化程度是处于第三层级的，需要将马克思主义的大众话语与该群体熟悉掌握的话语结合起来。针对青年学生特别是大学生群体而言，马克思主义学习教育的主要是世界观、人生观、价值观等相关内容，因此这一群体的话语体系大众化程度是处于第四层级的，需要不断适应该群体迅速变化的话语需求。针对基层群众而言，马克思主义大众话语体系的要求是最高的，在经典马克思主义、中国化马克思主义、时代化马克思主义等各种各样的科学理论与基层群众的结合中，都需要转化为大众化的马克思主义。从这个意义上讲，传播方式和话语内容的选择是第一位的，决定了科学理论为人民群众所掌握的效果和程度。以社会主义核心价值观为例，在向广大基层群众传播这一理论和广大基层群众学习这一理论的过程中，不能仅仅依靠宣传讲解的单一基本形式，一方面要善于运用老百姓喜闻乐见的话语承载社会主义核心价值观的精髓要义，另一方面还需要辅助以更多鲜活的传播活动形式，以戏曲、话剧、相声、小品等文艺形式中的多彩话语拉近理论与基层群众的距离。

党的十八大以来，党的作风有了明显好转，文风和话风也都大为改观。然而，成效显著的同时，仍存在着一些马克思主义大众话语能力缺失的问题。在现实生活中，部分领导干部出现了"有话不敢说""有话不会说""有话说不出""说话不恰当""言之无物"的现象，甚至处于"无话可说"的尴尬境地，官话、套话、空话、假话连篇累牍，"雷语""乱语""迟语"时有出现。习近平同志曾对这种现象予以严厉批评：有少数干部不会同群众说话，在群众面前处于失语状态。"与新社会群体说话，说不上去；与困难群众说话，说不下去；与青年学生说话，说不进去；与老同志说话，给顶了回去。"①

"说不上去"的套话。作为推动中国特色社会主义事业不断发展的中坚力量，领导干部要团结带领身边各行各业的人民群众，投身实现中华民族伟

---

① 习近平：《干在实处　走在前列——推进浙江新发展的思考与实践》，中共中央党校出版社 2006 年版，第 419 页。

大复兴的大潮。话语是领导干部接触沟通各类新社会群体的重要手段，熟悉了解新事物，多说内行话，才能与新社会群体培育"共同语言"，掌握"说得上去"的时代话语权。新社会群体掌握新知识，把握社会发展新动态，具有较强的创新意识。只有先一步熟悉新社会群体的群体性特征，才能与新社会群体交流通畅。然而，一些领导干部在新生事物、新的理论和新社会群体面前，往往处于人云亦云，套话连篇，甚至是"失语"的状态。面对新生事物时，部分领导干部缺少发展眼光，秉持一贯的保守理念，戴着有色眼镜挑剔新生事物，内心拒绝接受和了解新生事物，从而造成对新事物的话语空白；面对新理论时，无论是党的理论创新成果还是日新月异的科学理论，都不愿学或不真学，经过走马观花地应付和浮皮潦草地了解，就自信地认为已完全掌握了新理论的精髓，从而导致部分领导干部对新理论的认识缺乏应有的深度和高度。如此，话语不当、大放厥词、"雷语"频现等问题出现在一些领导干部身上就不足为奇了；面对新的社会群体时，部分领导干部存在自我优越感，从内心里对新社会群体不够重视，不屑于同新社会群体进行平等对话，交流过程中不愿了解新社会群体的基本状况和发展需求，反复搬用自己老套过时的话语，难以与新社会群体找到"共同语言"，无法实现与新社会群体话语上的同频共振。

"说不下去"的官话。西晋时期发生饥荒，百姓没有粮食，只有挖草根、食观音土，许多百姓因此活活饿死。晋惠帝听了大臣的奏报后，大为不解。"善良"的晋惠帝很想为他的子民做点事情，经过冥思苦想后终于悟出了一个"解决方案"，大声质问："百姓无粟米充饥，何不食肉糜？"晋惠帝这句"何不食肉糜"的"名言"被一直流传下来，成为千古笑谈，用来形容高高在上、脱离实际而胡言乱语的典型。当前，在一些领导干部当中，或多或少存在着高高在上的形式主义、脱离社会发展实际、不尊重群众首创精神的不良现象。这些不良现象的背后是官僚主义在作祟，他们妄图以"来头大""声音响""调门高"的官话来"压制""教育""征服"老百姓，严重背离党的群众路线，最终只能沦落到自说自话的窘迫境地。在面对困难群众时，少数领导干部不能从困难群众的角度思考问题或发表看法，既不调研造成困难的

_217

原因，也不了解困难群体的实际需求，既问不到位，又说不到点子上，净是一些不着边际的大道理和吹嘘自身政绩的官话自白，有的甚至会演绎出"何不食肉糜"的现代版本。这些既不"精"也不"准"的官话让困难群体"听不下去"，更"听不进去"，直接导致扶贫工作的严重滞后，影响领导干部自身形象乃至党和政府的形象。

"说不进去"的空话。青年群体是人民群众的重要组成部分，是中国特色社会主义的建设者和接班人。党的二十大明确要求：全党要把青年工作作为战略性工作来抓，用党的科学理论武装青年，用党的初心使命感召青年，做青年朋友的知心人、青年工作的热心人、青年群众的引路人。青年群体思维活跃，处于世界观、人生观、价值观形成的关键时期，对新鲜事物比较好奇，善于接受新生事物，在话语层面表现得比较"前卫"和"新潮"。准确把握青年群体的群体性特征，是"说进去"的前提。然而，一些领导干部与青年群体的对话，暴露出一些带有普遍性的问题，弱化了对青年群体的教育、引导和培养。一种情况是，因不够重视青年工作，出现空话连篇的现象。不少领导干部更多地关心招商引资、项目落地、增加税收等工作，一定程度上忽略了青年工作，甚至是遇到"五四青年节"等特殊节点才能"于百忙之中"出席一下活动，与青年"座谈"并作"重要讲话"。即使在青年座谈会上，一些领导干部也并不能抓住机会与青年群体进行深入交流，而是按照程式化套路来照本宣科，违背了"谈"的本意和初衷，主动放弃了拉近与青年群体距离的机会。看似滔滔不绝的讲话，实则言之无物，加之语言枯燥、僵化教条、缺乏互动，毫无吸引力可言，青年人不知所云、昏昏欲睡，更难言入脑入心。另一种情况是，因未能把握青年的群体性特征，出现"迟语"现象。一些领导干部在与青年"说话"之前，没有做"功课"或"功课"做得不够，未能全面了解青年人的群体性特征，从而找不到青年群体的话语关切点。在与青年对话时，部分领导干部用一些自认为很时髦的话语刻意"迎合"青年群体，但往往适得其反，无法与青年群体产生话语共鸣。究其原因，这些领导干部眼中的"时髦话语"在青年群体的话语体系中早已"过气"，从而导致话语交流慢一拍甚至慢几拍的"迟语"现象，"坐到一起却谈不到一起"。

"给顶了回去"的假话。老同志群体是人民群众的重要组成部分，也是社会良性发展的宝贵财富。老同志群体资历较老，阅历丰富，往往在实践中提炼出许多工作方法和生活智慧，对人对事具有敏锐的洞察力。但是，一些领导干部在与老同志群体交流时，做不到坦诚相待，甚至有时不讲真话，会出现被老同志"识破"并给"顶回去"的尴尬场面。一是"报喜不报忧"的假话。一些领导干部在通报情况时，不是将情况全面介绍，而是有选择地突出"重点"，刻意将介绍的重心放在取得成绩上，对存在的问题和困难避而不谈或一句话带过，不愿将实情和盘托出。当有老同志凭借经验追问对某一问题的担忧时，支支吾吾、遮遮掩掩、无从应对。二是"自我表扬"的假话。一些领导干部善于自我表扬，一旦抓住机会，不分时间、不分场合、不分对象，竭力鼓吹自己的成就。尤其是在与老同志交流时，更是努力卖弄自己的业绩，将干了一分的工作夸大到十分，将自己塑造成无所不能的"完人"，试图以此博得老同志的认可和表扬。然而，经此一番折腾往往是事与愿违，只会招致老同志的怀疑，甚至是换来严厉的批评和谴责。三是"糊弄应付"的假话。还有一些领导干部存在敷衍应付的错误心理，认为老同志已经跟不上时代发展的节奏，对当前的情况拿不准、摸不清、吃不透，自己说什么他们就会相信什么。因此，在面对老同志时，信口开河、胡言乱语、答非所问，顾左右而言他，妄图蒙混过关，最终只会招来老同志的责难和非议。

面对不同的社会群体，部分领导干部之所以喜欢讲套话、官话、空话、假话，使自己陷入"说不上去""说不下去""说不进去""给顶了回去"的被动境地，主要原因是他们缺乏相应的大众话语能力。因此，领导干部必须努力摆正话语立场、丰富话语内容、提高话语站位，不断增强大众话语能力。

第一，善待群众，摆正话语立场。始终同人民在一起，为人民利益而奋斗，是马克思主义政党同其他政党的根本区别。几乎每年的新年贺词，习近平都会将注意力放在普通老百姓日常生活的改善上，尤其是困难群众生活水平的提高上。在2019年新年贺词中，习近平谈道：他始终惦记着困难群众。在四川凉山三河村，看望了彝族村民吉好也求、节列俄阿木两家人。在山东济南三涧溪村，和赵顺利一家围坐一起拉家常。在辽宁抚顺东华园社区，到陈玉芳家里了解避险搬迁安置情况。在广东清远连樟村，和贫困户陆奕和探讨脱贫之计。习近平始终与人民在一起，足迹踏遍了祖国的大江南北，通过"围坐一起拉家常""探讨脱贫之计"等新方式与群众深入"对话"，倾听老百姓的心声，说老百姓爱听的话，说老百姓听得懂的话。由此可见，习近平为领导干部善待群众树立了榜样。一是善待群众，要听老百姓说话。倾听是良好交流的第一步，不听取老百姓说出的意见，按照自己的主观意愿作指示、提要求、下任务，以此来"服务"群众，很难达到最佳的实际效果，有时还会"好心办坏事"。因此，深入实地进行调研，认真地倾听、接受和理解老百姓说的话，是与群众有效开展"对话"的大前提。二是善待群众，要为老百姓说话。想群众之所想、急群众之所急、解群众之所困是对每一名领导干部的工作要求。落实到"对话"群众中，就是要说老百姓爱听的话、做老百姓想做的事，以人民群众的好恶为说话和做事的最高标准。三是善待群众，要说老百姓的话。话语由人民创造，理应回归群众。与群众"对话"，就要讲老百姓听得懂的话。讲好大众语言是领导干部的基本功，具体包括用合适的语言沟通，用平等的语言交流，用通俗的语言宣传，用有感染力的语言动员。只有做到这一步，领导干部才能为群众所接受，才能与群众打成一片，拉近党群和干群关系。

第二，善用经典，丰富话语内容。妙语连珠、妙笔生花需要建立在一定的理论水平、人文素养和知识储备基础上。领导干部是党的理论的宣传者，是国家政策的执行者，理应努力学习经典、善用经典。首先，要在学习中善用马克思主义经典。党的十八大以来，习近平多次强调领导干部要注重对马克思主义经典著作的学习，要求广大干部认真努力读经典、学原著、悟原理，从经典著作中汲取精华，从原理解读中淬炼思想。同时，在学习中注意要把学习和感悟有机结合起来，把学习经典的单向模式转化为对话经典的互动模式，真正掌握理论的真理力量。其次，要在学习中善用历史经典。忘记历史，意味着背叛。多读一点历史，从历史中汲取更多精神营养，是对领导干部的基本要求。在中国的史籍书林之中，蕴含着十分丰富的治国理政的历史经验。广大领导干部应该多读一些历史，在历史学习中拓宽视野、提高格局，格物明理、以古喻今，从而可以更好地反馈到现实工作中。最后，要在学习中善用知识经典。面对当今瞬息万变的世界和日新月异的科技进步，领导干部应该主动融入社会的快节奏发展，以"苟日新日日新又日新"的精神，坚持对新知识的学习和领会，不断增加和更新自身的知识储备，在与新知识的"对话"中解答现实之惑，勇立改革发展的潮头，做时代进步的先行者。

第三，善管媒体，提高话语站位。随着时代的进步，媒体有了大发展。媒体在日常生活中的地位越来越凸显，在国家和社会治理中的作用越来越凸显。如何善管媒体，已然成为领导干部不容回避的现实问题。然而，一些地方政府习惯性地与媒体对立，政府与媒体间正面冲突的事件也时有发生。一些领导干部把媒体定位为故意给政府添乱的"大麻烦"，将记者视为洪水猛兽，唯恐避之不及。这充分暴露了部分领导干部在应对媒体时的思维陈旧和能力欠缺。在党的新闻舆论工作座谈会上，习近平明确指出：领导干部要增强同媒体打交道的能力。第一，善管媒体就要敬畏媒体。舆论监督是我国监督体系不可或缺的组成部分，媒体是舆论监督的主要承载形式。各级领导干部要客观公允地看待媒体及其监督，理性对待媒体的监督行为，尊重广大媒体从业者。坚决摒弃"对立"思维，正视和重视媒体在经济社会发展中的特殊作用。第二，善管媒体就要了解媒体。媒体的发展日新月异，新变化新技术新功能应接不暇。处于这样一个媒体迅速发展的新时代，领导干部要主动了解媒体，积极沟通媒体。领导干部要有与媒体主动"对话"的责任意识和能力储备，只有对媒体有了全方位的了解和认知，熟悉媒体的职责、运行、分类、创新等基本情况，才能在面对媒体时不犯难、不犯怵、不犯晕，轻松自如地"对话"媒体。第三，善管媒体就要善待媒体。从本质上讲，媒体舆论监督的主体是人民群众，媒体服务的对象也是人民群众。因此，领导干部要像善待人民群众一样去善待媒体。支持媒体正常的工作开展，主动接受媒体的监督，实事求是地回应媒体关切。善待媒体更要善于整合媒体资源，利用媒体切实推动实际工作。

三、话语内容的分类转化

在理论与大众的矛盾关系之中，我们往往更多地关注媒介、过程和效果。其中，比较容易忽视的恰恰是话语内容本身。解决问题的首要路径就是回归问题本身。理论能否掌握群众并为大众所接受，理论自身的吸引力是根本。目前，马克思主义大众话语体系中话语内容单一，充斥着形式化的文件话语和咬文嚼字的学术话语，它们抽象深奥、晦涩难懂、乏味枯燥、言过其实，在无形之中疏远了与广大群众的距离。[①] 因此，以"继承、吸收、创造"为原则进行话语内容的优化，建构贴近生活、贴近群众、贴近实际的话语内容，是转化性建构当代中国马克思主义大众话语体系的核心要素，是马克思主义大众化方法、手段、机制得以实施的基础，是决定当代中国马克思主义大众化成效的基本环节。[②]

（一）话语内容转化的原则

马克思主义大众话语体系的转化性建构，要以"继承、吸收、创造"为原则进行话语内容的优化。

所谓"继承"，顾名思义就是将中国传统文化中有生命力的部分传承下去，就是将不适应历史、当前和未来发展需要的部分淘汰。就马克思主义大众话语体系而言，话语内容应该坚持"洋为中用、古为今用"的原则，将一些传统概念的内涵丰富，将一些富有生命力的概念的外延拓宽，并不断地推动创新。因为，我们认识到，中华民族深厚的文化底蕴是马克思主义话语内容转换的重要依托和坚实基础。换言之，无论我们打造什么样的话语体系，民族文化精髓都是我们应该始终继承和创新的对象。实现马克思主义大众话语体系的转化性建构，我们更是不可能避开中华优秀传统文化话语内容建设。要构建具有中国特色的马克思主义大众话语体系，就要不断继承优秀的

---

① 刘璐璐、吴琼：《马克思主义大众化的话语策略探究》，《北京交通大学学报（社会科学版）》2013 年第 3 期。

② 柳望望：《当代中国马克思主义大众化的意义及实现方式研究》，武汉大学出版社 2017 年版，第 169 页。

中国传统文化，合理吸收民族文化的营养元素。诚如习近平所说，我们不仅不能抛弃我国的优秀文化传统，而是要很好地传承和弘扬。这是我们的"根"与"魂"，是我们的根基。所以，实现话语内容的转化，首先需要抓住民族文化特色，坚持"扬弃"原则，厘清传统文化中的精华和糟粕，创新性发展传统文化，以此为支点有效构建与民众相通的话语桥梁。

所谓"吸收"，就是将伴随时代应运而生的新话语，全球化进程中文明交融出现的新话语纳入马克思主义大众话语体系中。马克思主义大众话语体系的转化性建构，实际上也是为了更好地宣传理论本身，为中国特色社会主义事业服务。因此，话语内容既要体现民族化，也要用更加开放的态度去面对东西方的不同话语，在对话中不断丰富当代中国的话语体系。要批判地融合人类发展中的先进文化，对世界先进文化的吸收和借鉴主要是指批判地借鉴，而不是一味地引用甚至全盘西化。马克思主义与世界其他文化交融时，应始终贯穿批判性思维。一方面，要吸收借鉴西方文化思想中的合理成分；另一方面，还要以敏锐的思维甄别、摒弃其不合理之处，在西方各种社会思潮交融发展的情况下，多吸收有益的内容，而敏锐洞察和抛弃其弊端。这样，方能有效地融合其他国家的先进文化。在融合各国先进文化的历史进程中，应坚持马克思主义的指导地位，以理性的、批判的眼光和辨识力、洞察力审视世界文化，从而有效构建马克思主义大众话语体系。在此过程中，既不能将人类历史长河中多样化的文明一概拒之门外，更不能搞完全西化或复制已有模式，将马克思主义大众话语体系消解在西方话语体系中。一言以蔽之，当代中国马克思主义大众话语体系的转化性建构既不排外，也不故步自封。因此，在面对世界文化的积极合理成分时，应理性地分析、批判地继承、大胆地改造，从而内化和自觉化为自身话语的一部分；对于世界文化中的消极成分，必须予以避免和根除。如此，既为构建马克思主义大众话语体系争取了极其丰富的世界话语资源，又从根本上巩固了马克思主义在大众话语体系中的主导地位。毛泽东就曾指出："要从外国语言中吸收我们所需要的成分。我们不是硬搬或滥用外国语言，是要吸收外国语言中的好东西，于我们适用的东西。……不但要吸收他们的进步道理，而且要吸收他们的新鲜用语。"①当前，我们建构大众话语体系，更应充分利用交流与合作的各种机会，广泛地吸收和借鉴人类社会发展中创造的优秀文明成果，促进当代中国马克思主义大众话语体系的更好发展。

所谓"创造"，就是在"继承"和"吸收"的基础上，创造出既能准确表达当代中国马克思主义的基本观点和立场，又能反映实践性、民族化、时代性的生动活泼、深入浅出的新话语。从时代要求来看，马克思主义是开放的科学真理，需要根据时间、地点和条件的变化不断与时俱进。这是马克思主义大众话语体系转化性建构的必然要求。如果拘泥于马克思主义经典作家在特定历史条件下、针对具体情况作出的某些个别论断和具体行动纲领，我们就会因为思想脱离实际而不能顺利前进，甚至发生失误。回顾马克思主义发展史，它之所以能被民众所接受和认可，就在于它能够随着实践发展不断创新出与时代诉求和社会心理趋向相结合的大众话语体系，坚持理论创新，凝练符合时代发展的大众话语核心概念。从群众要求来看，应从话语主体的群体特征和实际需要出发来选择恰当的话语方式和宣传形式，积极适应人民群众的思维方式和话语习惯，运用人民大众熟悉的日常话语来宣传马克思主义，同时又赋予大众的日常话语以马克思主义的内涵，用老百姓喜闻乐见的大众话语予以阐释。

（二）话语内容转化的向度

话语内容转化的基本向度是指向生活。马克思主义话语体系创新和发展的历史进程启示我们，话语内容的生命力来源于大众生活。正如恽代英所指出的，"你要知道被宣传人的生活，从他的生活中找你说话的材料，找那些可以证明你所说理由的例子，而且利用他生活中常要听见的土话或其他流行的术语说明你的意思。"②说老百姓的话，讲老百姓的理，都要用老百姓能听懂的词。这就要求在马克思主义传播中注重话语内容的转化，力戒空话、套话和假话，纠正不合时宜长、空、假的文风问题，切实将马克思主义真理性

---

① 《毛泽东选集》第3卷，人民出版社1991年版，第837页。
② 《恽代英文集》下卷，人民出版社1984年版，第698页。

和科学性的认识用大众能听懂的话语内容呈现出来。同时，还应该注意的是尽量避免用一些不必要的专业术语、烦琐冗长的语句，取而代之的是受众易懂的生活化话语。这就要求传播者善于将经验总结、理论分析和知识体系转化为简洁平实、通俗易懂、便于沟通的生活话语。

话语内容转化的价值向度是指向群众。人民群众是历史的创造者，更是真理性认知的创造者。因此，马克思主义大众话语体系应该贴近广大人民群众，善于从群众中汲取智慧，才能永葆马克思主义及其话语体系的旺盛生命力。毛泽东曾经在《反对党八股》中提出："要向人民群众学习语言。人民的语汇是很丰富的，生动活泼的，表现实际生活的。"[①]当前，人民生活日益多彩，要求马克思主义大众话语体系的内容应更加丰富，过去生硬刻板的话语或带有明显时代特色的词语已经不能适应增长着的人民群众的话语需要。所以，如何更好地面向群众、贴近群众和服务群众是当前马克思主义大众话语体系创新和发展的关键性问题。

话语内容转化的空间向度是指向实际。马克思主义大众话语体系内容贴近实际的程度即是贴近群众的尺度，源于实际又高于实际的话语对于广大群众而言才更加具有吸引力和感染力。毛泽东曾经指出："一切群众的实际生活问题，都是我们应当注意的问题。假如我们对这些问题注意了，解决了，满足了群众的需要，我们就真正成了群众生活的组织者，群众就会真正围绕在我们的周围，热烈地拥护我们。"[②]因此，在经济社会发展的过程中把马克思主义基本原理和生活实际相结合，将马克思主义理论灵活地运用，是马克思主义中国化时代化大众化的宗旨和归宿。马克思主义大众话语体系是这一目的实现的重要载体，是理论和实际之间相互作用的坚实桥梁。

四、话语方式的多样转化

"理论只要说服人，就能掌握群众；而理论只要彻底，就能说服人。"[③]因

---

① 《毛泽东选集》第 3 卷，人民出版社 1991 年版，第 837 页。
② 《毛泽东选集》第 1 卷，人民出版社 1991 年版，第 137 页。
③ 《马克思恩格斯文集》第 1 卷，人民出版社 2009 年版，第 11 页。

此，理论是否彻底是其能否说服人并最终被人所掌握的关键所在。马克思主义是"彻底"的理论，所以它能"说服人"并为人民群众所掌握。马克思主义掌握群众，除了理论的"彻底"以外，还需要适当的话语方式来"说服人"。

（一）向马克思主义话语的"生活化"转化

马克思主义大众话语体系转化性建构的根本目的是使广大人民群众普遍接受，使这一话语逐步成为大众言传的"普通话"。因此，话语方式应注重向"生活化"转变，不断增加马克思主义大众话语体系的"生活气息"。从内涵来看，话语"生活化"即是用人民大众生活中的话语方式和言语习惯等来解读、传播、宣传马克思主义。马克思主义与人民群众的生活话语有机融合，真正的意义在于在新时代既发展马克思主义理论又体现其民族性、文化性、人民性。只有这种深入生活文化的话语模式才能感染人民大众，真正使马克思主义深入人心。

注重向中国特色的话语方式转化。马克思主义经俄国十月革命后传入中国，作为一种外来文化，它在指导中国社会的实践中起到了举足轻重的作用。进入新时代，以马克思主义为指导进行中国特色社会主义建设必须赋予其中国特色、民族形式和新的时代意蕴。因此，为凝聚社会共识，应不断建构具有"中国风"的马克思主义话语方式。特别是在时代发展、社会经济生活和政治生活日新月异的今天，随着虚拟网络空间的发展、网络语言的逐步进化，当代中国马克思主义话语体系中出现了很多新的话语表达方式。当前，应利用新的词汇、新的话语特点，巧妙地将其吸纳和融入马克思主义的话语中，使之成为能够反映广大人民群众心理状态、价值诉求和善于言传的中国式话语。例如，习近平曾使用"扣纽扣""墙头草""隐身衣""房子是用来住的"等平实直白、生动活泼、百姓易于接受和记住的话语方式，使中国化的马克思主义和党的创新理论深入人民大众之中，在全社会产生了巨大而空前的精神力量，使马克思主义话语体系真正实现了"中国化""时代化""大众化"的转向。

（二）向马克思主义话语的"大众化"转化

大众化语言是一种非书面的语言表达形式，其朴实无华、通俗易懂的特色决定了在使用的过程中可以有效地增强语言的亲和力、感染力。在新时代的崭新实践中，马克思主义理论工作者更应该围绕马克思主义与中国现实问题进行思考，把马克思主义大众化的话语艺术推向新的境界。在多元化的时代中，推进马克思主义大众话语体系的建构和转化，更需站在人民群众的立场上，准确辨识和把握人民群众的心理诉求，善于利用语言表达的技巧来传播马克思主义理论。因此，实现马克思主义话语向大众化的方式转变就要求马克思主义理论工作者具备群众观点、坚持走群众路线，应认真学习人民群众生动活泼的语言，并将它提炼、融汇到马克思主义话语中，从而揭示出马克思主义理论的内在要求，抓住马克思主义的理论精髓，拓展理论的传播力、影响力、感染力，更好地发挥理论的社会功能。在马克思主义大众话语体系转化性建构的实践中，不断提升马克思主义大众化的话语艺术，努力增强话语的内在魅力。一是可以利用数字化的话语新形式，焕发出科学理论强大的物质力量；二是采用比喻性的话语方式普及马克思主义，推进马克思主义"入耳、入脑、入心"；三是采取对话式的话语方式传播马克思主义。对话式的话语方式既简洁有力，又能巧妙地抓住关键问题，从而达到直射目标的良好效果。

第一，马克思主义话语的"大众化"内在地要求理论"群众化"。理论来源于现实，最重要的就是来源于人民群众的生动实践。马克思主义大众话语体系的转化性建构应从人民群众熟悉的日常生活事例出发，用通俗语言一点点、一步步、一层层地阐释好马克思主义理论的基本范畴。因此，在马克思主义"化大众"和"大众化"的过程中，应遵循"从群众中来，到群众中去"的话语路径，使人民群众真正理解、认同马克思主义，并自觉运用马克思主义指导自身的实践活动。

第二，马克思主义话语的"大众化"内在地要求道理"通俗化"。语言深入浅出、言简意赅才易于被大众所掌握。正如习近平强调指出的那样，"深入群众，你就来到了智慧的大课堂、语言的大课堂，我们的文件、讲话、文章就可以有的放矢，体现群众意愿，让群众愿意看、看得懂，愿意听、听得进。"① 因此，创新马克思主义理论话语通俗化的新路径是当前的关键问题。在马克思主义民族化、科学化的同时，让话语彰显价值，寻求通俗化的路径，一方面应立足于理论对宣传对象的贴近程度，另一方面应让理论融入人民群众"现实的生活过程"中，最终实现"大乐必易，大礼必简"的价值目标。此外，理论的通俗化并不意味着理论的"空洞化"，切勿形成脱离群众、脱离实际的"空道理"。因此，马克思主义理论工作者应善于把抽象道理与群众生产、生活联系起来，做到润物细无声、潜移默化地使人民群众感受真知、感知真谛、感悟真理。

第三，马克思主义话语的"大众化"内在地要求比拟"形象化"。面向人民群众时，比拟形象化是话语艺术中较为有效的传播方式。比拟的修辞格能够有效地增添话语的生动性。马克思主义话语方式的转化中，应日益重视和凸显比拟形象化的作用。正如列宁所指出的，"最高限度的马克思主义＝最高限度的通俗和简单明了"②。《共产党宣言》中，马克思、恩格斯善于利用多样的修辞手法，用"一个幽灵，共产主义幽灵，在欧洲游荡"这种比拟的话语方式，形象地刻画了共产主义的"精神面貌"。党的十八大以来，习近平善于利用富于特征的具体形象来表达马克思主义理论和党的大政方针，其使用的话语如"绣花"来诠释精准扶贫的政策方针；用"缺钙""老虎""苍蝇"等来阐释"全面从严治党"的思想内涵等，都充分体现了话语方式和作用。这些生动的案例将马克思主义的理论性阐释得既清晰透彻又生动形象，进而成为大众话语转化的样板。因此，实现形象化话语和马克思主义话语美的有机结合，将修辞中的拟人与拟物方法运用在马克思主义大众话语体系的转化性建构中，有利于使理论更加生动，更能够启发人民群众对理论的研读和思考。新时代，马克思主义理论工作者应继续从马克思主义话语表达中汲取智慧和力量，更好地推进马克思主义大众话语体系的创新和发展，进一步彰显马克思主义话语表达的亲和力和强大战斗力。

---

① 习近平：《努力克服不良文风，积极倡导优良文风》，《求是》2010 年第 10 期。
② 《列宁全集》第 36 卷，人民出版社 1959 年版，第 467—468 页。

五、话语场域的开放转化

马克思主义大众话语体系的转化性建构要关注话语场域的转换。"场域中的话语是构成场域中的位置关系、资源分配、资本占有、权力行使的一个公开载体。这个载体的主动权掌握在谁的手中，谁就拥有由此构成的话语空间，这个话语空间从某种意义上说又是一种话语权力的空间。"① 当前，马克思主义大众话语体系中存在着话语场域狭隘、场域价值式微、实效性低等问题，马克思主义话语往往只在工作汇报、领导讲话和学术研究等场域中出现和使用，很少进入大众的话语场域，不能很好与广大人民群众进行思想交流，减少了马克思主义大众话语体系的受众面积。因此，拓宽马克思主义话语场域，增加受众面积，主动进入到人民群众的大众话语场域，实现高深的马克思主义理论与普通民众之间的对话交流是转化性建构马克思主义大众话语体系的内在要求。

（一）拓展网络话语场域

信息化时代背景下，以互联网为代表的新型数字化手段得到广泛应用，对人们的生产、生活及思维方式产生了深远的影响，同时也给社会主义意识形态建设带来了机遇和挑战。

"互联网＋"、大数据、新媒体等信息化手段为社会主义意识形态建设提供了技术便利，丰富了主流价值观传播的平台和途径，提高了意识形态工作的效率。互联网的产生和迅速发展极大地加快了信息传播的速度，拓展了马克思主义大众化的话语空间，构建了一个自由、平等对话的虚拟话语场域。网络场域具有承载信息量大、传播速度快、传播手段多样化、运作大众化、传播过程的互动性等特点，并且突破了职业、性别、年龄、社会地位之间话语的差异和限制，抛开了现实生活中的诸多顾忌与避讳，使更多的人都能参与并自由平等地进行沟通交流，真正实现了传播者与接受者之间的双向互动。网络场域以其交互式的沟通方式和丰富多变的话语形式丰富了马克思主

---

① 马维娜：《学校场域中的话语再制与话语再生》，《教育评论》2002 年第 4 期。

义大众化传播的话语场域，创新了马克思主义大众化传播的渠道，扩大了马克思主义大众化的研究视野。网络作为马克思主义大众化新的话语场域，需要马克思主义理论工作者时刻保持清醒的头脑，强化阵地意识，通过形象、生动的网络话语在广大网民中积极传播马克思主义。

同时，数字化时代所呈现的海量信息、瞬时交互、广泛参与、价值多元等特征冲击着主流价值观及其话语权，尤其是网络世界的虚拟性，给社会主义意识形态建设带来了诸多不确定性。然而，网络话语权的阵地，如果社会主义意识形态不去占领，其他社会思潮就会去占领。因此，营造清朗的网络空间、牢牢掌握网络话语权成为社会主义意识形态建设的重要一环。

赢得网络话语权，价值引导是核心。互联网等信息化手段的广泛应用，带来了网络虚拟世界表达的便捷化、碎片化、匿名化，大大延伸了人们的思维空间和话语空间。在网络空间中，人人都有"麦克风"，都可以就某一现象、问题和事件表达看法、抒发感情。随着思想传播和话语表达的门槛不断降低，数字虚拟世界成为名副其实的舆论场，各种社会思潮都在网络空间中获得表达机会，甚至出现了网络"话语爆炸"的现象。在如此庞杂的信息流之中，难免出现一些人为"吸人眼球""炒作出位"等利益诉求，借机散布大量虚假信息，甚至主张网络空间"去意识形态"。加之新自由主义、历史虚无主义、享乐主义等错误价值观的侵袭和渗透，故意设置网络意识形态争议性话题，导致标榜"批判现实"的谩骂、嘲讽、抹黑、诽谤、恐吓等非理性话语泛滥，价值共识被撕裂，主流意识形态受到冲击和消解。面对日益严重的网络意识形态"去中心化"问题，必须用主流价值观引导网络世界的健康发展。从本质上讲，网络虚拟世界是客观物质世界的延伸，网络空间的意识形态是社会主义意识形态建设的反映。因此，加强网络空间的意识形态建设、牢牢把握网络话语权，首要的任务是将社会主义意识形态和主流价值观源源不断地"输入"网络空间。根据不同"网络社群"的思想状况，用习近平新时代中国特色社会主义思想引领网络意识形态发展的正确方向，将社会主义核心价值观所体现的理想信念、价值理念、道德观念内化为网络空间的思想共识和价值标准，打造网络意识形态话语的"主心骨"。习近平曾特别要求："要创新改进网上宣传，运用网络传播规律，弘扬主旋律，激发正能量，大力培育和践行社会主义核心价值观，把握好网上舆论引导的时、度、效，使网络空间清朗起来。"①

赢得网络话语权，平台建设是基础。网络世界为各种现实思想和话语的自由表达提供了虚拟空间，但网络空间的形成需要依托现实网络载体予以实现。近年来，网络平台建设越来越受到重视，网络阵地初具规模，但也存在着经费投入不足、网络技术滞后、网络平台形式单一、重建设轻维护等普遍性问题。特别是一些政府主导的门户网站及其相关网络平台，仅仅是将纸质版的信息资料复制粘贴到网络平台，缺乏新鲜感和原创性，而挂到网上的信息也长时间不更新，导致了部分网络平台的"僵尸"状态，更难言与网民的互动交流，从而丧失了主流网络平台应有的吸引力、影响力和话语权。因此，树立阵地意识，加强网络平台建设，既是营造清朗网络空间的重要基础，也是赢得意识形态网络话语权的主要抓手。

整合资源，提升网络平台内涵。在信息化大潮的裹挟下，我国主流网络平台如雨后春笋般迅速发展，建设水平良莠不齐，低水平重复建设时有发生。针对当前主流网络平台发展不均衡的状况：一方面，应积极顺应"媒体融合"新趋势，整合传统主流媒体、现有主流网络平台、民间网络新媒介的多头资源，深度融合网站、微博、微信（公众账号）、客户端、电子报刊、论坛帖等多渠道传播载体，发挥"学习强国"等网络平台的示范效应，加快主流网络平台内涵的提升和发展。另一方面，去伪存真，规范网络平台治理。随着互联网技术的不断进步，网络空间氛围也日趋和谐理性，人们越来越善于处理网络空间中的虚拟关系。但也不排除一小部分别有用心的人，借助网络平台的便利性和网络空间的虚拟性，肆意破坏道德约束，污染了网络空间环境，甚至是突破了法律的底线。数字虚拟世界不是法外之地。以法治思维管理互联网，加强互联网领域立法，依法规范引导非主流意识形态网络平台的发展，坚决取缔各类反主流意识形态网络平台，清理违法和不良信

---

① 《习近平关于网络强国论述摘编》，中央文献出版社 2021 年版，第 63 页。

息，营造风清气正的网络环境。

赢得网络话语权，话语创新是关键。信息科学技术的广泛应用和普及使得数字空间的范畴不断拓展，越来越多的普通人开始参与到网络活动中，成为网民。根据《中国互联网络发展状况统计报告》，截至 2021 年 12 月，中国网民规模达 10.32 亿，互联网整体普及率达 73.0%，网络世界已经成为人们意见表达、思想碰撞、话语交流不可或缺的新阵地。特别是对于普通人而言，在现实世界中无法表达的意见可以在虚拟世界中予以宣泄，这就激发了大量普通民众参与到网络话题的讨论中并积极发表自己的意见和建议。因此，普通民众构成了广大网络民众群体，普通民众的意见建议及其话语表达支撑起了网络空间的话语交流，"草根阶层"日益成长并成为网络舆论场的中坚力量。然而，当前意识形态网络传播话语过于"生硬"，"高大全"的话语内容、"自说自话"的话语逻辑、"严肃严谨严密"的话语形式，不符合网络空间的话语需求和广大网民的话语习惯。赢得网络话语权，需要持续的话语创新。一是设置"大众议题"。将马克思主义、习近平新时代中国特色社会主义思想、社会主义核心价值观等意识形态内容设置为与广大网民休戚相关的具体生动的网络议题，形成越来越多耳熟能详的"红段子"。让主流思想摒弃"高大上"的外壳，变成接地气的群众语言和有血有肉的网络话语，拉近与广大网民的距离。二是树立"对话"理念。针对网络话语传播的特点，主流价值观应打破传统信息传播的单向灌输思维，在网络空间进行话语交流时坚持"对话"理念，把广大网民的需求摆在首要的位置。三是使用柔和声线。在网络空间中，任何思想如果以"居高临下"的姿态和"盛气凌人"的语气去"说教"，只会适得其反，人们会对它"敬而远之"。意识形态主流思想引导力作用在网络领域的发挥，需要遵循网络话语传播规律，用"随风潜入夜"的话语形式讲好故事，在"润物细无声"的柔和声线中培育网络世界的理想信念、价值理念和道德观念。备受关注和好评的央视宣传片《我是谁》《习主席的时间都去哪儿了》等以音乐、图片、数字等多种视听元素予以呈现，创新原本严肃的"官方话语"为生动活泼的网络新词，走暖心路线，向世人展示了和蔼可亲的党和国家领导人形象。当然，用生动活泼的网络话语创新赢得网络话语权，更要防止娱乐化、戏谑化、庸俗化、低俗化等倾向，避免走向另一个极端。

赢得网络话语权，人才培育是关键。在网络空间中，虽然每个人都有表达自己思想的自由和权利，但是个体的话语意见在庞大的网络话语体系中又会显得"声音微弱"。随着网络话题讨论的深入，大量零散的网络话语信息会走向整合，逐步形成统一的网络意见。在这一过程中，某一个体或某一群体发挥着协调、整合、引领的重要作用，使得网络意见最终达成。长此以往，这些在网络意见达成过程中曾经发挥重要作用的个体或群体开始赢得网络大众的认可，在网络交往中能够影响网络空间话题讨论的走向，成为网络意见领袖。网络意见领袖大多为粉丝数量巨大的博主、群主等，具有较强的网络话语引导力。赢得网络话语权，需要充分发挥网络意见领袖的作用。当前，不同的领域活跃着各种类型的网络意见领袖。相比之下，我国网络意识形态领域的意见领袖比较少，而且引领作用发挥得不够充分。因此，我们需要将培育与使用结合起来，既要通过网络培训、道德教育、制度安排、政治动员、社会参与等方式培养一批讲政治、懂业务、技术精、品德高尚的网络意见领袖，又要在突发性公共事件发生时，网络意见领袖可以凭借其身份或信息上的优势在第一时间"发声"，抢夺舆论的制高点。与此同时，党员领导干部也需要提高网络应对能力。广大网民是人民群众的组成部分，人民群众上了网，社情民意也就上了网，各种矛盾和情绪也随之上了网。党员干部在网络世界也要学会走群众路线，提高把握网络舆情的能力。通过分类和归纳网络话语迅速捕捉重要信息、及时了解网民在想什么、有什么样的具体诉求、有哪些好的意见和建议，在网络聊天、微博留言、微信回复中答疑解惑，积极与网民进行话语互动和思想交流。

（二）创新教育话语场域

改革开放40多年的发展和中国特色社会主义市场经济的推进，在一定程度上推动了新时代青年群体向个性解放和性格独立发展。他们对社会事务有着自身的理解和独特的分析视角。因此，传统教育场域的话语体系已经无法满足他们的需求，创新和发展教育场域成为亟待解决的问题。

习近平在全国高校思想政治工作会议上指出，做好高校思想政治工作，要因事而化、因时而进、因势而新。现阶段，思想政治理论课的授课对象以00后为主，再过几年10后就会登场，并且10后将会随着时间的推进成为授课对象的主力。据调查，多数00后大学生表示对传统灌输式、说教式教学方法表示难以认同，尚且不能从对马克思主义理论的一般性、抽象性的认知转化为理性认同，从认同升华为信仰，再从信仰转化为自觉的行动，实现知、信、行的有机统一。

实现教育场域的转化的目的是实现由教材体系向教学体系转化、由知识体系向学生价值信仰体系转化。这不仅是当前思想政治理论课所探究的重点，更是推进马克思主义大众话语体系转化性建构的重中之重。要认真抓好课堂教学这一基本环节，既要在教学内容上下功夫，也要在教学形式上有所创新。努力做到内容饱满、形式活泼，切实提高课堂出勤率和抬头率，为马克思主义话语"入耳、入脑、入心、入行"打开通道，以实现"问题导向——学生探究——师生互动——'打靶式'精准讲解"的教学思路。这是促进马克思主义大众话语转化的关键所在。

作为教育场域里的教育工作者，应及时了解学生的思想动态，立足于青年群体实际分析问题、密切关注时事动态的视角，从广大学生关注度较高的网站、杂志、电视节目出发，寻找二者之间共同的话语资源和话语空间，增强理论工作者与青年学生间沟通和交流的机会与深度，创新交流平台和交流媒介，进一步拓展马克思主义大众话语体系转化性建构的现实话语场域。不断实现教育话语场域的创新发展内在地要求教育工作者应实现由权威式、独白式教学话语转向启发式、平等对话式话语，真正实现以学生为本位，由教学客体转变为教学主体的新模式。这样才能真正建立起师生平等、自由民主的教学氛围，实现教育话语场域的创新与发展，切实推动马克思主义大众话语体系的转化性建构。

（三）把握社会实践话语场域

马克思主义作为一种实践的科学，需要以丰富多彩的活动形式推进社会实践场域的不断发展。将马克思主义话语渗透于催人奋进的话语背景中，把马克思主义理论与社会实践结合起来，能够使人们有效地体悟马克思主义的科学真理性。

在具体的社会实践场域中，应加强对中国共产党革命精神的宣传，使广大人民群众能够更深切地体会到中国共产党"革命精神谱系"的价值，增强人们对马克思主义、中国特色社会主义的认同。例如，作为中国共产党革命精神之源的建党精神；中国共产党人实事求是地运用马克思主义，将其与中国革命的具体实际结合起来，开辟出农村包围城市、武装夺取政权的革命道路，铸就的井冈山精神；在万里长征路上不惧千难万险，不怕流血牺牲，孕育的长征精神；开展整风运动，进行批评与自我批评，产生的延安精神；解放战争时期形成的反映党群鱼水关系的"水乳交融、生死与共"的沂蒙精神；牢记"两个务必"，谦虚谨慎、不骄不躁，形成的西柏坡精神；新中国成立初期，培育形成的抗美援朝精神、大庆精神（铁人精神）、"两弹一星"精神、雷锋精神、焦裕禄精神等一系列新的革命精神；改革开放后，培育形成的创业精神、九八抗洪精神、抗击"非典"精神、载人航天精神、特区精神等新时期的革命精神。这些都是社会实践场域话语的重要范式和资源。

此外，马克思主义理论工作者还应合理利用社会实践场域来传播马克思主义，利用公共广场、公共传播媒介宣传马克思主义理论，宣传红色文化，不断构建马克思主义宣传教育的新阵地。在社会实践场域中，传播者可以利用饱含热情和昂扬斗志的话语来凝聚共识；传播者也可运用影视资源，通过电影、微视频等方式来宣传中国红色文化、新思想、新事迹；通过组织群众参观革命纪念馆，参与公益活动、志愿活动等，增强人民群众对社会主义事业的认同度，增强人民群众的社会责任感和荣誉感。以此，为马克思主义大众话语体系及其转化性建构营造广泛而生动的话语场域。

六、话语交往的多元转化

话语交往主要是指对话主体间的语言互动，主要表现为主体之间以知识体系为背景、以生活实践为依托，通过语言表达自己的意见、主张的过程。话语交往的顺利实现首先需要话语参与者具备相应的理论知识，具有对社会现实问题的思考和理解能力，这是话语交往的必备条件。其次，作为话语交往的参与者，还需具备与他人交往所应遵循的基本能力和规范，这样方能使交往顺利进行。最后，理想的话语交往模式需要双方在自由平等的条件下进行，这样才能更有利于表达自己的思想主张，使话语交往达到实效性和目的性。

"话语交往"源于哈贝马斯的"交往理性"。哈贝马斯认为，"交往理性概念的内涵最终可以还原为论证话语在不受强制的前提下达成共识这样一种核心经验，其中，不同的参与者克服掉了他们最初的那些纯粹主观的观念，同时，为了共同的合理信念而确立起了客观世界的同一性及其生活语境的主体间性"①。

因此，交往理性主要是指交往主体在交往过程和交往活动中能够表达出的具有有效性要求的命题，并进行有效的话语论证。同时，交往理性还要求论证的过程要排除一切动机、强制等因素的干扰，以追求更好的话语能力和语言理论基础。话语交往是人与人之间进行的一种极为复杂的社会行为，它不仅要分析谈话者双方的人际关系，还要研究话语之间的言语关系。就其本质而言，话语交往是指交往双方通过知识、信息、情感的沟通而达成彼此的共识，它以主体间情感沟通和融合为主要特征。对于交往的理解，从范式意义上来说，是指从哲学思维范式来理解交往问题。交往对于马克思主义大众话语体系及其转化性建构而言，并非仅仅是达成教育宣传的目的，更应具备更高层面的本体论意义。

一般而言，话语存在于所有理解和解释活动之中。马克思主义大众话语转化性建构关注的是主体间以什么样的话语方式进行对话和沟通，以便达到最佳交往效果。"话语不仅反映和描述社会实体与社会关系，话语还将建造或构成社会实体与关系；不同的话语以不同的方式构建各种至关重要的实体……并以不同的方式将人们置于社会主体地位。"②

---

① ［德］尤尔根·哈贝马斯：《交往行为理论》第 1 卷，曹卫东译，上海人民出版社 2005 年版，第 10 页。

② ［英］诺曼·费尔克拉夫：《话语与社会变迁》，殷晓蓉译，华夏出版社 2003 年版，第 3 页。

马克思主义大众话语体系所强调的交往方式是指交往主体与交往对象在进行教育交往和生活交往时所使用的话语表达方式。马克思主义大众话语体系的转化性建构是通过话语交往来实现的。要提高马克思主义大众话语体系的效果必须进行话语交往的转换，即由自上而下的话语交往向上下联动、民主平等的话语交往转化，由"命令式""任务式"话语交往向协商话语交往的转化，重视情感话语交往的广泛运用，更多体现人文关怀。

如何实现由自上而下的话语交往向上下联动、民主平等的话语交往转化？在马克思主义大众话语转化性建构的过程中，教育者与受教育者通过话语建立起一种交往关系，双方的交往是主体间的交往，而不是单向式、自上而下的交往。马克思主义大众话语的内化特征决定了马克思主义话语主导者不能以强制性的灌输方式来引导受众主体，而应充分尊重受众主体的个性特质，以平等自由的话语交往方式实现交往的价值。从主体的平等性来看，教育者与受教育者、教育者之间以及受教育者之间都具有主体价值的一致性。在交往的过程中，双方应以尊重差异、互相理解、双向互动为基本原则，以实现主体在情感认知上的共同性。由此，可以实现交往双方共同的价值取向。只有这样，才能使马克思主义大众话语体系所承载的内容为广大人民群众所接受、理解、认同，并最终内化于心、外化于行。

构筑上下互动的大众式话语交往是马克思主义大众话语体系体现自身承载价值的一个重要路径。在马克思主义大众话语体系转化性建构的过程中，宣传教育者和受教育者之间通过马克思主义大众话语及其体系建立起何种关系，其交往手段是否规范、交往内容是否科学将直接影响到其话语功能能否有效实现，进而关系到马克思主义大众话语体系的实效性。因此，必须关注二者之间的话语交往，以使双方通过互动达成彼此间的理解，以增强马克思主义大众话语传播的实效性。

在话语交往中，要注重协商话语的广泛应用。在话语互动中难免会产生各种各样的观点或看法，或存在与话语建构目的相一致的或是相抵触的话语。这就要求在话语交往中，力求避免使用"命令式""任务式"的话语，重视从倾听中发现共识，在强化共识中进一步搞好思想引导，使马克思主义理论在破旧立新中深入人心，不断推进马克思主义大众话语体系的建构。

在话语交往中，要重视情感话语的运用。情感是人对客观事物的一种心理认知，具有指导人的心理体验的作用。《心理学大辞典》认为：情感是人对客观事物是否满足自己的需要而产生的态度体验。情感与话语是密不可分的，它们是进行有效沟通交流的两个重要方面，始终伴随着整个交往过程。良好的情感是高质量话语输出的基本保障，为实现成功的话语交往打下坚实基础。同样地，话语也是带有情感和温度的。情感作为人与人沟通交流的重要手段，在马克思主义大众话语交往过程中具有重要的作用。情感交流的话语形式、话语交往中所体现的积极或消极的话语表述会对话语交往双方产生深刻的影响。因此，人与人之间真诚的交流、心与心的沟通都是达成马克思主义大众话语体系有效传播的重要手段。在话语交往中，真正融入真情实感、理论的认同感、积极向上的情感共鸣，对营造和谐的话语氛围具有重要的意义，也能够推动马克思主义和党的创新理论通过大众话语进行有效传播。此外，情感认同是观念认同、理论认同的基础，良好的情感有利于搭起人与人之间沟通的桥梁，使客体处于良好的接受状态。马克思主义大众话语体系及其转化性建构应重视寓情于理，将与内容匹配的情感话语有机融入马克思主义大众话语体系中，以调动受众者的内在情感，通过情感上的共鸣提高双方交流与沟通的有效性，最终达到增进思想认同的目的。

在话语交往中，要更多体现人文关怀。马克思主义的根本出发点和落脚点就是"现实的人的活动"。马克思从"现实的人"出发既深刻阐述了哲学问题又积极探讨了社会历史问题，从这一层面来讲，人文关怀即成为贯穿整个马克思主义的主旋律。因此，在马克思主义大众话语体系建构、转化和运用的过程中应更加注重人文关怀的作用。具体而言，话语交往中应针对不同群体层次、需求感受，关注群众的情感和个人生产、生活等多方面，以实现个人价值和社会价值的统一。在马克思主义大众话语体系转化性建构的进程中，要明确受众群体的需求，以和气的语气、接地气的话语表达为基础，在政治上、精神上、生活上、工作上给予受众以人文关怀，从而使人民大众更易于接受马克思主义理论。

七、话语逻辑的换位转化

就其内涵而言，"话语"主要是指人们说出来的语言，包括语言的内容、表达方式和社会反响。而话语逻辑主要是指反映说话人、文本、语境等构成的系统逻辑，它的运用能够具体折射社会语境中人与人沟通的语言行为和语言习惯。但话语逻辑的运用要受到时代变化、实践场域和文化传统等因素的影响，往往具有时代特色、理论特色、实践特色和民族特色。马克思主义产生于19世纪中叶资本主义兴盛发展之时的欧洲大陆，在扬弃资本主义及既往人类文明发展成果的基础上逐步形成了完备的理论体系和话语体系。半个多世纪之后，马克思主义这一科学理论传入东方中国，第一位的任务就是实现其理论体系和话语体系的本土化、时代化、大众化。由此可知，马克思主义大众话语体系需要以中国人民的话语习惯言说其理论内容。这样才能变抽象为具体、变深奥为通俗，才能获得广大人民群众的认同和支持，从而不断增强理论和话语的自洽、自觉和自信。因此，为实现马克思主义大众话语体系的转化性建构，应以话语逻辑的转化为基本点，实现言说内容与言说方式的内在统一。

推进马克思主义大众话语体系的转化性建构，必须高度重视这一理论体系大众化过程中话语逻辑的转化和创新。话语逻辑的转化，主要是实现由"精英话语逻辑"向"大众话语逻辑"的转变，实现由"学理性话语逻辑"向"通识性话语逻辑"的转变。

积极推动由"精英话语逻辑"向"大众话语逻辑"的转变。就目前而言，在马克思主义中国化时代化大众化的过程中，主要以"精英话语逻辑"为主导，即关注的多为"学术概念、哲学范畴、政治术语"。从学理维度来看，中国化的马克思主义的话语逻辑的发展，主要以凸显马克思、恩格斯所创立的科学社会主义基本原则为主，为人的自由而全面发展提供了"理想蓝图"。然而，这种"精英话语逻辑"多晦涩难懂、要求具有较高的哲学思辨思维，而阻塞了人民群众接触马克思主义理论的话语道路，从而使马克思主义受众群体主要集中于"精英阶层"。因此，在马克思主义大众话语体系的转化性建构中，应不断实现话语逻辑的转变，即融鲜明的中国特色、时代特色、大众特色为一体的话语逻辑。这种话语逻辑的建立大大提高了人民群众参与马克思主义理论与实践的程度，有利于人民群众对马克思主义的认知、认同和信仰。

努力实现由"学理性话语逻辑"向"通识性话语逻辑"的转变。学理性是从事马克思主义理论研究的重要特征之一，其主要表现为对马克思主义所涉及的概念、理论进行研究。这种纯粹的学理性研究着重检验内涵抽象且深刻的观点。这种学理性话语逻辑的建立主要是马克思主义理论工作者根据学科发展的需要对马克思主义理论的人文性、创新性、系统性、前瞻性等问题进行理论研究和话语阐述。这种话语逻辑的产生多为理论建设的需要。而马克思主义话语体系的建构及其运用发展必须紧密围绕"人"这一根本，才能使马克思主义及其话语具有强大的生命力和吸引力，才能在话语体系的普及和宣传中持续获得认同。因此，逐步构建"通识性话语逻辑"以实现马克思主义话语逻辑的大众化创新发展的内在要求为：始终保持科学社会主义的现实性要求和理想性意图之间的适度张力，体现马克思主义的真理性、科学性，也要符合人民群众自由全面发展的实际需要，利用真理的力量以引导广大人民群众的思想和行为，在话语逻辑发展中持续提升人民群众对马克思主义的价值认同度。

结　语：

让马克思主义"飞入寻常百姓家"

实践告诉我们，中国共产党为什么能，中国特色社会主义为什么好，归根到底是马克思主义行，是中国化时代化的马克思主义行。拥有马克思主义科学理论指导是我们党坚定信仰信念、把握历史主动的根本所在。在"两个大局"加速演进并深度互动的时代背景下，人类社会面临许多亟待解决的共同问题，我国改革发展稳定、内政外交国防、治党治国治军等各个领域也都面临着一系列新的重大课题，中国之问、世界之问、人民之问、时代之问给我们提出的新考题比过去更复杂、更难，迫切需要我们从理论与实践的结合上提交答案。

马克思主义理论是彻底的，所以它能说服人并为人民群众所掌握。马克思主义的"彻底"主要体现在科学性、开放性、实践性和人民性上。马克思主义具有人民性的根本属性，马克思主义来源于人民群众，一刻也离不开人民群众。作为"彻底"的理论，马克思主义要"说服"，就要借助话语这一重要的承载形式。因此，在 2018 年全国宣传思想工作会议上，习近平强调：要加强传播手段和话语方式创新，让党的创新理论"飞入寻常百姓家"。由此可知，话语及话语体系的创新性建设是党的创新理论"飞入寻常百姓家"，从而推动马克思主义中国化时代化大众化的关键。

我们从话语（体系）的视角研究马克思主义与人民群众之间的关系问题，

借助日益崛起的大众话语，在继承原有话语体系的基础上，重点突出"转化"思维，建构一套全新的马克思主义大众话语体系，实现马克思主义掌握人民群众与人民群众掌握马克思主义的辩证统一，不断扩大马克思主义话语权的群众基础，让马克思主义理论"飞入寻常百姓家"。

我们提出"马克思主义大众话语体系"的概念，那么何为马克思主义大众话语体系？马克思主义大众话语体系突出大众元素、反映大众生活、契合大众心灵、符合大众思维，为人民"代言"，具有鲜明大众化特色。一是为民的话语立场：为人民群众说话。为人民群众说话是马克思主义大众话语体系的根本话语立场，也是马克思主义大众话语体系不断发展的内在生长动力。二是通俗的话语内容：说人民群众的话。马克思主义大众话语体系始终围绕民生展开，积极回应百姓关注，社会热点话题就是主要的话语内容。三是大众的话语方式：以人民群众的方式说话。马克思主义大众话语体系将党言党语、群言群语、网言网语深度融合，让群众听得进、记得住、能领会、说得出、可落实、用得上，把抽象理论体系转化为有血有肉的人民群众熟悉的话语体系。四是多元的话语来源：向人民群众学说话。马克思主义大众话语体系尊重人民群众的首创精神，坚持人民群众在话语创造中的主体地位，植根于人民群众深厚肥沃的话语土壤。质言之，马克思主义方向、人民群众底色、时代最强音的有机统一是马克思主义大众话语体系的三个基点。马克思主义大众话语体系植根于马克思主义话语体系乃至中国话语体系之中，是马克思主义话语体系的具体化和时代化，是一套讲得明、听得懂、学得会的话语体系。马克思主义大众话语体系一头连着马克思主义这一科学理论，另一头连着广大的人民群众，天然成为马克思主义与大众间的最佳桥梁，具有使马克思主义掌握大众及使大众掌握马克思主义的双重功效。

我们主张"用马克思主义大众话语体系克服马克思主义'失语'"的观点，马克思主义作为党的指导思想，牢牢掌握着意识形态话语权。然而，特定场域中的马克思主义话语弱化甚至失语的现象依然存在，尤其是马克思主义话语在大众生活中逐步淡化、僵化、边缘化及大众对马克思主义话语逐渐疏远、漠视、拒斥，值得警惕。一是思想领域，新自由主义、历史虚无主义、

"宪政改制"等思潮泛滥，"淡马""化马"甚至"反马"倾向依然存在；二是政治领域，官话、套话、空话、假话日趋增多，领导干部"雷语"、乱语、失语时有发生；三是学术领域，否认马克思主义及其理论研究的科学性，出现"概念漂浮"和"话语空转"现象；四是日常生活领域，部分群体对马克思主义漠视、嘲笑甚至抛弃；五是主体领域，马克思主义信仰者和研究者出现思想迷茫、内心动摇，表现出不自信言行。特定场域中的马克思主义话语弱化的实质是社会主义意识形态话语权的边缘化甚至局部失守。话语由人民创造，理应回归大众，大众是马克思主义话语及其体系的主体。来源于大众的话语及话语体系以其通俗、简练、直接等先天优势，迅速为马克思主义者所掌握，成为马克思主义转化为群众力量的话语武器，凝聚起最广大的群体性力量，去认识世界和改造世界。因此，必须用马克思主义大众话语体系克服马克思主义的话语弱化问题，甚至是失语问题。在系统论的哲学视域下，马克思主义大众话语体系的转化性建构有三个方面的理论逻辑层次。一是政治话语、学术话语、传统话语、生活话语、网络话语、国际话语向大众话语的微观转化。二是原有马克思主义话语体系向马克思主义大众话语体系的中观转化。三是鲜活的实践发展向马克思主义大众话语体系的宏观转化。

我们梳理了马克思主义大众话语体系的历史演进，马克思主义大众话语体系历史演进的逻辑前提是话语主体和话语客体统一于人民大众。一是面向"全世界无产者"的马克思主义大众话语体系。马克思主义大众话语体系具有深厚的发生基础和理论渊源，马克思、恩格斯从创立马克思主义学说伊始就非常重视大众话语在传播、宣传科学理论中的重要作用，奠定了马克思主义大众话语体系的总基调。二是组织"千百万劳动群众"的马克思主义大众话语体系。马克思主义大众话语体系的发生渊源是马克思、恩格斯在创立马克思主义时"全世界无产者联合起来"的呐喊，也是列宁组织"千百万劳动群众"进行革命实践的话语需要。三是推翻"三座大山"、解放"劳苦大众"的马克思主义大众话语体系。马克思主义大众话语体系在中国第一阶段的构建紧紧围绕"革命"的时代主题和"劳苦大众"的话语主体，回答了"什么是革命？谁来革命？革谁的命？怎样革命？"这一系列关于革命的基本问题。

四是"满足人民群众日益增长的物质文化需要"的马克思主义大众话语体系。把握"什么是社会主义，怎样建设社会主义"的话语主旋律，围绕"人民群众日益增长的物质文化需要与落后的社会生产之间的矛盾"这一重大判断，以"解放思想""实事求是""共同富裕"为主要的话语内容，打造符合时代要求的马克思主义大众话语体系，实现了马克思主义大众话语体系由解放大众到发展大众的时代嬗变。五是"代表最广大人民根本利益"的马克思主义大众话语体系。"三个代表"重要思想成为马克思主义新的中心话语，引领马克思主义大众话语体系的发展方向。特别是"代表最广大人民的根本利益"所突出强调的"最广大人民"的中心地位，使其成为新的时代条件下构筑马克思主义大众话语体系的题中应有之义。六是"以人为本"的马克思主义大众话语体系。为破解新世纪新发展的时代课题，围绕"实现什么样的发展，怎样实现发展"的核心话语，新世纪的马克思主义大众话语体系在探索中不断丰富和发展。七是"以人民为中心"的新时代马克思主义大众话语体系。坚持以人民为中心是长期的、根本的、全方位的发展思想，使得坚持以人民为中心成为马克思主义大众话语体系发展的思想灵魂，而马克思主义大众话语体系则成为以人民为中心的发展思想名副其实的话语承载。纵观马克思主义大众话语体系漫长的历史演进过程，由唤醒大众、解放大众到发展大众，再由服务大众、关注大众到引领大众的两次升级和飞跃。其中，最基本的前提是把握时代发展的主题，最主要的经验是突出"大众"的中心地位，最基本的话语范式是紧紧围绕"谁在说话，为谁说话，说什么话，怎样说话"这一根本问题，最重要的逻辑是实现群众路线与话语体系、历史与现实、内容与形式、继承与发展的统一，用大众话语唤醒大众、解放大众、服务大众、引领大众。

我们阐释"马克思主义大众话语体系转化性建构"的学理支撑，从话语体系建设的角度而言，从马克思主义传入中国开始，转化性思维就伴随着马克思主义中国化时代化大众化的整个过程。将马克思主义大众化的主体性价值诉求付诸话语体系，使其具备明确的马克思主义属性和大众化使命。只有这样，话语体系在达到马克思主义大众化这一预期结果上实现了结构与功能、工具与价值的统一。系统论的基本观点、主要原理为马克思主义大众话语体系内涵的把握理解、外延的准确界定及转化性建构，提供了哲学基础和基本的理论支撑。在建构原则上，坚持党性与人民性相统一、继承性与创新性相统一、层次性与系统性相统一、科学性与开放性相统一。在要素分析上，注重将大众话语的崛起、政治话语的方向、学术话语的理性、传统话语的底蕴、生活话语的纯真、网络话语的新颖、国际话语的启示有机统一。在逻辑转化上，既有政治话语、学术话语、传统话语、生活话语、网络话语、国际话语向大众话语的微观转化，又有原有马克思主义话语体系向马克思主义大众话语体系的中观转化，还有实践发展向马克思主义大众话语体系的宏观转化。

我们探索"马克思主义大众话语体系转化性建构"的实践路径，从方法论意义上考虑，马克思主义大众话语体系的转化性建构就是通过话语体系的系统性转化创新，保证马克思主义理论通过大众话语体系实现在社会生活中的鲜活生命力，从而"飞入寻常百姓家"。第一，话语内容的分类转化：依据大众关切的程度和现实发展状况，将话语内容划分等级，对高、中、低关注度的话语内容等加以区别认识和转化，贯穿时代要求、实践要求和群众要求；第二，话语主体的统一转化：回归话语人民性的本质，实现人民群众主客体话语地位的统一，由党政机关主导话语的一家独大转化为大众参与培育固定、多元、复合的话语主体；第三，话语对象的分众转化：根据党员领导干部、知识分子、青年学生、普通民众等不同话语对象的自身定位和接受能力，施以不同层次的马克思主义话语；第四，话语方式的多样转化：由抽象、僵化、统一的文件式、讲话式、教科书式转向通俗、具体、生动的时代承载形式，在多样、生动、创新中实现口头话语、书面话语和行为话语的良性互动；第五，话语场域的开放转化：打破僵化单一的话语场域，打造生活化、碎片化、海量化的话语环境；第六，话语交往的多元转化：加强不同话语系统的交流，积极吸收传统话语、对外话语、西方话语的精华，保持马克思主义话语的强劲生命力；第七，话语习惯的换位转化：将从"理论出发"的话语习惯转换为从"群众出发"的话语习惯，实现话语的马克思主义基调与群众底色的内在统一；第八，话语逻辑的互动转化：重温话语"从群众中来，到群众中去"的逻辑准则，将"自上而下"的话语逻辑改变为"上下互动"的新型话语逻辑，兼顾不同群体、不同阶段、不同领域的利益诉求。

诚然，本课题研究成果在取得良好研究效果的同时，也存在一定的不足和欠缺，尤其是有些问题仍需深入研究。一是多学科理论运用得不够。尽管在课题研究的过程中兼顾多学科应用和吸收，但不均衡现象的确存在，如较多地使用了马克思主义、哲学、政治学、历史学等学科的基本理论，对传播学等学科的理论借鉴不够。二是现有研究成果直接转化为实践应用的可操作性有待加强。本课题研究始终秉持问题导向，将理论研究与实践发展紧密结合，来探寻事物发展的规律性，但当前的研究成果在直接转化为实践应用的可操作性上需要进一步加强。除此之外，诸如"习近平大众话语体系"的提炼、概括和研究，"马克思主义大众话语体系的指标体系"的建设、应用与反馈等，都是尚需深入研究的重要问题，也是此项学术研究的下一个生长点。

主 要 参 考 文 献

一、文献

[1]《马克思恩格斯选集》，人民出版社 2012 年版。

[2]《马克思恩格斯文集》，人民出版社 2009 年版。

[3]《孙中山全集》第 2、9 卷，中华书局 2006 年版。

[4]《列宁专题文集》，人民出版社 2009 年版。

[5]《毛泽东选集》，人民出版社 1991 年版。

[6]《毛泽东年谱（1893—1949)》，人民出版社、中央文献出版社 1993 年版。

[7]《毛泽东年谱（1949—1976)》，中央文献出版社 2013 年版。

[8]《毛泽东著作选读》，人民出版社 1986 年版。

[9]《建国以来毛泽东文稿》，中央文献出版社 1987 年版。

[10]《毛泽东外交文选》，中央文献出版社、世界知识出版社 1994 年版。

[11]《毛泽东军事文集》，军事科学出版社、中央文献出版社 1993 年版。

[12]《毛泽东书信选集》，中央文献出版社 2003 年版。

[13]《毛泽东早期文稿（1912.6—1920.11)》，湖南人民出版社 2008 年版。

[14]《周恩来选集》，人民出版社 1984 年版。

[15]《周恩来年谱（修订本)》，中央文献出版社 1989 年版。

[16]《周恩来军事文选》，人民出版社 1997 年版。

[17]《刘少奇选集》上卷，人民出版社 1981 年版。

[18]《刘少奇年谱（1898—1969)》，中央文献出版社 1996 年版。

[19]《建国以来刘少奇文稿》，中央文献出版社 2005 年版。

[20]《邓小平文选》第 1、2 卷，人民出版社 1994 年版。

[21]《邓小平文选》第 3 卷，人民出版社 1993 年版。

[22]《李大钊全集》第2、3、4卷，人民出版社2013年版。

[23]《陈独秀文集》第1、2卷，人民出版社2013年版。

[24]《蔡和森文集》，人民出版社2013年版。

[25]《张闻天文集》，中共党史出版社2012年版。

[26]《恽代英文集》，人民出版社1984年版。

[27]《谢觉哉文集》，人民出版社1989年版。

[28]《邓小平年谱》，中央文献出版社2004年版。

[29]《江泽民文选》，人民出版社2006年版。

[30]《江泽民论加强和改进执政党建设（专题摘编)》，中央文献出版社、研究出版社2004年版。

[31]《江泽民论有中国特色社会主义（专题摘编)》，中央文献出版社2002年版。

[32]《胡锦涛文选》，人民出版社2016年版。

[33] 中共中央文献研究室编：《科学发展观重要论述摘编》，中央文献出版社、党建读物出版社2008年版。

[34] 习近平：《决胜全面建成小康社会　夺取新时代中国特色社会主义伟大胜利》，人民出版社2017年版。

[35] 习近平：《论坚持推动构建人类命运共同体》，中央文献出版社2018年版。

[36]《习近平谈治国理政》第1—4卷，外文出版社2018、2017、2020、2022年版。

[37] 习近平：《干在实处　走在前列：推进浙江新发展的思考与实践》，中共中央党校出版社2006年版。

[38] 习近平：《之江新语》，浙江人民出版社2007年版。

[39]《习近平新时代中国特色社会主义思想三十讲》，学习出版社2018年版。

[40]《习近平新时代中国特色社会主义思想学习纲要》，学习出版社、人民出版社2019年版。

二、资料

[1]中共中央书记处编：《六大以来——党内秘密文件》，人民出版社1981年版。

[2]《关于建国以来党的若干历史问题的决议(注释本)》，人民出版社1983年版。

[3]《三中全会以来重要文献选编》，人民出版社1982年版。

[4] 中央档案馆编：《中共中央文件选集》第1、2、4册，中共中央党校出版社1989年版。

[5] 中央档案馆编：《中共中央文件选集》第18册，中共中央党校出版社1992年版。

[6]《建国以来重要文献选编》第1、2、3卷，中央文献出版社1992年版。

[7]《建国以来重要文献选编》第11卷，中央文献出版社1995年版。

[8]《建国以来重要文献选编》第 12、13 卷，中央文献出版社 1996 年版。

[9]《建国以来重要文献选编》第 14、15、16、17 卷，中央文献出版社 1997 年版。

[10]《建国以来重要文献选编》第 18、19、20 卷，中央文献出版社 1998 年版。

[11]《十二大以来重要文献选编》上、中，人民出版社 1986 年版。

[12]《十二大以来重要文献选编》下，人民出版社 1988 年版。

[13]《十三大以来重要文献选编》上、中，人民出版社 1991 年版。

[14]《十三大以来重要文献选编》下，人民出版社 1993 年版。

[15]《十四大以来重要文献选编》上，人民出版社 1996 年版。

[16]《十四大以来重要文献选编》中，人民出版社 1997 年版。

[17]《十四大以来重要文献选编》下，人民出版社 1999 年版。

[18]《十五大以来重要文献选编》上，人民出版社 2000 年版。

[19]《十五大以来重要文献选编》中，人民出版社 2001 年版。

[20]《十五大以来重要文献选编》下，人民出版社 2003 年版。

[21]《十六大以来重要文献选编》上，中央文献出版社 2005 年版。

[22]《十六大以来重要文献选编》中，中央文献出版社 2006 年版。

[23]《十六大以来重要文献选编》下，中央文献出版社 2008 年版。

[24]《十七大以来重要文献选编》上，中央文献出版社 2011 年版。

[25]《十七大以来重要文献选编》中，中央文献出版社 2011 年版。

[26]《十七大以来重要文献选编》下，中央文献出版社 2013 年版。

[27]《十八大以来重要文献选编》上，中央文献出版社 2014 年版。

[28]《十八大以来重要文献选编》中，中央文献出版社 2016 年版。

[29]《十八大以来重要文献选编》下，中央文献出版社 2018 年版。

[30]《蔡元培全集》第 3 卷，中华书局 1989 年版。

[31]《毛泽东邓小平江泽民论青少年和青少年工作》，中国青年出版社、中央文献出版社 2003 年版。

[32] 中共中央宣传部理论局：《六个"为什么"——对几个重大问题的回答》，学习出版社 2009 年版。

[33]《中共中央关于加强和改进新形势下党的建设若干重大问题的决定》，人民出版社 2009 年版。

[34]《中国共产党第十七届中央委员会第四次全体会议公报》，《人民日报》2009 年 9 月 19 日。

[35]《共青团中央关于进一步加强和改进大学生思想政治教育的实施意见》，人民出版社 2001 年版。

[36] 中共中央宣传部宣传教育局、教育部社会科学研究与思想政治工作司、共青团中央学校部组编：《加强和改进大学生思想政治教育文件选编》，中国人民大学出版社 2005 年版。

[37] 张允候、殷叙彝、洪清祥、王云开：《五四时期的社团》第1—4册，生活·读书·新知三联书店1979年版。

[38] 萧超然、沙健孙、梁柱、周承恩、杨文娴编著：《北京大学校史（一八九八——九四九）》增订本，北京大学出版社1988年版。

三、著作

[1]《艾思奇文集》第2卷，人民出版社1983年版。

[2] 俞吾金：《意识形态论》，人民出版社2009年版。

[3] 钱学森等：《论系统工程》，湖南科学技术出版社1982年版。

[4] 李喜先等：《科学系统论》，科学出版社2005年版。

[5]魏宏森、曾国屏：《系统论——系统科学哲学》，清华大学出版社1995年版。

[6] 张世欣：《思想教育规律论》，浙江大学出版社2008年版。

[7] 韩庆祥：《中国特色社会主义基本原理——中国话语体系研究》，高等教育出版社2015年版。

[8] 郭湛：《主体性哲学——人的存在及其意义》，云南人民出版社2002年版。

[9] 董耀鹏：《人的主体性初探》，北京图书馆出版社1996年版。

[10] 陈锡喜：《马克思主义：意识形态和话语体系》，华东师范大学出版社2011年版。

[11] 吴雁南等主编：《中国近代社会思潮》，湖南教育出版社1998年版。

[12] 李宝艳、叶飞霞：《中国特色社会主义文化建设问题研究》，厦门大学出版社2013年版。

[13] 刘维兰：《马克思主义大众化实现路径研究》，中国社会科学出版社2015年版。

[14] 柳望望：《当代中国马克思主义大众化的意义及实现方式研究》，武汉大学出版社2017年版。

[15] 李水金：《中国公民话语权研究》，吉林人民出版社2009年版。

[16] 刘志辉：《平易近人——习近平的语言力量（军事卷)》，上海交通大学出版社2018年版。

[17] 陈锡喜：《平易近人——习近平的语言力量》，上海交通大学出版社2018年版。

[18] 人民日报评论部：《习近平用典》第一、二辑，人民日报出版社2018年版。

[19] 人民日报评论部：《习近平讲故事》，人民出版社2017年版。

[20]人民日报评论部：《平语近人：习近平总书记用典》，人民出版社2019年版。

[21] 吴汉全：《话语体系初论》，人民出版社2020年版。

[22] 邓伯军：《马克思主义中国化话语体系的方法论研究》，人民出版社2020

年版。

　　［23］施旭：《当代中国话语研究》，浙江大学出版社 2009 年版。

　　［24］严锋：《现代话语》，山东友谊出版社 2005 年版。

　　［25］张一兵：《回到马克思：经济学语境中的哲学话语》，江苏人民出版社 1999 年版。

　　［26］［奥］L. 贝塔兰菲：《一般系统论》，秋同、袁嘉新译，社会科学文献出版社 1987 年版。

　　［27］［瑞］费尔迪南·德·索绪尔：《普通语言学教程》，高明凯译，商务印书馆 1980 年版。

　　［28］［德］尤尔根·哈贝马斯：《现代性的哲学话语》，曹卫东译，译林出版社 2004 年版。

　　［29］［德］尤尔根·哈贝马斯：《交往行为理论》第 1 卷，曹卫东译，上海人民出版社 2005 年版。

　　［30］［古希腊］亚里士多德：《论自然机能》，群众出版社 1997 年版。

　　［31］［美］本杰明·沃尔夫：《论语言、思维和现实——沃尔夫文集》，高一虹译，湖南教育出版社 2001 年版。

　　［32］［英］罗杰·迪金森：《受众研究读本》，单波译，华夏出版社 2006 年版。

　　［33］［丹麦］奥托·叶斯柏森：《叶斯柏森语言学选集》，叶绍曾译，湖南教育出版社 2006 年版。

　　［34］［美］路德维希·冯·贝塔朗菲：《一般系统论：基础、发展和应用》，林康义、魏宏森等译，清华大学出版社 1987 年版。

　　［35］［英］诺曼·费尔克拉夫：《话语与社会变迁》，殷晓蓉译，华夏出版社 2003 年版。

　　［36］［奥］露丝·沃达克：《话语、政治、日常生活》，黄敏、田海龙译，浙江大学出版社 2019 年版。

　　［37］［英］韩礼德：《语言与社会》，苗兴伟等译，北京大学出版社 2015 年版。

　　［38］Adrian Chan: *Chinese Marxism*, New York:Continuum, 2013.

　　［39］Willam.N.Loucks, J.Weldon.Hoot:*Comparative economic systems:capitalism, communism, socialism, fascism, cooperation*，New York:Harper & brothers printed in the United States of America, 1938.

　　［40］Gadamer, H.G.:*Truth and Method*，London: Sheed and Ward Ltd, 1975.

四、论文

　　［1］曾令辉、陈敏：《论马克思主义大众话语主导权建设》，《马克思主义研究》2017 年第 4 期。

[2] 秦龙、肖唤元:《马克思主义意识形态话语权的大众化》,《理论探索》2015年第2期。

[3] 肖唤元、秦龙:《论马克思主义意识形态的大众话语方式建构》,《广西社会科学》2015年第7期。

[4] 肖唤元、秦龙:《主流意识形态大众话语方式建构的三重维度》,《理论导刊》2015年第8期。

[5] 焦垣生、王哲:《能指密室中马克思主义大众化的语符体系创新路径研究》,《湖南社会科学》2016年第1期。

[6] 王丹丹:《马克思主义大众化面临的话语难题及消解》,《当代世界与社会主义》2015年第6期。

[7] 吴荣生:《大众话语:提升马克思主义话语权的新维度》,《理论学刊》2016年第3期。

[8] 刘燕平、陆恒:《马克思主义话语权的巩固与提升》,《人民论坛》2018年第2期。

[9] 李忠杰:《提高中国话语体系的科学化大众化国际化水平》,《人民论坛》2021年第12期。

[10] 吴荣生:《马克思主义大众话语体系的历史演进》,《中共中央党校(国家行政学院)学报》2019年第2期。

[11] 李凯、亓光勇:《新时代马克思主义大众化的实现路径探究——以〈共产党宣言〉为文本视域》,《安庆师范大学学报(社会科学版)》2019年第2期。

[12] 姜宁宁、王娟:《新时代马克思主义大众化传播模式创新思考》,《课程教育研究》2019年第15期。

[13] 路媛:《新时代马克思主义大众化:目标、动力与路径——学习习近平关于马克思主义大众化的重要论述》,《社会主义研究》2019年第2期。

[14] 葛学彬、范征、李松林:《网络传播学视角下马克思主义大众化传播主体系统研究》,《理论导刊》2018年第1期。

[15]李振华、邹欣:《马克思主义大众化路径:面向日常生活》,《重庆社会科学》2018年第1期。

[16] 董馨:《新时代马克思主义大众化传播路径选择》,《重庆社会科学》2018年第2期。

[17] 刘康:《"互联网+"时代马克思主义大众化的精准传播策略探析》,《理论月刊》2018年第3期。

[18] 张华春、季璟:《新时代我国农村马克思主义大众化路径研究》,《宜宾学院学报》2018年第3期。

[19] 刘国强:《李大钊与马克思主义大众化的早期实践》,《史学月刊》2018年第8期。

[20] 郝丹梅:《延安时期马克思主义大众化有效性的经验启示》,《学习论坛》2018 年第 8 期。

[21] 王员、罗奇清:《〈红色中华〉与马克思主义大众化研究论纲》,《江西师范大学学报（哲学社会科学版）》2018 年第 4 期。

[22] 巩建青、乔耀章:《从"化大众"到"大众化":马克思主义大众化的二阶性——兼论习近平新时代中国特色社会主义思想大众化的路径转向》,《广西社会科学》2018 年第 7 期。

[23] 刘明明:《马克思主义大众化的群体差异性》,《思想理论教育导刊》2018 年第 8 期。

[24] 熊英、吴朝文、唐笑:《基于大数据思维方法的高校马克思主义大众化进程调查研究》,《教育与教学研究》2018 年第 8 期。

[25] 马福运、张聪聪:《浅析大数据在马克思主义大众化中的应用》,《毛泽东邓小平理论研究》2018 年第 9 期。

[26] 卢刚、王永磊:《推进马克思主义大众化》,《红旗文稿》2018 年第 19 期。

[27] 李威娜:《深入理解"马克思主义大众化"内涵的三重视角》,《思想理论教育导刊》2016 年第 11 期。

[28] 马福运、高静毅:《思想政治理论课马克思主义大众化功能的提升路径分析》,《思想理论教育导刊》2017 年第 1 期。

[29] 陈德祥:《话语理论视域下的当代中国马克思主义大众化研究》,《教学与研究》2017 年第 2 期。

[30] 葛学彬、李松林:《新媒体视角下马克思主义大众化传播现实困境与机制建设探究》,《理论月刊》2017 年第 4 期。

[31] 高奇、牟杰:《马克思主义大众化融入文化建设的四重动力系统分析》,《理论学刊》2017 年第 3 期。

[32] 孟轲、聂立清:《试论当代中国马克思主义大众化"三大体系"建构》,《河南师范大学学报（哲学社会科学版）》2017 年第 3 期。

[33] 高奇、周向军、史衍朋:《马克思主义大众化的十四个原则》,《当代世界与社会主义》2011 年第 1 期。

[34] 周中之:《当代中国马克思主义大众化面临的新课题及其实现的路径》,《上海师范大学学报（哲学社会科学版）》2011 年第 2 期。

[35] 徐剑雄:《传统文化与马克思主义大众化的文化路径》,《毛泽东邓小平理论研究》2011 年第 4 期。

[36] 王恒兵:《当代中国马克思主义大众化研究现状及问题分析》,《当代世界与社会主义》2011 年第 2 期。

[37] 段海超、元林:《论马克思主义大众化网络传播》,《高校理论战线》2011 年第 6 期。

[38] 秦宣：《问题与对策：提高马克思主义大众化的实效》，《思想理论教育导刊》2011 年第 5 期。

[39] 李红军：《十七大以来当代中国马克思主义大众化研究述评》，《思想理论教育导刊》2011 年第 6 期。

[40] 中共江苏省委宣传部课题组、刘德海、王建润：《马克思主义大众化的科学内涵、历史经验及其当代实践路径》，《南京大学学报（哲学人文社会科学版）》2011 年第 4 期。

[41] 李辉、罗佳：《当代中国马克思主义大众化的文化维度》，《马克思主义与现实》2011 年第 5 期。

[42] 吕治国：《略论新媒体环境下马克思主义大众化的传播路径》，《思想理论教育导刊》2011 年第 9 期。

[43] 王璜、周建超：《试析马克思主义大众化传播的几个要素》，《毛泽东邓小平理论研究》2011 年第 11 期。

[44] 平章起、宁静：《当代中国马克思主义大众化的实践基础和基本经验研究》，《思想政治教育研究》2010 年第 1 期。

[45] 丁俊萍、徐信华：《在探索中推进当代中国马克思主义大众化——近年来马克思主义大众化研究述评》，《学习与实践》2010 年第 3 期。

[46] 黄蓉生、白显良：《马克思主义大众化与大学生社会主义核心价值体系教育》，《马克思主义研究》2010 年第 2 期。

[47] 谢加书：《日常生活理论视阈下的马克思主义大众化传播》，《教学与研究》2010 年第 5 期。

[48] 林国标：《马克思主义大众化的基本范式及其演变》，《中共中央党校学报》2010 年第 3 期。

[49] 侯松涛：《十年内战时期马克思主义大众化及其启示》，《马克思主义研究》2010 年第 5 期。

[50] 杨谦、杨文圣：《当代中国马克思主义大众化的基本经验》，《马克思主义与现实》2010 年第 4 期。

[51] 张雷声：《从整体性角度推进马克思主义大众化》，《学术界》2010 年第 6 期。

[52] 王永贵：《意识形态领域新挑战与马克思主义大众化》，《当代世界与社会主义》2010 年第 6 期。

[53] 熊建生、张振华：《马克思主义大众化的价值意蕴探析》，《思想理论教育导刊》2010 年第 12 期。

[54] 王国敏、薛一飞：《当代中国马克思主义大众化——由基本特征到理论路径的思考》，《西南民族大学学报（人文社会科学版）》2008 年第 11 期。

[55] 左伟清、刘尚明：《论"当代中国马克思主义大众化"》，《中国特色社会主义研究》2008 年第 1 期。

[56] 陈方刘、田辉:《论马克思主义大众化》,《云南社会科学》2008 年第 2 期。

[57] 赵勇:《马克思主义大众化及其实现路径》,《思想理论教育》2008 年第 7 期。

[58] 侯惠勤:《意识形态话语权初探》,《马克思主义研究》2014 年第 6 期。

[59] 邵军:《从客体角度解读"推动当代中国马克思主义大众化"》,《当代世界与社会主义》2008 年第 2 期。

[60] 秦宣:《中国特色学术话语体系构建思路》,《人民论坛:学术前沿》2012 年第 9 期。

[61] 曾令辉、丁莉、吕丹:《论当代中国马克思主义大众化内涵及其价值》,《广西师范学院学报(哲学社会科学版)》2008 年第 2 期。

[62] 孙熙国:《马克思主义大众化的三个重要环节》,《思想教育研究》2008 年第 10 期。

[63] 范丹卉:《从五四新文化看当代中国马克思主义大众化》,《毛泽东思想研究》2009 年第 1 期。

[64] 唐莉:《信息化视域中的马克思主义大众化策略》,《毛泽东邓小平理论研究》2009 年第 2 期。

[65] 杨宏庭:《中国马克思主义大众化基本经验初探》,《甘肃社会科学》2009 年第 2 期。

[66] 罗会德:《马克思主义大众化的时代诉求与路径选择》,《中共天津市委党校学报》2009 年第 2 期。

[67] 王国炎:《当代中国马克思主义大众化的实践路径探析》,《马克思主义研究》2009 年第 3 期。

[68] 孙熙国、路克利:《马克思主义大众化的两个基本前提和两条实现路径》,《马克思主义研究》2009 年第 2 期。

[69] 肖贵清:《中国模式研究的马克思主义话语体系》,《南京大学学报》2011 年第 3 期。

[70] 高乃云:《论马克思主义大众化及其路径选择》,《理论导刊》2009 年第 7 期。

[71] 邓国峰:《网络传媒时代马克思主义大众化的若干问题》,《学术论坛》2009 年第 6 期。

[72] 周奇志:《当代中国马克思主义大众化研究综述》,《当代世界与社会主义》2009 年第 4 期。

[73] 李冉:《当代中国马克思主义大众化实现路径探析》,《毛泽东邓小平理论研究》2009 年第 7 期。

[74] 孙谦:《十七大以来当代中国马克思主义大众化研究综述》,《社会主义研究》2009 年第 4 期。

[75] 王永贵:《推动当代中国马克思主义大众化战略机制探析》,《马克思主义研究》2009 年第 7 期。

[76] 郭凤志、杨宝忠:《当代中国马克思主义大众化论纲》,《东北师大学报(哲学社会科学版)》2009 年第 5 期。

[77] 沈炜:《论当代中国马克思主义大众化》,《思想理论教育导刊》2009 年第 9 期。

[78] 罗会德:《当代中国马克思主义大众化的三维解读》,《马克思主义研究》2009 年第 10 期。

[79] 曹萍、任泰山:《当代中国马克思主义大众化的实现路径探索》,《天府新论》2009 年第 6 期。

[80] 陈洁:《高校推进马克思主义大众化机制的思考》,《思想理论教育》2009 年第 23 期。

[81] 唐剑、吴传一:《马克思主义大众化的传播模式及其实效评价》,《西南民族大学学报(人文社会科学版)》2016 年第 2 期。

[82] 郑箫腾飞、张灯:《论马克思主义大众化的生活维度》,《东南学术》2016 年第 2 期。

[83] 张东、朱方朔:《自媒体流行对马克思主义大众化传播的影响与策略》,《重庆邮电大学学报(社会科学版)》2016 年第 2 期。

[84] 李春会:《马克思主义大众化传播要素运行的矛盾》,《广西社会科学》2016 年第 8 期。

[85] 王振民、尚庆飞:《在新的起点上深入推进马克思主义大众化——学习习近平总书记在哲学社会科学工作座谈会上的讲话精神》,《江苏行政学院学报》2016 年第 5 期。

[86] 佘君、李燕:《建国初期马克思主义大众化的内容选择及历史启示》,《马克思主义与现实》2012 年第 2 期。

[87] 刘勇:《关切民生:马克思主义大众化的生活回归》,《社会科学》2012 年第 5 期。

[88] 胡相峰、赵国付:《马克思主义大众化民族文化路径选择的方法论》,《马克思主义研究》2012 年第 5 期。

[89] 邓伯军、谭培文:《马克思主义大众化的语言哲学解读》,《马克思主义研究》2012 年第 8 期。

[90] 徐稳:《马克思主义大众化的历史进程及基本经验教训》,《山东师范大学学报(人文社会科学版)》2014 年第 1 期。

[91] 黄家周:《党的十七大以来国内关于马克思主义大众化路径研究综述》,《理论与改革》2014 年第 3 期。

[92] 高奇、史衍朋:《论马克思主义大众化融入社会主义文化发展的机制》,《山

东大学学报（哲学社会科学版）》2014 年第 5 期。

[93] 莫江平、彭平一、胡凯：《论社会认知视角下的马克思主义大众化》，《求索》2014 年第 9 期。

[94] 阮云志、卢黎歌：《当代中国马克思主义大众化研究述评》，《理论月刊》2013 年第 3 期。

[95] 骆郁廷、孙婷婷：《马克思主义大众化的本质及其实现》，《江汉论坛》2013 年第 9 期。

[96] 王迁、邓淑华：《关于马克思主义大众化内涵、功能和目的的新认识》，《毛泽东思想研究》2015 年第 2 期。

[97] 商志晓：《马克思主义大众化何以可能——人民群众是否需要马克思主义以及存在问题、解决方式等》，《东岳论丛》2013 年第 8 期。

[98] 赵士发：《毛泽东对构建当代中国话语体系的历史贡献》，《毛泽东研究》2019 年第 2 期。

[99] 秦宣：《正确处理政治话语与学术话语的关系》，《中国青年社会科学》2019 年第 3 期。

[100] 王霞、孟宪生：《习近平新时代中国特色社会主义话语体系建设的逻辑理路》，《理论月刊》2019 年第 5 期。

[101] 汪习根、陈亦琳：《中国特色社会主义人权话语体系的三个维度》，《中南民族大学学报（人文社会科学版）》2019 年第 3 期。

[102] 吕婷婷：《习近平的语言魅力及其对构建中国特色话语体系的启示》，《中国石油大学学报（社会科学版）》2019 年第 2 期。

[103] 时统君：《习近平语言风格及其对高校思政课话语体系建设的现实启示》，《大学教育》2019 年第 6 期。

[104] 杨生平：《话语理论与中国特色社会主义话语体系构建》，《中国特色社会主义研究》2015 年第 6 期。

[105] 卢国琪：《中国特色社会主义话语体系研究》，《科学社会主义》2015 年第 6 期。

[106] 苏星鸿：《构建当代中国哲学社会科学话语体系的方法自觉》，《社会主义研究》2015 年第 6 期。

[107] 韩美群：《话语体系与文化自觉的双向互动》，《江西社会科学》2016 年第 1 期。

[108] 陈东琼：《马克思主义大众化与中国特色社会主义话语体系的构建》，《思想教育研究》2016 年第 2 期。

[109] 刘再起、王蔓莉：《"一带一路"战略与中国参与全球治理研究——以话语权和话语体系为视角》，《学习与实践》2016 年第 4 期。

[110] 吴超、张烨：《构建中国特色社会主义话语体系怎样汲取中华优秀传统文

化的滋养》，《思想理论教育导刊》2016年第4期。

[111] 郭湛、桑明旭：《话语体系的本质属性、发展趋势与内在张力——兼论哲学社会科学话语体系建设的立场和原则》，《中国高校社会科学》2016年第3期。

[112] 张东刚：《构建具有中国特色的哲学社会科学学科体系、学术体系、话语体系》，《文化软实力》2016年第2期。

[113] 董云虎：《努力建设中国特色哲学社会科学学术话语体系》，《学术月刊》2016年第4期。

[114] 张爱艾、邓淑华：《马克思主义中国化话语体系建构的三维路径》，《理论与改革》2016年第5期。

[115] 李友梅：《中国特色社会学学术话语体系构建的若干思考》，《社会学研究》2016年第5期。

[116] 钱容德：《构建中国特色话语体系研究综述》，《毛泽东邓小平理论研究》2016年第5期。

[117] 张桂林：《逻辑要义、历史努力与认知前提：建构中国特色政治学话语体系》，《政治学研究》2017年第5期。

[118] 唐青叶、申奥：《"一带一路"及"人类命运共同体"话语体系构建的现状、问题与对策》，《北京科技大学学报（社会科学版）》2018年第1期。

[119] 罗顺元：《习近平推进马克思主义话语体系中国化论析》，《西南石油大学学报（社会科学版）》2018年第1期。

[120] 左路平、吴学琴：《当代中国价值观念话语体系的对外传播策略研究》，《探索》2018年第1期。

[121] 王学荣：《构建中国特色哲学社会科学话语体系的路径期成》，《宁夏社会科学》2018年第2期。

[122] 刘旭东、蒋玲玲：《论中国教育学术话语体系的当代构建》，《教育研究》2018年第1期。

[123] 李伟、马玉洁：《人类命运共同体话语体系构建的哲学思考》，《哲学分析》2018年第1期。

[124] 韩玲、杨义福：《改革开放以来构建中国特色话语体系的思考》，《思想理论教育导刊》2018年第1期。。

[125] 王海霞：《中国特色话语体系的构成要素及构建途径》，《云南行政学院学报》2018年第2期。

[126] 佟德志：《中国改革进程与民主话语体系的变迁》，《政治学研究》2018年第1期。

[127] 马俊峰、马乔恩：《人类命运共同体话语体系的内在逻辑和时代价值》，《学术论坛》2018年第2期。

[128] 钟天娥：《中国特色社会主义话语体系：本质属性、价值功能与构建路

径》，《理论探索》2018 年第 3 期。

[129] 李德顺：《重视构建话语体系的路径思考》，《中共中央党校学报》2018
年第 3 期。

[130] 邓伯军：《从后现代主义看马克思主义中国化话语体系的方法论》，《兰州
学刊》2018 年第 6 期。

[131] 冯来兴：《制度认同视角下的中国特色话语体系构建》，《贵州社会科学》
2018 年第 6 期。

[132] 罗晶：《马克思主义哲学大众化的话语体系构建》，《江西社会科学》2018
年第 7 期。

[133] 杨章文：《回顾与反思：马克思主义意识形态话语体系研究在中国》，《思
想政治教育研究》2018 年第 3 期。

[134] 傅艳蕾：《改革开放 40 年社会主义意识形态话语研究综述》，《马克思主
义研究》2018 年第 8 期。

[135] 刘勇、郑召利：《中国话语体系的结构分析及其构建路径》，《宁夏社会科
学》2018 年第 5 期。

[136] 邓伯军：《从分析哲学看马克思主义中国化话语体系的方法论》，《北京行
政学院学报》2018 年第 5 期。

[137] 吴晓明：《论当代中国学术话语体系的自主建构》，《中国社会科学》2011
年第 2 期。

[138] 卢国琪：《马克思主义中国化的十大创新话语体系》，《马克思主义研究》
2013 年第 4 期。

[139] 刘泰来：《习近平构建中国特色对外话语体系的战略思维》，《河海大学学
报（哲学社会科学版)》2015 年第 1 期。

[140]姚朝华、谷超：《有声的中国：中国共产党话语体系变迁及发展探要》，《上
海大学学报（社会科学版)》2015 年第 3 期。

[141] 杨鲜兰：《构建当代中国话语体系的难点与对策》，《马克思主义研究》
2015 年第 2 期。

[142] 蔡先金：《中国传统话语体系的秉性、境遇与创造性转化》，《东岳论丛》
2015 年第 7 期。

[143] 贾建芳：《以问题为导向的中国特色社会主义话语体系》，《上海师范大学
学报（哲学社会科学版)》2015 年第 5 期。

[144] 胡伯项、蔡泉水：《构建具有中国特色的社会主义意识形态话语体系》，
《科学社会主义》2015 年第 5 期。

[145] 金太军、赵军锋：《论构建中国政治学话语体系的"三大关系"》，《新疆
师范大学学报（哲学社会科学版)》2017 年第 2 期。

[146] 吕妍凝：《话语体系的理论与实践——历史唯物主义的视域下》，《广西大

学学报（哲学社会科学版）》2017年第1期。

[147] 黄力之：《中国话语体系重建的三大基本问题》，《马克思主义研究》2016年第10期。

[148] 宋希艳：《论中国特色哲学社会科学话语体系的构建》，《理论探索》2017年第3期。

[149] 邓伯军：《马克思主义话语体系中国化的基本经验和基本规律研究》，《南京航空航天大学学报（社会科学版）》2017年第2期。

[150] 丰子义：《从话语体系建设看马克思主义哲学创新》，《哲学研究》2017年第7期。

[151] 刘琳琳、张志明：《本质、困境与进路：党的意识形态话语体系社会影响力研究》，《中国浦东干部学院学报》2017年第4期。

[152] 肖贵清、李永进：《习近平治国理政思想与中国特色社会主义话语体系建构》，《马克思主义理论学科研究》2017年第1期。

[153] 王静：《改革开放以来中国共产党发展话语体系的建构与发展》，《理论与改革》2017年第4期。

[154] 龙治刚：《论当代中国马克思主义话语权的建构与发展》，《陕西师范大学学报（哲学社会科学版）》2017年第4期。

[155] 韩步江：《中国梦对建构中国特色哲学社会科学话语体系的意蕴》，《陕西师范大学学报（哲学社会科学版）》2017年第4期。

[156] 李猛、郑言：《构建中国特色社会主义政治学学科体系、学术体系和话语体系何以必要》，《探索》2017年第4期。

[157] 胡永嘉、张真理：《高校思想政治教育话语体系改进研究》，《中国青年社会科学》2017年第5期。

[158] 黄斐：《民族性与时代性的统一——话语建构视阈下中国共产党的话语逻辑》，《理论月刊》2017年第11期。

[159] 张志洲：《提升学术话语权与中国的话语体系构建》，《红旗文稿》2012年第13期。

[160] 秦宣：《中国特色学术话语体系构建思路》，《人民论坛·学术前沿》2012年第11期。

[161] 邹绍清：《论意识形态中国特色话语体系的建构》，《西南大学学报（社会科学版）》2014年第4期。

[162] 肖贵清、李永进：《邓小平与中国特色社会主义话语体系的建构》，《思想理论教育导刊》2014年第8期。

[163] 骆郁廷：《提升国家文化话语权》，《人民日报》2012年2月23日。

[164] 罗会德：《中国特色社会主义话语体系的当代建构》，《中共天津市委党校学报》2013年第5期。

[165] 金民卿：《马克思的术语革命与习近平理论创新的话语建构特色》，《前线》2017 年第 1 期。

[166] 张国祚：《关于"话语权"的几点思考》，《求是》2009 年第 9 期。

[167] 郭建宁：《中国话语体系构建的三重维度》，《人民论坛》2015 年第 4 期。

[168] 郑永廷：《坚持高校意识形态工作的领导权与话语权》，《思想理论教育》2015 年第 4 期。

[169] 王海军、王栋：《马克思主义哲学社会科学话语体系的初步构建（1919—1949)》，《马克思主义研究》2020 年第 3 期。

[170] 张艳涛、高晨：《构建面向 21 世纪的当代中国马克思主义话语体系》，《厦门大学学报（哲学社会科学版）》2021 年第 3 期。

[171] 徐秦法、张肖：《新时代加强马克思主义意识形态话语体系建设研究》，《湘潭大学学报（哲学社会科学版）》2022 年第 1 期。

责任编辑：朱云河

封面设计：石笑梦

责任校对：张彦彬

图书在版编目（CIP）数据

马克思主义大众话语体系转化性建构研究／吴荣生 著 . — 北京：人民出版社，
   2024.4

ISBN 978－7－01－025259－9

I.①马… II.①吴… III.①马克思主义－研究－中国 IV.① D61

中国版本图书馆 CIP 数据核字（2022）第 217068 号

马克思主义大众话语体系转化性建构研究

MAKESI ZHUYI DAZHONG HUAYU TIXI ZHUANHUAXING JIANGOU YANJIU

吴荣生 著

人民出版社 出版发行

（100706 北京市东城区隆福寺街 99 号）

北京中科印刷有限公司印刷 新华书店经销

2024 年 4 月第 1 版 2024 年 4 月北京第 1 次印刷

开本：710 毫米 ×1000 毫米 1/16 印张：17

字数：252 千字

ISBN 978－7－01－025259－9 定价：118.00 元

邮购地址 100706 北京市东城区隆福寺街 99 号

人民东方图书销售中心 电话（010）65250042 65289539